法官说：
案例检索与类案判决

李文超 著

人民法院出版社

图书在版编目（CIP）数据

法官说：案例检索与类案判决 / 李文超著. -- 北京：人民法院出版社，2023.6
ISBN 978-7-5109-3799-6

Ⅰ. ①法… Ⅱ. ①李… Ⅲ. ①审判－案例－中国 Ⅳ. ①D925.05

中国国家版本馆CIP数据核字(2023)第084126号

法官说：案例检索与类案判决

李文超 著

策划编辑	李安尼
责任编辑	巩 雪
封面设计	鲁 娟
出版发行	人民法院出版社
地 址	北京市东城区东交民巷27号（100745）
电 话	（010）67550658（责任编辑） 67550558（发行部查询） 65223677（读者服务部）
客服QQ	2092078039
网 址	http://www.courtbook.com.cn
E－mail	courtpress@sohu.com
印 刷	三河市国英印务有限公司
经 销	新华书店
开 本	787毫米×1092毫米 1/16
字 数	270千字
印 张	16.5
版 次	2023年6月第1版 2023年6月第1次印刷
书 号	ISBN 978-7-5109-3799-6
定 价	65.00元

版权所有 侵权必究

前言
PREFACE

"类案同判"不仅是一种价值理念，更是一种裁判技术。近年来，信息技术的快速发展、中国裁判文书网以及各类法律案例数据库的建立完善，为类案检索奠定了坚实基础。

《最高人民法院关于深化人民法院司法体制综合配套改革的意见——人民法院第五个五年改革纲要（2019—2023）》要求进一步完善类案及新类型案件的强制检索机制，期冀依托人工智能支撑下的类案检索技术解决司法责任制改革背景下裁判尺度不统一问题，实现类案同判。2010年11月，最高人民法院发布的《关于案例指导工作的规定》第7条指出："最高人民法院发布的指导性案例，各级人民法院审判类似案例时应当参照。"2015年6月，最高人民法院发布《〈关于案例指导工作的规定〉实施细则》，进一步要求："各级人民法院正在审理的案件，在基本案情和法律适用方面，与最高人民法院发布的指导性案例相类似的，应当参照相关指导性案例的裁判要点作出裁判。"2020年7月，最高人民法院发布《关于统一法律适用加强类案检索的指导意见（试行）》明确，类案是指与待决案件在基本事实、争议焦点、法律适用问题等方面具有相似性，且已经人民法院裁判生效的案件。法官在案件审理中，需对缺乏明确裁判规则或者尚未形成统一裁判规则等案件进行类案检索，以期规范法官的自由裁量权，促进裁判尺度和法律适用的统一。2020年9月，《最高人民法院关于完善统一法律适用标准工作机制的意见》再次对规范和完善类案检索工作及规范类案检索结果运用作出规定，目的是解决司法实践中存在的"类案不同判"现象。

随着审判工作的发展特别是智慧司法的应用，类案检索日渐成为司法审判工作的重要环节。一段时间以来，各地法院及其他单位围绕类案检索进行了较为广泛的实践，形成了若干代表性的检索平台，一定程度上推动了司法裁判的统一和审判效率的提升。然而类案检索实践中也存在标准不统一、精准度不够、流程不规范等方面的问题。具体分析目前类案检索智慧化的发展与不足，从而进行科学的机制建构，正是亟待解决的重要命题。

在法官办案数量高位运行的情况下，类案检索制度在形塑统一裁判尺度的同时，需防止为追求效率而出现类案盲从的"羊群效应"，且应当兼具形塑个案正义之功能。以此功能定位为出发点，明确类案检索制度的辅助功能定位，案件的审理过程则是一个综合运用法律知识、经验法则、裁判技巧的裁判过程，裁判者虽必须受到法律法规的约束，但并不意味着机械地适用法律而不进行任何价值判断。类案检索本质上是为法官配备最佳智能"办案助手"，而绝不是替代法官办案，更不是让机器人"独立办案"。概括来讲，类案检索嵌入价值判断的解决路径是在闭合性逻辑原理基础上，通过个案与类案的偏离预警，运用综合价值判断以摆脱法律形式逻辑禁锢，从而实现个案公平正义的过程。

对于如何实现类案裁判尺度统一，我国学者多是从对"类案不同判"的分析入手，研究类案不同判的产生原因、危害性、解决路径，进而达到统一类案裁判尺度的目的。总体上来看，近些年随着我国司法改革的逐步深入，我国学者对于统一类案裁判尺度的关注度上升。类案作为一个基础性概念，国内已经有对类案的定义、价值以及特征的讨论和研究。虽然已有学者发表了很多研究成果，但我国对类案的研究仍有待完善，直接研究类案的学者还不是很多，他们大多是在研究类案不同判、类案监督、案例指导制度中探讨类案的定义等相关问题。另外，国内对类案的研究多停留在学术讨论阶段，尚未从实践操作层面对何为类案、如何甄别类案、如何适用类案等问题进行明确规定，从类案角度展开的对裁判尺度统一的研究并不深入。

以此出发，本书尝试从实证视角，解析类案检索的启动程序、方法技巧、类案检索报告的制作和结果运用，提出从类案到类判的路径在于增强技术与司法的耦合度，明确类案检索制度的辅助功能定位，优化人工智能对检索结果供给，构建类案检索参照规则及配套保障机制，以期为司法实务及法律学者提供一种视角，以推动实现在更高层面上的类案检索与裁判尺度的统一。

在本书的写作过程中，要特别感谢我的法官团队成员的支持和帮助，其中法官助理李昕豫在日常工作之余承担了部分资料的搜集、书稿校验工作，并结合其审判辅助工作对本书的第4章、第5章、第6章补充了实证案例和实践做法，进一步增强了本书的实证性和可操作性。在本书的写作过程中，我们还借鉴了目前类案检索相关领域的参考资料、文献、重要研究成果及案例，在此向相关文献资料的作者一并表示感谢！

虽然在写作过程中，我们查阅了大量资料和相关文献，对司法过程中尤其是案件裁判的类案运用进行了认真梳理总结，以期为各位读者提供更全面、更鲜活、更规范的类案检索、应用过程。但囿于视野、资料和能力局限，本书难免有疏漏或错误之处，敬请广大读者谅解和指正。

作者
2023 年 6 月

目录
CONTENTS

上篇

第一章　案例检索的概述 ············ 3
一、案例检索的作用价值 ············ 4
（一）获得有效案件信息源 ············ 4
（二）蕴藏着海量诉讼数据 ············ 7
（三）发掘司法裁判价值观 ············ 10
二、类案同判的功能目标 ············ 13
（一）规范法官的自由裁量权 ············ 13
（二）形成裁判者内心确信 ············ 14
（三）塑造个案公正 ············ 15
（四）提升司法公信力 ············ 18
三、案例检索的流程概述 ············ 19
（一）法条的识别与检索方式 ············ 19
（二）检索路径与数据库选择 ············ 21
（三）案例检索的三种方法 ············ 24
（四）案例检索结果的验证 ············ 26

第二章　案例运用的实践 ············ 28
一、类案检索制度的建立 ············ 28
（一）类案检索的发展阶段 ············ 28
（二）类案推送系统及其短板 ············ 31
（三）类案检索的两种应用形态 ············ 38

二、指导性案例的运行情况 ··· 39
  （一）指导性案例的参照力 ··································· 40
  （二）指导性案例的参照对象 ································· 41
  （三）指导性案例的主要类型 ································· 42
三、案例自发性运用情况 ··· 43
  （一）案例自发性运用的特质分析 ····························· 44
  （二）案例自发性运用的实践情况 ····························· 46
  （三）案例自发性运用的问题分析 ····························· 51

第三章 案例检索机制的渊源 ··· 56
一、中国传统案例制度的演变 ······································· 56
二、比类思维的体现 ··· 58
三、传统案例的具体运用 ··· 60
  （一）作为司法裁判的法律依据 ································· 60
  （二）作为类案的说理依据 ····································· 60
  （三）作为律例条款的补充 ····································· 62
  （四）阐释相关法律条款 ······································· 64
  （五）作为相关法律规范产生的依据 ····························· 67
四、我国传统案例制度总结 ··· 68
  （一）我国古代具有先例制度 ··································· 68
  （二）司法人员有遵循先例的意识 ······························· 68
  （三）先例实质上是儒家情理判决 ······························· 68

— 中 篇 —

第四章 类案检索的启动 ··· 73
一、类案检索前的准备工作 ··· 73
  （一）关键事实的提炼 ··· 73
  （二）法律关系的锁定 ··· 74
  （三）特征性因素的提炼 ······································· 76

二、类案检索报告的呈现方式 …………………………… 77
三、类案检索材料的处理与回应 ………………………… 78
 （一）类案检索材料的协同模式 …………………… 79
 （二）类案检索材料的处理 ………………………… 80
四、当事人提交案例的初步审查与甄别 ………………… 84
 （一）是否需要类案进行辅助案件审理 …………… 84
 （二）相关类案是否真实、全面 …………………… 84
 （三）是否可以作为类案进入案件材料范围 ……… 85
五、法官对当事人提交类案的回应方式 ………………… 86
 （一）回应方式的安排 ……………………………… 86
 （二）回应表述 ……………………………………… 88

第五章 类案检索的方法 …………………………………… 93
一、类案的识别标准 ……………………………………… 93
 （一）类案的定义 …………………………………… 94
 （二）类案的识别 …………………………………… 96
二、纳入类案的范围条件 ………………………………… 103
 （一）范围分类 ……………………………………… 103
 （二）检索要求 ……………………………………… 106
 （三）检索条件 ……………………………………… 107
三、类案检索的顺位 ……………………………………… 109
四、类案的效力等级 ……………………………………… 111
五、类案的适用原则 ……………………………………… 113
 （一）类案结果的适用 ……………………………… 113
 （二）分歧类案的处理 ……………………………… 113
六、背离适用的说明 ……………………………………… 116

第六章 类案检索报告的制作 ……………………………… 118
一、检索报告的制作要素 ………………………………… 118
 （一）类案检索报告的形式要素 …………………… 120
 （二）类案检索报告的内容要素 …………………… 120

二、检索报告的制作方法 ·· 121
　　（一）选择合适的检索方式，灵活运用不同工具 ················ 121
　　（二）以受众与检索目的为核心，清晰展现检索结果 ········· 123
　三、检索报告的成果转化 ·· 124
　四、检索报告的样式 ·· 126
　　（一）检索报告的内容与格式 ······································ 126
　　（二）检索报告的范例 ·· 128

第七章　个案边际事实差异 ·· 134
　一、个案正义与类案统一 ·· 134
　二、个案边际事实的发现 ·· 135
　　（一）边际事实的蕴涵 ·· 137
　　（二）边际事实能否进入司法：裁判的正当性和合理性考量 ··· 139
　　（三）小结 ·· 140
　三、个案边际事实的问题 ·· 140
　　（一）现状分析 ·· 140
　　（二）存在的问题 ··· 140
　　（三）小结 ·· 141
　四、个案边际事实的运用 ·· 142
　　（一）个案边际事实的采集、甄别、吸纳 ······················ 142
　　（二）边际事实参与裁判生成的限度与控制 ··················· 144
　　（三）边际事实在法官公共理性养成中的可行通道 ·········· 144
　　（四）小结 ·· 146

― 下　篇 ―

第八章　类案运用的现实问题 ··· 149
　一、类案不同判问题分析 ·· 150
　二、缓解审判压力需求作用发挥不足 ··································· 151
　三、案例指导制度效果有待完善 ··· 152

四、现行案例数据库系统问题分析 ································ 153
　　　　（一）类案检索工具不成熟 ································ 153
　　　　（二）类案检索技术的体系不够完善 ························ 154
　　　　（三）类案检索结果不够精准 ······························ 157

第九章　类案运用的应然路径 ·· 160
　　一、明确类案识别的规范标准 ·· 160
　　　　（一）明确类案识别应当参照（参考）的案例 ················ 160
　　　　（二）明确类案识别的比较点 ······························ 161
　　　　（三）明确类案识别的顺序 ································ 161
　　二、明确类案识别的技术标准 ·· 162
　　三、确立类案辩论的基本规则 ·· 163
　　　　（一）确立类案辩论的程序 ································ 163
　　　　（二）确定类案辩论的焦点内容 ···························· 163
　　四、强化类案审判监督和管理 ·· 165
　　　　（一）强化监督管理机制 ·································· 165
　　　　（二）强化监督管理方式 ·································· 167
　　　　（三）强化监督管理作用的发挥 ···························· 168

第十章　类案检索的配套机制 ·· 170
　　一、完善案例资源供给 ·· 170
　　二、建立类案检索引导机制 ·· 173
　　三、强化适用案例技术培训 ·· 175
　　　　（一）强化案例检索技术的应用 ···························· 175
　　　　（二）强化司法推理的规范应用 ···························· 177
　　四、构建考核保障机制 ·· 181
　　　　（一）建立同类案件由专人审理的机制 ······················ 181
　　　　（二）建立检索能力考核机制，提高法官的类案经验 ·········· 181
　　　　（三）建立检索差错和结论偏离责任豁免制度 ················ 182
　　　　（四）形成检索报告集中归档制度 ·························· 182

附录：参考文件 ……………………………………………………… 185

 最高人民法院关于统一法律适用加强类案检索的指导意见（试行）
  （2020 年 7 月 15 日）………………………………………… 187

 最高人民法院关于完善统一法律适用标准工作机制的意见
  （2020 年 9 月 14 日）………………………………………… 189

 最高人民法院印发《关于在审判执行工作中切实规范自由裁量权
  行使保障法律统一适用的指导意见》的通知
  （2012 年 12 月 28 日）……………………………………… 195

 北京市高级人民法院关于类案及关联案件检索实施办法（试行）
  （2020 年 9 月修订）………………………………………… 199

 湖南省高级人民法院关于规范法官裁量权行使　保障裁判尺度统一的
  实施意见（试行）
  （2020 年 8 月 20 日）………………………………………… 203

 湖南省高级人民法院印发《关于类案检索的实施意见》的通知
  （2021 年 12 月 4 日）………………………………………… 208

 湖南省高级人民法院　湖南省司法厅　湖南省律师协会印发
  《关于协同推进类案强制检索机制共同维护司法公正的
   意见（试行）》的通知
  （2021 年 1 月 15 日）………………………………………… 213

 河南省高级人民法院关于进一步规范和完善类案检索工作的通知
  （2020 年 12 月 11 日）……………………………………… 217

 江西省高级人民法院关于印发统一裁判尺度加强类案及关联案件
  检索的实施意见（试行）的通知
  （2020 年 12 月 1 日）……………………………………… 222

 宁夏回族自治区高级人民法院关于印发《宁夏回族自治区高级人民
  法院关于建立类案检索制度统一法律适用的暂行规定》的通知
  （2020 年 12 月 10 日）……………………………………… 226

 辽宁省高级人民法院关于印发《辽宁省高级人民法院关于规范
  类案检索的若干规定》的通知
  （2020 年 7 月 24 日）………………………………………… 230

天津市高级人民法院关于印发《天津法院关于开展关联案件和
　　类案检索工作的指导意见（试行）》的通知
　　（2020年5月18日） ·· 234
上海市高级人民法院关于进一步加强三级法院调研联动促进
　　法律适用统一的意见 ·· 240
江苏省高级人民法院关于建立类案强制检索报告制度的规定（试行）··· 244
南京市中级人民法院关于引导律师进行类案检索的操作指引（试行）
　　（2020年9月22日） ·· 247
威海市中级人民法院办公室印发《类案检索工作指引》的通知
　　（2021年11月9日） ·· 249

上篇

第一章　案例检索的概述

截至 2023 年 5 月 20 日，中国裁判文书网累计公开文书 1.4 亿多篇，访问量突破 1027.2 亿人次。[①] 裁判文书全面公开，让法律行业在信息化道路上迈进了一大步，让法律检索有了海量案例数据，让中国法律人的工作方式发生了重大改变，也催生了法律大数据行业。法律大数据分析人才，将成为新时代法律研究和法律实务领域的稀缺资源。

2015 年，LexisNexis 的一项调查显示：诉讼律师平均 43% 的时间用于法律检索。可以毫无疑问地说，法律检索是法律人工作的重要内容，法律检索是法律人的基础核心能力。不管是从事法学研究还是法律实务工作，都离不开法律检索。2018 年 12 月 4 日，最高人民法院印发的《关于进一步全面落实司法责任制的实施意见》要求各级法院建立类案及关联案件强制检索机制，存在法律适用争议或者"类案不同判"可能的案件，承办法官应当制作关联案件和类案检索报告。2018 年，最高人民法院确立的强制检索机制将法律检索提高到了前所未有的高度。2020 年 7 月 27 日，最高人民法院发布《关于统一法律适用加强类案检索的指导意见（试行）》（以下简称《类案检索指导意见》），该意见宣告了类案检索时代的全面到来，向法官提交类案检索报告将成为诉讼律师的标配。在这一背景下，大数据与法律检索技能，不仅是法学院学生的必修课，也是执业律师和法官们的必修课。[②]

[①] 参见中国裁判文书网，http://wenshu.court.gov.cn/，最后访问时间：2023 年 5 月 20 日。
[②] 参见湖南师范大学的《大数据与法律检索》中国大学 MOOC 课程，载中国大学 MOOC 官网，https://www.icourse163.org/course，最后访问时间：2023 年 5 月 20 日。

一、案例检索的作用价值

（一）获得有效案件信息源

法律的生命不在于逻辑而在于经验，法律经验价值的最直接体现即为前案对后案的参考和指引作用。判例法是英美法系的法律渊源，一般是指判决中所确立的法律原则或规则，这种原则或规则对以后的判决具有约束力或影响力。利用先例进行辩论和提出司法意见的过程采用了先例中所包含的"隐性知识"。我国是成文法国家，案例虽不具有正式的法源地位，但对法官审理案件具有重要的指导或者参考价值。中国裁判文书网蕴藏了全国三千多个法院的审判经验，因此，类案检索对案件裁判具有非常重要的意义：一方面，类案检索是一种辅助法官作出司法判断的重要裁判方法。一般而言，对于大多数案件，法官完全可以依照法律和自身的审判经验作出正确的判决；但对于一些重大、疑难、复杂案件，法律适用问题存在争议的案件或者新类型等案件，法官自身可能难以作出正确裁断，有必要通过类案检索，进而参照或参考在先案例作出妥当判决，以提高司法裁判的确定性和可预测性。另一方面，类案检索使全国各地的审判经验都能互通有无，既能大大提高司法审判质效，也能促进司法裁判统一。

首先，深刻领会"类案同判"的含义。2011年12月20日，最高人民法院发布第一批指导性案例，截至2023年1月11日，最高人民法院共发布37批211个指导性案例，旨在通过统一发布对全国法院审判、执行工作具有普遍指导意义的典型案例，规范法官自由裁量权，着力解决类似案件或者案情基本相同的案件处理结果"类案不同判"的问题。为此，我们在接触案件或研究司法问题时，应当对各级法院以往类似的判决进行案例研究，分析各级法院的裁判要点和思路，各位法官的裁判倾向，找到相似案例。

其次，正确理解"参考对照"的含义。《最高人民法院关于案例指导工作的规定》第7条规定："最高人民法院发布的指导性案例，各级人民法院审判类似案例时应当参照。"从该条规定的含义来看，指导性案例对各级人民法院具有一定的拘束力。但"世界上没有完全相同的两片树叶"，一模一样的两宗案件也是不存在的。一个案件的处理包括事实、争议焦点、所适用之法律条文以及裁判过程等诸多因素，在这些因素不相同的前提下，该案件的裁判是不可能"依照"另一个案件的裁判结果作出的。法官只能"依照"成文法律法规判决案件，指导性案例只是为类似案件提供了一个"找法"的指引，并就如何理解"找到的法"提供了权威性示范样本。因此，案件当事人需要去查找和学习运用与案件有关联的案例来说服法官，争取得到支持。但案例只能起到参考借鉴作用，这一点需要保持清醒的认识和理解。

最后，正确学习运用"类案案例"。一是站在"换位思考"的角度学习运用。在我国的国家治理体系中，法院虽然身处正义的最后一道防线，但受到的掣肘不少，特别是在保证案件的政治效果、法律效果和社会效果统一的价值导向下，个案情况会出现偏差于通常学理认知的结果。在可能的情况下，通过直接（如与法官沟通）或间接（如查询法官对案件的公开分析或回应）的途径了解其何以如此，从而在完整信息的基础上再作出取舍判断。当然，若没有时间和途径，也可以把法律文书当作完整的信息，以此展开分析运用。二是站在"全面提炼"的立场学习运用。不少载体中的案例均有裁判要旨等人为的提炼，这种提炼当然是案件的实质要义，是法官裁判的精华。但是，即便它是由办案法官提炼的，也终究是出于他人的头脑，而我们或对法律有不同的理解，或对案例有不同的诉求，或各自有不同的关注点，会对同一案件有不同的理解和提炼。若只是受制于既有的提炼，而不尝试全面把握法律文书及其相关信息，就可能不会在自己的知识脉络和思维大厦中为案例设置其应有的地位，也不会借助案例更改或扩展自己的知识和思维。三是站在"事实与法律"之间学习运用。就法律适用而言，"三段论"只是最后的临门一脚，此前有其他思维活动乃至非理性的认知过程，至于大前提和小前提的形成，绝非各自独立，而是相互对应和交融的，用广为流行的时髦话来说，法官在"事实和法律之间眼光往返流转"。从法律文书的结构来看，其实质包括事实（"经审理查明"）、说理（"本院认为"）和法律适用三部分。说理是事实与法律适用的黏合剂，展示出法官是如何在事实和法律之间进行"眼光往返流转"的，在这样的架构中，忽略任何一部分而不去阅读运用，都可能不会获取法律文书本有的完整信息，都有可能不会发现法律文书内在的逻辑或悖论，从而有失偏差。四是站在"个案差异"上理解学习运用。每个案例都发生在特定的时空环境中，当事人不一样，法官不一样，这些因素使得案例首先是且一定是个案。我们在学习运用相关法律文书时，一定要注意个案差异，即便案情相似，也要注意差异之处，只有把差异放在明显的位置，才不至于把从 A 案分析出的结论抽象移植到 B 案,才不至于把从个案抽取的规则无条件地当作普适的规范。并且,法律文书中的案情是从事件中分离出来的,分离的工具是证据。故而,案情基本上是由证据构建的,它不一定反映了事情的原貌,与案情匹配的法理未必能与事情匹配的情理合拍,这种差距在不少案件中或多或少存在。面对这种分离,有些法官在写法律文书时会模糊处理,不加以提及,这更会加固个案情况的特殊性(见表1-1)。简言之,在学习运用案例时,把个案就当成个案,不要轻易认为从个案中抽取的规则是普遍适用的。

表 1-1 "版权声明"条款效力的裁判观点

序号	裁判思路	生效案号	观点
1	在网站上公布"投稿须知"的行为,是一种合同的要约行为,邢某向影视公司投稿,本应了解本网站的情况(包括"投稿须知"),即了解其权利及利益的实现程度。邢某向影视公司投稿的行为,应视为其认可影视公司的"投稿须知",是一种对要约的承诺,应视为其接受某影视公司的经营方式	(2006)二中民终字第9301号、(2006)朝民初字第03445号	应了解"投稿须知"对权利及利益的实现程度,视为接受其经营方式
2	特定杂志的约稿说明、投稿须知具有连续性,涉案文章的作者王某在投稿时已知晓并同意上述投稿须知的内容,即同意将涉案文章收入投稿须知所载明的数据库。可以认定涉案文章的作者王某在投稿时已知晓并同意将涉案文章在上诉人的数据库进行收录	(2018)津01民终9600号	涉案文章作者在投稿时已知晓并同意上述投稿须知的内容,即同意将涉案文章收入投稿须知所载明的数据库

续表

序号	裁判思路	生效案号	观点
3	作者向期刊社投稿，并不自然等同于授权期刊社可以将其作品通过信息网络传播。作者同意期刊社在纸质期刊上登其作品并获得报酬，也并不意味着作者同意期刊所加入的期刊数据库平台将作品通过信息网络提供给公众并获得报酬。期刊社用"版权声明"等不能替代与作者签订书面著作权许可使用合同	（2006）沪高民三（知）终字第53号、（2017）京0108民初38381号	期刊社用"版权声明"等不能替代与作者签订书面著作权许可使用合同

说明：期刊数据库平台的出现，使作者作品的信息网络传播权许可使用情况变得更加复杂。目前，我国期刊数据库平台众多，影响较大的有中国知网、万方数据、维普全文电子期刊等。这些期刊数据库平台或以纸质期刊整体原刊数字化形式呈现，或将原刊中的作品重新分类、排列、组合呈现给读者，并获取商业利益。其运营中为了获得许可授权，往往是与期刊社签订整体合约，同时取得期刊社许可和著作权人的授权。这样，期刊社能否提供合法的授权便成了关键。从上表可以看出，期刊数据库平台被诉案例中，主要体现在期刊社提供给期刊数据库平台的作品信息网络传播权授权存在争议，集中在涉案作品信息网络传播权的单方版权声明条款的授权效力认定上。

（二）蕴藏着海量诉讼数据

在互联网时代，法律大数据呈现数量大、速度快、多样化和易调取的特点，不断地向法律实务领域渗透。以中国裁判文书网、中国庭审公开网、中国执行信息公开网和中国司法案例网等为基础的全国法院可公开的案件数据库，成为法律大数据应用的"数据能源"。有关组织、商业公司或者个人运用大数据技术对裁判文书进行数据挖掘等形成并应用于司法实践的数据分析报告、数据画像、数据决策模型，不仅可以规范诉讼参与人诉讼活动、统一司法裁判标准，还可以繁荣理论研究、促进社会治理。从目前已知的情况来看，法律大数据一般只是目前已经公开的裁判文书、庭审公开流程信息、庭审直播信息、失信被执行人信息、工商数据以及知识产权数据、上市公司公开信息等一系列公开的信息和数据。在大数据时代，80%的问题都可以通过网络找到答案。尤其是青年法律工作者更要学会利用数据资源，对于新的问题、新的案件，通过检索海量数据库的方式，精准筛选类案，从中借鉴值得学习的方法和技巧，不断提升自身办案技能，以精进自身业务能力。这些技能的训练及能力的养成并非简单的课程培训，而是通过大量的训练，促进自我素质的不断提升，并形成知识管理。

一是与主体有关的检索。即与诉讼当事人有关的检索。检索是一个循序渐进甚至循环往复的过程，每次检索都有新的发现。有的学者会针对特定当事人、特定法院类型案件裁判文书进行检索，从而发现诉讼规律、得出学术结论。例如陈杭平教授以"中国裁判文书网"为检索平台，对2018~2020年某法院作出的涉某公司判决书进行全样本统计和分析，验证某公司是否存在胜诉率畸高的现象，并对定量研究的发现展开讨论，最终得出的结论是某公司在南山法院的胜诉率较高，但没有媒体渲染得那么夸张。统计数据显示，采用不同的衡量指标，该公司在某法院作为原告和作为被告的胜诉率呈现此消彼长的态势，且每年的表现并不稳定，在个案中的差别也很大。通过对关键个案判决书的文本分析，同样没有找到某法院偏袒该公司的确凿证据。[①] 同样，很多律师可能一开始从事诉讼工作时，会从国家企业信用信息网打印某公司的基本情况，然后将该材料作为立案材料。实际上，在诉讼过程当中，还不能够完全仅止于此。首先，可以看一下对方当事人的资信情况（收案前可以检索一下己方当事人，从裁判文书中的描述部分有时可以看出当事人是否遵守诚信原则），比方说已经作出的裁判文书、开庭公告（影响审限预期和送达情况）、被执行人信息（包括失信、终本等，判断对方履行债务的能力）。此外，还要注重对于对方当事人主动起诉、主动申请执行的案件，其中可能蕴含着到期债权甚至隐名持股、隐名购房等财产线索。

二是诉讼标的（物）的相关检索。从一起融资租赁合同纠纷来讲，诉讼标的除了常规的租金、违约金等金钱债务之外，还涉及抵押物、质物、律师费等。首先，与诉讼标的物有关的信息可以进行案例检索。以抵押物为例，如果是自然人所有的房产，可以检索有没有相关的裁判或者司法拍卖的相关

---

① 陈杭平：《资本"俘获"地方司法了吗？——基于2018—2020年南山法院涉腾讯判决书的分析》，载《法制与社会发展》2023年第2期。

信息，提前防范异议风险。那么抵押物的价值呢？抵押时考虑抵押率等情况，与当前的处置价格肯定有较大差别。这时候可以在司法拍卖网检索同地段同小区房产的成交价格。此外，质物特别是股权，也需要进行诉前检索，排查是否有隐名持股、股权争议等情形。其次，诉讼请求的确定也可以考虑案例检索。这时候一般将"裁判结果+审理法院"作定位检索即可，如查询律师费、诉讼保全担保费等。法官在进行诉讼标的检索时，也可以借助类案裁判文书来分析不同时间阶段、不同地区对同一类标的（物）的裁量标准，以规范行使自由裁量权。例如北京互联网法院通过类案检索调研发现，近年来单幅摄影作品损害赔偿数额的裁判标准呈现差异化和梯度化。其最低损害赔偿额为300元，最高为4000元，中位数为800元，平均值为867元。①

三是事实部分的信息检索。例如，有些增信措施和业务只能在网上检索的，如应收账款质押、融资租赁业务等。或者某个涉及的案外主体（未作为当事人，但是交易的重要一环）处于刑事羁押状态，可以通过裁判文书网查找该主体被羁押的情况（不一定非要找到判决书，减刑裁定也可以）。除此之外，有些事实是需要不断靠补充证据支撑的。哪些文件可能作为证据，同类案件有哪些证据是可以提交的，均可以通过案例检索来落实。因此，青年法律工作者应在获取到待论证案例后，需要认真阅读案例内容，理解案件事实和法律适用的区分，并进行相关的研究和分析，从而准确厘清案由确定、证据提交、意见陈述的重点和应对技巧。

四是法条和案例的检索。法律法规检索其实是围绕着争议焦点进行的。关于争议焦点的来源，包括最高人民法院审理此类案件的司法解释、地方司法文件以及相关判决书"本院认为……争议焦点"部分。除此之外，还可以借助从案例中寻找到的不利法条，循迹找到有利的法条。这也是常说的法条关联法，即在选取案例中法院作出判决引用的法条，通过查询其他依据该法条作出的判决检索类案。这里面案例检索需要注意两个问题：其一，案例检索的效力层级。这个主要依据最高人民法院关于指导性案例的相关规定。其二，立体化检索缩小检索范围。缩小检索范围首先靠关键词，其次靠检索条件。这些法条和类案案例（裁判文书等）可以在类案研究、代理思路、举证思路、

---

① 《调研报告全文｜探究图片版权争议成因 共促纠纷源头治理》，载微信公众号"北京互联网法院"，2020年7月7日。

观点归纳等方面给予我们参考和借鉴。

（三）发掘司法裁判价值观

法律规范无法穷尽生活中的一切可能。当遇上疑难复杂案件，仅以法条为依据可能无法获得圆满结论，此时，求助于类案研究，不失为一种好的选择。一般来说，评估案件时能够做的并非类案研究，而是类案检索，意义在于了解，而非研究。类案研究相较一般的类案检索，更具深度。在先期评估案件时，时间上并不允许我们进行深入的类案研究。此时，通过"法信"、北大法宝、威科先行等数据库，就案件争点问题检索实务文章，虽非第一手资料，但或许是当下较高效和快捷的选择。类案研究的价值在于发掘价值观。成文法的背后体现了立法者在制定法律时所持的价值观，此种价值观如何具体作用于法律适用阶段，需借助裁判者；成文法缺失时的裁判观点，更能反映裁判者的价值观。类案研究时，我们首先可以发现裁判观点。进一步深入分析，可以发掘出隐藏在裁判观点之后的价值观。通过价值观的发掘，我们就可以进一步明确法律应如何具体适用，发现分析说理的切入点，聚焦案件核心，拓宽诉讼思路，更好地回应法官关切的问题。

【案例1】[①] 禤某在启铂公司经营的网店购买22张错误标价的礼品卡（原价980元，误写为480元），禤某拒绝接受启铂公司退款，要求启铂公司继续履行合同，故诉至法院。法院认为，启铂公司在网店销售礼品卡的行为属于要约，禤某按照错误标价下单，要约与承诺的内容发生了变更。因此，禤某的承诺构成新要约。启铂公司在短时间内得知价格设置错误，向禤某及时说明不接受新要约。据此，双方的网络购物合同未成立，遂驳回了禤某的诉讼请求。

相关情况： 除禤某外，1.6万余名消费者也购买了礼品卡，共计4.3万余张。事件发生后，启铂公司在网店发布标价错误公告，95%的购买者办理了退货手续，经统计，店铺损失高达2000万元。

裁判逻辑： 法院将商品信息展示视为电子商务经营者向消费者发出的要约，内容为商品正常价格缔约。但由于错误标价，消费者提交订单的内容变更了合同价款，对要约作出实质变更，应视为新要约。表明在行为认定时，不能拘泥于所展现的字句，而应当结合相关条款、行为的性质和目的、习惯

[①] 参见广东省佛山市中级人民法院（2019）粤0607民初3079号民事判决书。

以及诚信原则,探究行为人的真实意思表示。

【案例2】①林某在卡尔森公司网店中购买了标价错误的组合家具1套(原价11 950元,误写为1195元)。法院认为,标价错误属于意思表示错误,对自己行为负责系意思自治的核心要义。因此,卡尔森公司意思表示错误是由自身过失导致,应自行承担错误造成的利益损失,不影响合同效力。卡尔森公司表示不行使撤销权,现有证据不能证明林某系恶意购买,故判决卡尔森公司继续履行合同,向林某交付组合家具一套。

相关情况:林某下单当日,案外人通过旺旺聊天向卡尔森公司提供了微信聊天记录,显示名为"一起薅羊毛撸得快"微信群中,部分群员在明知商品价值的情况下,仍选择支付订单,并号召他人共同恶拍,扩大影响。卡尔森公司因拒绝发货遭到大量投诉,按照淘宝交易规则需向消费者支付订单价款30%的补偿款,本案累计赔付价款10 023元。

裁判逻辑:法院认定了涉案商品的外观、规格、功能等信息标注明确,不能以错误标价为由阻碍网络购物合同成立。

【案例3】②刘某在GAP礼品卡专卖网店购买1000元购物卡3张,并支付1470元,该网店于当日发布声明称,涉案商品售价为980元,因设置不当导致支付价格异常,故停止礼品卡的销售和使用,为顾客办理退款并赠送价值100元的礼品卡。

裁判逻辑:法院审理认定,由于店铺未在法律规定的期限内行使撤销权,故对于其以重大误解为由要求撤销合同的抗辩意见不予支持,但该问题是由于传统的意思表示错误解决机制难以适应网络购物时代下"一对多"场景所致,刘某短时间内重复下单恶意缔约可能性极高,违背诚信原则和商业道德。最终,法院认定,刘某行使交付涉案商品的合同权利属于权利滥用,有悖于诚信原则,驳回刘某的全部诉讼请求。

说明:《民法典》第491条第2款虽吸收了《电子商务法》的实践成果,规定电子合同的订立规则,体现了对消费者实施倾斜保护。但对实践中新出现的"错误标价""薅羊毛"等存在认定标准模糊,无法有效应对消费者利用标价错误恶意缔约的问题。结果是,平台经营者无所适从、不断试错,审理

---

① 参见福建省厦门市湖里区人民法院(2018)闽0206民初8141号民事判决书。
② 参见北京互联网法院(2019)京0491民初36017号民事判决书。

案件的法官难于把握、疲于应对。

价值判断问题是民法问题的核心。根据利益衡量①的需要，法官在进行法的解释时，不可能不进行利益衡量，利益衡量实质是一种法官断案的思考方法。根据利益衡量的需要，我们把利益分为当事人的具体利益、群体利益、制度利益和社会公共利益，这些利益形成一个有机层次结构。在这个结构中，每种利益都是独立存在的利益形式，拥有自己特点的主体和内容，并且是一种从具体到概念的递进关系，也是层层包含关系。法律与价值有着天然联系，法律关系实则为权利化的利益关系，其可分为社会公共利益、集体利益、个体利益三个层次。

个体利益存在于具体的当事人之间，也是个案裁判直接影响的利益主体。群体利益是利益代表的集中体现，如消费者群体利益。社会公共利益是社会生活中最大的价值共识，维系社会基本秩序与基本的道德要求，是最高利益位阶，在部门法中表现为法律原则。其中，群体利益连接着个体利益与社会公共利益，是个体利益的集团化，也是社会公共利益的具体化。每个层次都是独立存在的利益形式，具有特定的主体和内容，相互之间构成了层层递进的有机整体（见图1-1）。裁判者在寻找三段论的大前提时，首先要依据的是

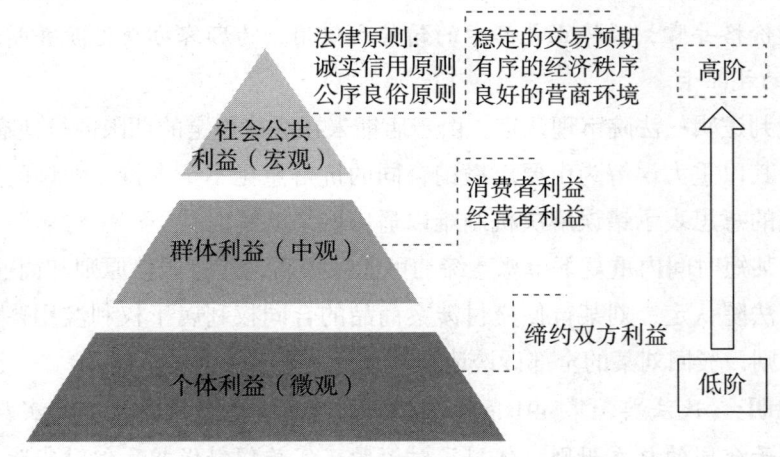

图1-1 利益层次结构关系模型

---

① "利益衡量"作为法学思考方法，20世纪60年代在日本兴起后，成为一种流行的方法，其以价值相对主义为基础，注重双方具体礼仪的比较，首先由日本教授加藤一郎提出。参见［日］加藤一郎：《民法的解释与利益衡量》，梁慧星译，载梁慧星主编：《民商法丛论》（第2卷），法律出版社1995年版，第78页。

利益层次结构，每一层次利益都要服从于上位利益。

"薅羊毛"行为的出现冲击了"消费者处于弱势"的一般认知，倾斜保护消费者合法权益已成为司法惯例。消费者违反诚信原则，攫取电子商务经营者的利益，各方利益形成鲜明冲突。此时，选择符合上位利益的利益加以保护，才能作出正确的价值判断。

二、类案同判的功能目标

类案同判是指法官正在审理的案件，应当与其所在法院和上一级法院已经审结的或者其他具有指导意义的同类案件裁判尺度一致。实际上，"类案不同判"的实质是法律适用不统一的问题。造成这一问题的原因有多个方面，比如法律缺乏明确规定，法律自身的不周延性、模糊性和滞后性，法官对法律的不同理解和认识，监督管理机制不健全，司法人员能力水平有待提升等，但主要原因是不同法官对同一法律的理解与认识可能存在偏差，导致类似案件不能得到类似处理。

（一）规范法官的自由裁量权

自由裁量权行使要素应当在一定范围内具有适用上的统一性，进而才能产生统一的裁判标准，如各级人民法院内部对同一类型案件行使自由裁量权的，要严格、准确适用法律和司法解释，参照指导性案例，努力做到类似案件类似处理。类案检索与法官会议、审判委员会以及院长、庭长履行审判监督权等各项机制相互协调配合，有助于规范法官的自由裁量权，实现类案裁判标准统一。[1]有学者认为，"应当规定，如果（后案）与前案诉讼标的属同一种类，原则上应当参照前案所确立的判决原则行事，如果不予参照，即处理上与前例不一致，必须要阐明正当理由。如果不阐述理由而与前例不一致，

---

[1] 《最高人民法院关于深化司法责任制综合配套改革的实施意见》第9条第1款规定："完善统一法律适用机制。进一步完善关联案件和类案检索机制、专业法官会议机制和审判委员会制度，确保各项机制有机衔接、形成合力。通过类案检索初步过滤、专业法官会议研究咨询、审判委员会讨论决定，有效解决审判组织内部、不同审判组织以及院庭长与审判组织之间的分歧，促进法律适用标准统一。"

实际上属于滥用自由裁量权"。① 此外,"已有类案判决作为一种规则,它既可以约束法官自身肆意妄为,也可以有效抵御外界不当干预,从而为法官提供职业的'避风港'"。②

为了解决类案不同判现象,最高人民法院给出了诸多治理路径,如加强量刑规范、提升法官职业素养、开展司法责任制改革、建立法律适用分歧解决机制等,其中案例指导制度因其可操作性强、效果直观被司法界高度重视,已成为平衡法官对法律的理解和适用,实现类案同判,维护司法权威,推进司法体制改革的重要利器。为深化司法责任制综合配套改革,健全完善类案检索制度,进一步统一法律适用,2020年最高人民法院印发了《类案检索指导意见》。该意见共计14条,对类案检索的适用范围、检索主体及平台、检索范围和方法、类案识别和比对、检索报告或说明、结果运用、法官回应、法律分歧解决、审判案例数据库建设等予以明确。将类案检索定位为具有中国特色的、成文法体系下的具体制度,强调法官对指导性案例的参照和对其他类案的参考,旨在实现法律的统一适用。

(二)形成裁判者内心确信

在先生效判决是裁判者智力劳动的成果和结晶,对其他裁判者的裁判过程和裁判思路具有指引和参考作用。特别是最高人民法院发布的指导性案例,待决案件在基本案情和法律适用方面与其类似的,具有"应当参照"的法律效力。类案检索可以使裁判者站上"前人的肩膀",从前人经验中寻找解决当下争议问题的智慧和路径。随着互联网技术的发展和各种智能检索平台的出现,类案检索变得更加普遍和便捷,其萌发于实践的旺盛需求,折射出强大的实践理性。

一方面,类案检索是裁判者破解实践困局的理性选择。法律的稳定性和成文法的局限性,使法律规则常常存在一定的滞后性,而随着社会经济生活的日益发展,各种新业态和新事物层出不穷,由此产生的纠纷引发越来越旺盛的司法需求,其结果就是涌入法院的疑难复杂和新类型案件层出不穷。尽管最高人民法院发布的司法解释能在一定程度上弥补法律规则滞后的不足,

---

① 江必新:《论司法自由裁量权》,载《法律适用》2006年第11期。
② 于同志:《我们为什么要重视司法案例》,载《人民法院报》2017年8月2日。

回应社会的司法需求,但裁判者依然会时常面临"法无规定"的窘境。在裁判者不能拒绝裁判的前提下,从类案中寻求启示和参考就成为一种弥补成文法缺陷的理性选择。通过检索,可以减少由待决案件复杂性、新颖性所带来的审理困惑,缩短法官认知、理解和判断的过程。①

另一方面,类案检索是裁判者寻求裁判合理性的"证据性"支撑。"让审理者裁判,由裁判者负责"既是司法责任制的核心要求,也是权责一致原则的内在要求。在司法责任制的约束下,裁判者对案件的审理更加谨慎,追求裁判结果正确成为裁判者最基本的共性需求。对于经验丰富的裁判者来说,虽然对大部分案件的裁判显得驾轻就熟,但仍有部分案件使其在裁判时犹豫不决,通过类案检索可以为裁判者的裁判思路和裁判结果提供生效判决的"证据性"支撑,从而强化内心确信。对于经验欠缺的裁判者来说,通过研究类案更是厘清裁判思路、明确裁判尺度、寻求裁判结果合理性的有效途径。

此外,疑难案件往往没有唯一正确的答案,某些案件在审判委员会进行讨论时,甚至会出现三种以上不同裁判观点的情况。不同观点的对抗和抉择,于法官而言,是不可推卸又极为艰巨的任务。即便是最智慧、最敬业、最高尚的法官,也只能作出分散性、个体性的裁量,无法克服个体决策的有限性。法官为了说服他人,让合议庭或审判委员会成员相信自己选择结论的正确性,仅凭自己的业务能力、良心、口才以及法官资历是很难成功的。既往生效案例凝结了审判经验,尤其是从一类案例中所凝练出的裁判规则经受了时间和实践的经验,它们表征着一种可靠的法律适用方案。而类案可以通过数量优势取得权威,进而弥补权威案例供应不足的遗憾。法官通过对大量类案裁判规则的梳理、分类和统计,便可以提取出主流的裁判规则以供案件决策参考。②

(三)塑造个案公正

首先,成文法存在固有缺陷。与判例法相比,成文法既具有很多优点,也具有自身的模糊性、不周延性和滞后性等缺点,受此影响不同法官在司法

---

① 郑通斌:《类案检索运行现状及完善路径》,载《人民司法》2018年第31期。
② 曹磊、刘晓燕:《类案检索应用的困境与破解——以助力法官裁决及文书撰写为视角》,载《中国应用法学》2021年第5期。

过程中可能对同一法律产生不同理解和认识,从而导致法律适用不统一的问题。类案检索制度在坚持我国成文法体系的前提下,借鉴英美法系及大陆法系国家判例制度的优点,旨在充分发挥类案的指导或参考作用,规范和限制法官的自由裁量权,使法官在类案检索的基础上作出更加慎重妥当地裁判,促进法律的统一适用和司法的公平公正。类案同判是人民群众对司法公正最朴素的价值追求,是现代法治社会应当恪守的一项基本原则;法官在审理案件中,需对缺乏明确裁判规则或者尚未形成统一裁判规则等案进行类案检索,促进法律适用的统一。[①]

  法律是用来解决社会生活纠纷的制度规范。但无论法律制度多么完善、多么成熟,都无法剔除其自身最大的缺陷。当前我们所处的社会生活瞬息万变,各类社会矛盾复杂多样,涉及套路贷、公益诉讼、环境保护、直播带货等领域的新类型疑难、复杂案件层出不穷,不少案件面临着法律适用无所适从的困境,新型疑难案件就像放大镜一样,将法律的滞后性问题放大、凸显。法律统一适用是维护社会主义法制统一和尊严的基本要求,也是司法公正的应有之义。但受法律本身的抽象性、一般性、模糊性以及法官对法律的理解和认识可能存有偏差等因素的影响,法律适用不统一成为困扰人民法院的一个难题,在一定程度上影响了司法的公信力。

  其次,法官个人专业和经验的局限。从理论意义上讲,我国先前其他法院对类似案件的审理结果对正在审理的案件没有法律上的约束力,由此就出现了不同法院、不同法官对类似案件可能作出不同的裁决。主观上,每个法官的教育背景、个人经历以及所处的人文、社会环境不同,会导致他们审判理念和价值取向的差异,因此,法官在选择法律适用中对类似案件的看法和认知也是仁者见仁、智者见智;客观上,法律不可能包罗万象,滞后性是不争的事实,裁判标准虽然不断细化,但仍有新的问题不断出现,再加上两个案件本身也不可能完全相同,这些因素都或多或少地影响着法官对案件的判断。

  实践中,法官在审理案件时难免由于专业的局限和经验的不足而出现裁决犹豫。以往解决"案件不知如何判"的做法是通过审委会决策,集众人智

---

① 姚建军:《类案检索是统一法律适用的重要路径》,载《人民法院报》2020年11月2日,第2版。

慧与经验解决法律争议，从而破解案件久拖不决的局面。但审委会召集程序复杂且讨论范围有限，无法满足法官裁决中遇到的所有困境，而类案检索具有对海量案例进行搜索的能力，为法官裁判提供了全量信息和数据经验。大数据分析能瞬间对全量数据进行分析而非抽样分析，以一种全量归纳逻辑形式对事件进行客观描述，能够为法官提供"专家会诊"式的经验，从而弥合从类案到类判之间的逻辑缺陷和经验鸿沟，为法官快速作出裁判决断提供帮助。一份出色的裁判文书，最重要的就是要能反映从事实前提、法条适用到裁判结论的逻辑推演过程。法律推理部分往往会涉及法律的解释、利益的衡量、修辞的运用、结果的考量，甚至是法律漏洞的补充或是对法律的正当背离等诸多异常复杂的方法和技巧运用，需要丰富的经验、司法智慧，并投入大量的工作时间。裁判文书对具体争议的裁判只具有短暂的价值，但对法律适用争议的说理和论证则具有普遍适用的价值。①

最后，案件质量管控的局限。作为案件质量控制手段，监测法官裁判尺度，并实行偏离预警；还有的法院将其作为裁判质量核查工具，倒逼法官提升检索自觉性。各地的实践差异表明对类案检索的功能认识不清。而对类案检索的强制要求，很可能使法官陷入检索陷阱，视野仅仅局限于检索类案上，出现类案盲从的"羊群效应"：即一味追随大众所认同的观点，从而丧失裁判的创造性和自主性，照搬照抄既有案例的裁决结果，最终出现"类案绝对同判"的局面。而类案检索出的其他案例，并不一定是法律效果和社会效果的最优结果，法官机械参照的结果则将使司法丧失形塑社会观念的功能。

故而，在面对司法实践中遭遇的各类疑难案件时，我们可以求助于已有的案例，因为它们记载着先前承办法官的裁判心路，相比抽象的法律条文，这种具体而生动的"活的法律"，更容易给人以启发和借鉴。特别是上级法院确认并发布的指导性案例，代表了上级法院对某一类案件法律适用问题的倾向性意见和对具体案件的态度。更为重要的是，这些指导性案例本就是上级法院在研究总结经验的基础上，针对社会关注的各类新情况、新问题而发布的，对于下级法院办理疑难案件可谓"对症下药"，充分体现了符合时代需要、适应人民群众需求的司法理念。

---

① 曹磊、刘晓燕：《类案检索应用的困境与破解——以助力法官裁决及文书撰写为视角》，载《中国应用法学》2021年第5期。

可以说，塑造个案公正，是类案检索功能的终极定位。类案检索是为个案裁判服务的，检索的逻辑起点是个案事实，其终点也只能是个案正义。与个案正义要求法官对案件进行问题导向性和情境化处理相同，类案检索要求法官围绕个案问题寻找最适合待决案件具体情形的判决。然而即使是再好的文书也不是案例的镜像，无法展示出司法裁判的整体样貌。诸如司法前见、事实裁剪、经验参与、观念辐射、结果导向等司法隐性知识广泛地存在于案件裁判的各个环节之中，并在司法判案中有它特定的位置，有时可能会对判决起着决定性作用，但它们不会被裁判文书所记录，也就无法通过类案检索获取相关信息。此时法官通过目的解释、价值衡量等方式实现个案正义。但与法官的传统做法不同，类案检索仍可以从全量经验归纳和限制法官恣意来提高裁判说服力和可接受性。从这一角度来说，类案检索同样具有形塑个案正义的功能。

（四）提升司法公信力

司法权从本质上讲是裁判权与判断权，它的根本任务就是在两种相互冲突的利益间作出裁决。就立法者而言，立法者制定法律并对法律的指引、评价和预测等功能抱有期望，并对裁判者合理解释和一体适用法律有所期待。裁判标准不统一问题固然与立法的局限性有关，亦与裁判者解释法律的路径、方法、角度不一致密切相关。就裁判者而言，裁判标准不统一映射出的裁判标准多元化的问题，增加了裁判者形成内心裁判确信的难度，使裁判者本身对法院裁判的公信力大打折扣。就社会公众而言，公正是法律内在的固有价值，而裁判标准统一是实现公正的必要条件。对于同类案件来说，裁判者应适用相同的规则作出基本相同的裁判结果。如果同类案件作出不一样的裁判结果，裁判者应作出令人信服的合理解释，否则司法的公信将受到极大的损害。"司法裁判最重要的角色是指向未来的，它是以个案的方式将抽象的法律具体化，在解决特定纠纷的同时，为人们指明了未来的行动标准和行为选择的恰当方向。"[①] 程序的公正性和结果的确定性是司法公信的重要支撑，裁判标准不统一情形的出现却破坏了结果的可预期性，从而对司法公信产生不良影响。特别是在大数据时代，类案裁判标准不统一对司法公信的负面影响更加明显。

[①] 陈景辉：《裁判可接受性概念之反省》，载《法学研究》2009年第4期。

三、案例检索的流程概述

我国法律体系中现行有效的民商事法律规范浩如烟海,仅凭广泛的阅读和记忆,已经无法找全、找准特定案件所应适用的全部法条。在办案实践中,代理律师、出庭检察官、审判人员用错或者遗漏案件裁判所必需的法律条文的情况,也屡见不鲜。要提高办案时找法的查全率与查准率,除了借助外部数据库进行有效的法律检索外,别无他法。所以法律检索是法律从业者的基础技能之一,法律检索结果的优劣,对案件办理结果产生直接影响。对业内资深人士而言,法律检索的过程也是发现案件争点、调整办案思路、文书写作参考的过程。

(一)法条的识别与检索方式

案例检索基于法条意识,也有助于加强法条意识。在我国,一切诉讼都是从法条中来又到法条中去。任何一个案件的裁判结果,在形式逻辑上必然出自法律条文与案件要件事实相匹配的过程,这个裁判过程与法学院以往所教授的从法律概念到法律概念的思考过程迥异。因此,准确、快速地检索到适用于手头案件的法条,关系诉讼的结果与成败,故法律检索是法律人基本的实务技能之一,此点的重要性无须多述。案例检索也是法律人实务学习的重要工具。目前,我国的法学研究与法律实务所需的匹配度有待提高,学术研究的基本出发点亦不在于现有法条在法律实务中的具体运用。遇到新型实务疑难,从传统学术资料中往往难以找到答案,此时借助案例检索往往更能有效地答疑解惑。[①]

1. 法律渊源与法条识别

在诉讼决于法条,法律检索的主要作为民商事诉讼中法院裁判依据的法条,主要分为全国人大及其常委会的立法(以下简称人大立法)、行政法规、司法解释、地方性法规四类以及作为准法源的最高人民法院与最高人民检察院的指导性案例。《最高人民法院关于裁判文书引用法律、法规等规范性法律文件的规定》第4条规定:"民事裁判文书应当引用法律、法律解释或者司法

---

① 参见高杉峻:《法律检索标准流程》(第12版),载微信公众号"高杉LEGAL",2020年3月19日。

解释。对于应当适用的行政法规、地方性法规或者自治条例和单行条例，可以直接引用。"《最高人民法院关于案例指导工作的规定》第7条规定："最高人民法院发布的指导性案例，各级人民法院审判类似案例时应当参照。"需要注意的是，"两高"的指导性案例，对人民法院的审判具有参照的效力，是准法源。

  人大除了制定法律，还会制定其他多种文件。最高人民法院除了制定司法解释，也会制定其他多种司法文件，所以，对同一机关制定的多种文件进行法条识别，确定哪些文件属于法条，哪些文件不属于法条，就很重要。上述四类法条中，较难准确识别的是最高人民法院制定的司法解释。司法解释识别的基本规律是，1997年之后的司法解释必带"法释"文号，1997年之前的司法解释按惯例确定。识别司法解释时特别需要注意，就对个案的答复、批复而言，最高人民法院他字号的答复件一般仅是个案答复（如文号为"〔2016〕最高法民他11号"的答复件），并非司法解释，法释字号的批复件才是司法解释。对特定司法文件的真实性、效力及文本产生疑问时，可比对《最高人民法院公报》及《最高人民法院司法解释汇编（1949—2013）》一书[①]。

  除了法条之外，我们也需要检索案例和文章，二者的作用是辅助理解法条或将其作为对法条某种特定理解的佐证。这里需要强调的是，对人大立法的法条的理解，一般参考全国人民代表大会常务委员会法制工作委员会署名编著或该机构工作人员署名编著的"释义书"系列，如各家主流法律类出版社均有出版的《中华人民共和国合同法释义》《中华人民共和国民事诉讼法释义》《中华人民共和国公司法释义》等书中对相应立法条文的具体解读。对最高人民法院数量繁多的司法解释的理解，一般参考最高人民法院内设庭室署名编著的"理解与适用书"系列（一般由人民法院出版社出版），如《〈全国法院民商事审判工作会议纪要〉理解与适用》《最高人民法院建设工程施工合同司法解释（二）理解与适用》《最高人民法院新民事诉讼证据规定理解与适用》等书中对相应司法解释条文的具体解读。

2. 检索的方向与背景

  首先，多个搜索引擎检索。就要检索的法律问题，应首先使用Google、

[①] 最高人民法院研究室编：《最高人民法院司法解释汇编（1949—2013）》，人民法院出版社2018年版。

百度（https：//www.baidu.com/）、必应（https：//cn.bing.com/）、搜狗微信搜索（https：//weixin.sogou.com/）、微博搜索（https：//s.weibo.com/）、知乎搜索（https：//www.zhihu.com/search）等各种搜索引擎进行检索，了解法律问题实务研究的基本情况和商业、金融、财税等相关必要背景信息，确定下一步使用法律专业数据库检索的大方向。

其次，搜索语法。使用搜索引擎时，应熟练掌握双引号、"–"、"site："、"filetype："、"intitle："、"inurl："等搜索语法。双引号内加关键词，表示搜索中限定不能分词；"–"表示搜索结果中排除"–"之后的关键词；"site："表示在"site："后所限定的网站范围内搜索"site："前列明的关键词；"filetype："表示搜索结果限定为"filetype："之后限定的诸如"doc""pdf"等某一种文件格式；"intitle："表示搜索结果中限定网页标题中必须含有"intitle："后的关键词；"inurl："表示搜索结果的网页的链接中必须含有"inurl："之后的关键词。以上搜索语法，亦可通过百度高级搜索等各搜索引擎的高级搜索功能予以实现。

（二）检索路径与数据库选择

1. 从"二手案例"中查找

因诸多社会性和学术性案例研究机构的存在，以及越来越多的"技术派"律所的持续投入和追踪，不少热点法律问题、疑难法律问题，已经有诸多遴选出来的案例，甚至其裁判要旨已经被概括出来。从这些案例中选择要解决的争议问题，再按照案例去找文书，可以有效提升效率。这些"二手案例"，既包括通过专业法律网站、微信文章等电子方式发布的案例，也包括以《公报》《人民司法·案例》《人民法院案例选》及"审判指导与参考"系列等以纸质文本存在的案例。按照案例按图索骥，寻找原本文书细究，可以避免案例编写时过滤掉的或者遗漏的一些关键性事实或者理由，导致案例核心问题的旁移。值得注意的是，对一些以"定了！""突发"打头发布的"要旨"及案例，应当保持一种警惕。对这类文章提到的案例，更要去关注、查阅裁判文书的原文，寻求其事实背景和裁判真意。

2. 从裁判文书网上定向搜索

随着司法案例数据的公开，中国裁判文书网、北大法宝、北大法意、威科先行、律商网、万律网、"法信"、"无讼"、中国法律知识总库、聚法、把手等专业的法律数据库也借助司法数据的公开，以不同的归类方式收纳了大量案例。我们可以通过对数据库的检索作业，以不同标准对同类案件进行定向查找。鉴于经过二审或者再审程序的案件说明当事人对裁判结果存有较大分歧、地域分布在一定程度上体现出总体的业务水准、更高审级的法院和法官在功能定位、时间精力分配上比中基层法院的法官更具优势，故相对而言，从二审或者再审的、研究力量比较强地域的、最高人民法院或者高级人民法院的裁判文书中，寻找"好"的文书样本，效率更高。

3. 向术有专攻的法律人征集案例

专业化和精细化已经成为法律人钻研业务问题的一个重要方向。因此，就哪一类问题征询哪一类专攻的法律人，大多会得到很好的指引。因为某一类型法律问题案例库的积累，实际上是一个长期的积累过程。对具体法律问题有专攻的法律人，往往通过持续的关注，积累了一些典型案例，并有诸多自己的深入思考。笔者推荐以下专业法律人检索途径：（1）《人民法院报》。该报刊是最高人民法院的机关报，其官方网站免费提供近年来所有该报刊登文章的全文查阅及电子检索。（2）《人民司法》。其系最高人民法院机关刊，登载最新的权威司法观点。中国知网已经收录该刊，查阅方便。（3）《民事审判指导与参考》。其由最高人民法院民事审判第一庭编写，指导全国民事审判。（4）《商事审判指导》。其由最高人民法院民事审判第二庭编写，指导全国商事审判。（5）《审判监督指导》。其由最高人民法院审监庭编写，指导全国审判监督工作。（6）最高人民法院其他业务庭的指导丛书。如《立案工作指导》《知识产权审判指导》《执行工作指导》等。（7）微信法律检索。得益于法官、律师等法律人的热心分享以及大量法律类微信公众号的兴起，微信沉淀了海量、优质的法律类文章，特别是实务类文章，为法律检索奠定了良好的基础。相比于百度等综合搜索引擎，利用微信进行法律检索，检索结果会显得更准确、时效性更强等，微信已经成为很多法律人进行法律检索首选。

4. 检索数据库的选择

目前常用的检索数据库主要有以下几种：（1）中国裁判文书网。中国裁判文书网于2013年7月1日正式开通。2014年1月1日起，除四种特殊情形外，人民法院作出的生效裁判文书均应当在互联网公布。全国31个省（区、市）及新疆生产建设兵团的三级法院已全部实现生效裁判文书上网公布，即案件类型全覆盖、法院全覆盖。（2）"法信"。2016年3月31日，中国首个法律知识和案例大数据融合服务平台——"法信"上线。该法律数字平台为法律人提供一站式专业知识解决方案、类案剖析同案智推服务，并向社会大众提供法律规范和裁判规则参考。（3）北大法宝。北大法宝法律数据库于1985年创立于北京大学，历经20余年的发展。其开发的网络和光盘产品，涵盖中国法律法规、司法案例、法学期刊、律所实务、英文译本、专题参考、视频库、司考库八大部分内容，数据总量500万余篇。"司法案例"是其子库之一。（4）"无讼"。"无讼"是商业案例检索平台，将律师与案例数据关联匹配，为律师等法律人提供检索服务。（5）其他平台。除了以上案例检索平台，还有不少其他类案检索平台，并且在一定范围内应用。如中国司法案例网，其之前接入了中国裁判文书网的案例数据，可以进行案例检索；中国庭审公开网，可利用该平台的视频资料，查看法官的既往开庭视频录像资料，了解法官的庭审风格与习惯；"智审1.0"，其系审判辅助系统，其主要的功能为影像卷的文字自动识别、诉讼文书的辅助编写、关联信息一键查询、类似案件智能推送、相关法条智能推送，但是该系统并非独立的检索平台，依托于办案平台进行关联推送；OpenLaw，其依托于"OpenLaw开放法律联盟"，面向律师、法官、检察官、法学教师、学者、学生以及从事法律相关的工作人员，提供裁判文书的检索和可视化图表分析。

目前主要的类案检索数据库各具优势和特点（详见表1-2）。

表1-2 主要类案检索数据库检索优势一览表

序号	数据库名称	网址	主要资源	检索优势
1	全国人大常委会国家法律法规数据库	https://flk.npc.gov.cn/	法律、司法解释、地方性法规	官方、免费；法律法规按层级分类，可实现分类检索
2	中国人大网法律释义与问答	http://www.npc.gov.cn/npc/c1793/flsyywd.shtml	法律、司法解释、地方性法规	官方、免费；立法机关关于法律法规的权威解释及立法热点的权威解答
3	中国裁判文书网	https://wenshu.court.gov.cn/	裁判文书数据库	官方、免费；资源丰富可实现子类别分级检索

续表

序号	数据库名称	网址	主要资源	检索优势
4	"法信"	https://www.faxin.cn/	法规、案例、论文数据库	可实现跨库检索、类案检索；资源丰富，有法律法规、司法解释及相应的解析文章
5	Alpha	https://isite.baidu.com/site/wjzckmxw/	法规、案例、论文数据库	律师办案平台、类案检索平台，支持自动生成检索报告
6	北大法宝	http://www.pkulaw.cn/	法规、案例、论文数据库	支持检索数据可视化、自动生成检索报告等功能
7	威科先行	https://hr.wkinfo.com.cn/boldUsers	法规、案例、论文数据库	支持标题、全文、文号等精准和模糊检索
8	聚法案例	https://www.jufaanli.com/	法规、案例、论文数据库	免费；支持检索数据可视化、自动生成检索报告等功能
9	元典智库	https://www.chineselaw.com/	法规、案例、论文数据库、合同文本、法官分析等	基本功能免费；具备关联检索；支持检索数据可视化、自动生成检索报告等功能

（三）案例检索的三种方法

1. 体系检索法

一是利用自动索引功能。专业数据库会在每个法条下自动索引引用了该法条的其他法律、司法解释、裁判文书等，点开自动索引的链接，就可以发现其他密切相关的法条、司法解释、案例等有用信息。二是关注法律本身的体系。以民商事案件为例，我们可以从《民法典》的体系出发进行检索。以"夫妻一方单独处分出卖共有房产"为例，一旦就该问题进行检索，从民法体系出发，即可判断该问题必然涉及婚姻、合同、物权、城市房地产管理等法条内容。从数据库中检索出婚姻法、合同法、物权法、城市房地产管理法及其相关主要司法解释，分别利用"共有""无权""处分"等关键词进行页面筛查，就可以发现相关主要法条。

2. 关键词检索法

一是检索逻辑符号的运用。空格符、"–"、"or"等符号的单独或合并使用。如标题检索关键词："合同效力 – 仲裁"。需要注意的是，在使用表示排除（不含有）的"–"号时，有的数据库需要在"–"号前空格，有的不需要，同时此处的"–"号和上文提及的"："号，都应采用英文输入模式下的符号，以便系统识别。二是检索口径的调整。检索所得结果过多，难以人工筛选时，需要缩小检索口径，可通过加长关键词（如代理→无权代理）、加多关键词（如处分→处分无效）、增多检索项（如发布机关限定为最高人民法院）等方法缩小检索口径，得到范围限缩后的检索结果。检索所得结果过少，需要扩大检索口径时，则反之。对于如何发现关键词？可从中文文本出发发现关键词：同义词、近义词、反义词、词序调换（如转让股权→股权转让）、衍生扩展词（如虚拟货币→比特币、数字货币）；可以根据法理发现关键词（如检索无权处分就要想到善意取得、检索无权代理就要想到表见代理）；也可以从相关法条的表述中发现关键词；从判决的行文中发现关键词；从行业习惯用语出发发现关键词。关键词的选取能力是检索经验、中文功底、法律功底的综合体现。此外，选取关键词时，应打破中文习惯并善于选取多个关联关键词的重合部分。如从"合同无效""合同有效""合同失效"三组检索词中，提取出共同的"合同效"进行一次检索；又如，从"有权代理""无权代理"两个关键词中提取出共同的"权代理"进行一次检索。还要注意同句、同段、间隔等精准检索方法的运用。"威科先行"、iCourt 的"alpha 数据库"均提供同句、同段、间隔等精准检索方法，能极大地提高检索精度。

3. 案例倒查法

以上两种检索方法归根结底都是从概念出发的演绎的思路，而案例倒查法则是从案例找法条归纳的思路。对于如何找到案例，一是用"体系检索法"在相应法条下自动索引的裁判文书中找案例；二是用"关键词检索法"在案例库中找案例，需要注意的是，在直接查找法条设定关键词时一般追求法言法语（因为立法用语一般较为严谨），但在查找案例设定关键词可以使用一些日常用语（因为判决的查明部分会引用当事人交易过程中的日常用语）。对于如何倒查法条。可以逐个浏览筛选案例全文，重点看法院在"本院依据某某法……"部分引用的法条。倒查不仅能实现找法上的查漏补缺，更能发现法条在实务中的争点和疑点。三是机器自动查找关联法条。如在iCourt的"alpha数据库"中，选定案由为"买卖合同纠纷"，全文关键词为"无权处分"之后，点击"可视化"，即可在"法条"展示框中发现关联法条。实务中，对不熟悉的领域或问题，案例倒查法往往先于体系检索和关键词检索使用，以提前确定检索方向。

（四）案例检索结果的验证

1. 法条的效力甄别

一次认真全面的法律检索做完后，可能找到几十个甚至上百个相关法条，因此有必要对所得法条逐一进行效力甄别。一是要对检索所得法条的真实性和准确性进行甄别。搜索引擎所得的法条常有虚假、错漏的情况，法律数据库检索得到的法条也必须通过至少两个数据库进行验证。二是对检索所得法条是否有效进行甄别。法条是否已被废止；法条是否属于已经公布但尚未施行；法条是否属于法院裁判可依据的文件范围。三是法条在事项效力上是否适用于本案。注意法律文件的标题对适用事项范围的界定。如《最高人民法院关于审理城镇房屋租赁合同纠纷案件具体应用法律若干问题的解释》，该文件的标题已经明确了不能直接适用于农村房屋的租赁纠纷。此外，也要注意法律文件的条文对适用事项范围的界定。四是法条在时间效力上是否适用于本案。民商事实体立法一般不具有溯及力；民商事实体司法解释在实质上具有所谓的"溯及力"，即新制定的司法解释一般适用于该司法解释施行后的未结或新立案件（再审除外），即便该案件所涉及的法律事实发生于该司法解释施行之前；程序立法或司法解释即时适用。需注意司法解释末条及后续通知对相应司法解释于一审、二审、再审的程序适用（适用的时间范围）的限定条款，如《最高人民法院关于认真学习贯彻适用〈最高人民法院关于审理民间借贷案件适用法律若干问题的规定〉的通知》中的有关表述。甄别后的有效法条之间如发生冲突，应按照上位法优于下位法、后法优于前法、特别法优于普通法的三大原则来确定法条适用。如通过三大原则仍无法确定法条适用，则应参酌规范目的和既有案例来确定最终的法条适用。

2. 结果交叉验证

搜索引擎不能只用一家，法律数据库也不能只用一家，特定检索结果的真实性、有效性、全面性，都需要通过多平台分别检索才能得到验证。

3. 做好检索记录

法官、检察官、律师向助理布置检索任务时，应要求其随同检索结果一并提交检索记录（使用何种数据库、何种方法、何种关键词做的检索），以便查漏补缺，进行案件检索报告的制作。

4. 准备类案检索报告

虽然各种既往案例中只有最高人民法院指导性案例对全国法院案件审判同类案件具有参照效力，但诉讼代理人、民事检察人员向法院提交类案检索报告，将会有三方面效果：一是类案检索报告中如果提出了存在类案不同判或者与上级法院的既往判例不一致的情况的话，将可能导致案件提交法官联席会甚至审委会进行讨论；二是在承办法官将案件提交联席会和审委会讨论时，也需要在审理报告后附类案检索报告，相关人员提交的上述类案检索报告将有可能转化为法官检索报告的有利部分；三是有可能启动最高人民法院的法律适用分歧解决机制。

第二章　案例运用的实践

一、类案检索制度的建立

随着信息技术的发展，信息检索与利用成为辅助司法审判的重要方式，类案检索也应运而生。通过对类似案件的检索与参照，可以最大限度地确保类案同判，促进法律的统一适用。对此有观点指出："法官在裁决过程中加强类案检索，统一法律适用，对于有效避免'类案不同判'现象，提升司法公信力具有必要性。"[1] 特别是类案推送对于规范法官在待决案件中科学理性地进行司法裁判，提高司法的可预测性具有重要的作用。[2]

（一）类案检索的发展阶段

我国司法实践日趋重视类案检索对于统一法律适用的重要作用，不断推动类案检索的规范化。就其发展可以划分为以下几个阶段：

1. 规范关联阶段

早在 2010 年最高人民法院就发布了《关于案例指导工作的规定》，其中第 7 条规定："最高人民法院发布的指导性案例，各级人民法院审判类似案例时应当参照。"在该规定中，虽然没有明确出现类案检索的内容，但是从"参照"的表述看，也是要求司法人员在从事审判工作时进行必要的检索与对照，从而确保法律适用的统一性。之后，2015 年最高人民法院又发布了《〈关于案

---

[1] 李梦雨：《类案检索制度对法官提出新要求》，载《人民法院报》2020 年 7 月 30 日，第 2 版。
[2] 参见孙道萃：《我国刑事司法智能化的知识解构与应对逻辑》，载《当代法学》2019 年第 3 期；高鲁嘉：《人工智能时代我国司法智慧化的机遇、挑战及发展路径》，载《山东大学学报（哲学社会科学版）》2019 年第 3 期。

例指导工作的规定〉实施细则》，该细则第 13 条规定："最高人民法院建立指导性案例纸质档案与电子信息库，为指导性案例的参照适用、查询、检索和编纂提供保障。"特别是其中明确提及了"检索"的表述。但是这一阶段关于类案检索的规定具有明显的限定性和附属性，即检索的案例范围仅限于"最高人民法院发布的指导性案例"，未延伸至已经生效的司法案例，而且将类案检索附属于案例指导加以规定。

2. 规范明确阶段

2015 年最高人民法院发布《关于完善人民法院司法责任制的若干意见》，明确："建立审判业务法律研讨机制，通过类案参考、案例评析等方式统一裁判尺度。"其中明确使用了"类案参考"的表述，将对象范围延伸至一般的类案，而非限于指导性案例。在其他司法规范中，"类案"及相关表述也开始被广泛使用。

其后，2017 年最高人民法院发布《司法责任制实施意见（试行）》，将"类案与关联案件检索"作为独立的审判流程加以规定，详细规定了检索的要求和处理方式。同年，最高人民法院发布《关于落实司法责任制完善审判监督管理机制的意见（试行）》，指出："在完善类案参考、裁判指引等工作机制基础上，建立类案及关联案件强制检索机制，确保类案裁判标准统一、法律适用统一。"2019 年最高人民法院发布的《关于建立法律适用分歧解决机制的实施办法》也明确指出："按照深化司法体制综合配套改革的部署，严格落实全面推进'类案和新类型案件强制检索'制度的要求。"随着这些司法文件的出台，类案检索逐渐作为特定的司法术语被规定和明确。此后，司法人员也围绕类案检索进行了广泛的探索与实践。

3. 规范指导阶段

在《类案检索指导意见》出台不久前，最高人民法院于 2020 年发布《关于人民法院贯彻落实党的十九届四中全会精神推进审判体系和审判能力现代化的意见》，明确提出："积极推进互联网、人工智能、大数据、云计算、区块链、5G 等现代科技在司法领域的深度应用，提升智慧审判、智慧执行、智慧服务、智慧管理水平，实现司法审判质量变革、效率变革、动力变革。"由此，随着进入规范指导阶段，推动案例检索与智慧司法的理念、实践紧密结合，推动实现智能化、精准化，正是类案检索的发展方向。

2020 年最高人民法院发布《类案检索指导意见》，系首个专门针对类案检索出台的专门司法文件，共十四条，对于类案检索的适用范围、检索主体及平台、检索范围、结果运用等此前缺乏明确具体统一规定的事项进行全面系统的规定，标志着类案检索有了全面的指导规则。《类案检索指导意见》的出台，意味着类案检索正式进入规范指导时代，有了系统的对象、范围、规程等方面的要求。

《类案检索指导意见》首次就智慧化提出要求，其第12条第1款规定："各级人民法院应当积极推进类案检索工作，加强技术研发和应用培训，提升类案推送的智能化、精准化水平。"这一规定首次明确了类案检索和智慧化的密切关系，为智慧时代类案检索的深入实践指明了方向。同时，《类案检索指导意见》还明确规定了类案检索数据库：其一，数据库的建设方向。该意见第12条第2款规定："各高级人民法院应当充分运用现代信息技术，建立审判案例数据库，为全国统一、权威的审判案例数据库建设奠定坚实基础。"亦即类案检索数据库建设的远景目标应为"全国统一、权威的审判案例数据库"。其二，数据库的具体应用。该意见第3条规定："承办法官依托中国裁判文书网、审判案例数据库等进行类案检索，并对检索的真实性、准确性负责。"由此可见，"中国裁判文书网、审判案例数据库等"是目前主要应用的数据库。

《类案检索指导意见》就类案检索实体处理和程序流程也提出了十分具体的要求，推动其智慧化也势必基于这些要求展开：

其一，实体处理的要求。一是类案的判断。该意见第1条规定："本意见所称类案，是指与待决案件在基本事实、争议焦点、法律适用问题等方面具有相似性，且已经人民法院裁判生效的案件。"也即需要围绕基本事实、争议焦点、法律适用三个方面构建智慧化的类案判断机制，确立样本标准。二是类案检索的范围。该意见第4条第1款规定："类案检索范围一般包括：（一）最高人民法院发布的指导性案例；（二）最高人民法院发布的典型案例及裁判生效的案件；（三）本省（自治区、直辖市）高级人民法院发布的参考性案例及裁判生效的案件；（四）上一级人民法院及本院裁判生效的案件。"这就要求建设完善、全面的类检索智慧数据库，实现上述案例范围的全覆盖。三是类案检索的方式。该意见第5条规定："类案检索可以采用关键词检索、法条关联案件检索、案例关联检索等方法。"这就要求构建多维且有效的关键词、法条、案例关联检索机制。四是类案参考的判断。虽然类案的援引、参考是由承办法官最终完成，但是类案检索智慧系统也可发挥重要的辅助作用。比如该意见第 6 条规定："承办法官应当将待决案件与检索结果进行相似性识别和比对，确定是否属于类案。"这就要求类案检索智慧系统尽可能为法官提供智慧辅助判断信息。再如该意见第 9 条规定："检索到的类案为指导性案例的，人民法院应当参照作出裁判，但与新的法律、行政法规、司法解释相冲突或者为新的指导性案例所取代的除外。"这就要求类案检索智慧系统在标注案例类型的基础上，进一步给出参考判断意见。

其二，程序流程的要求。一是类案检索报告的制作。该意见第 8 条对类案检索报告提出全面的要求："类案检索说明或者报告应当客观、全面、准确，包括检索主体、时间、平台、方法、结果，类案裁判要点以及待决案件争议焦点等内容，并对是否参照或者参考类案等结果运用情况予以分析说明。"这就要求类案检索智慧系统进行智能化的内容转换与导出，尽可能使自动生成的类案检索报告直接可用。二是类案检索结果的判决导入。该意见第 7 条规定："对本意见规定的应当进行类案检索的案件，承办法官应当在合议庭评议、专业（主审）法官会议讨论及审理报告中对类案检索情况予以说明，或者制作专门的类案检索报告，并随案归档备查。"据此，除了制作专门类案检索报告的情形，承办法官也需要撰写类案检索情况说明段落，类案检索智慧系统应当进行格式化的段落生成，尽最大可能为承办法官减少工作量。与之类似，类案检索答复段落也是如此。该意见第 10 条规定："公诉机关、案件当事人及其辩护人、诉讼代理人等提交指导性案例作为控（诉）辩理由的，人民法院应当在裁判文书说理中回应是否参照并说明理由；提交其他类案作为控（诉）辩理由的，人民法院可以通过释明等方式予以回应。"类案检索智慧系统也应当进行统一、科学的类案检索答复段落生成，供承办法官参考。

综上，《类案检索指导意见》为类案检索的智慧化提出了全面、具体、深入的要求，这就需要类案检索智慧化的建设不能止步于目前发展阶段，而是在智能化、精准化上进一步着力，切实有效地践行智慧司法。

（二）类案推送系统及其短板

人民法院信息化建设已经十年有余，积累了大量的类案数据。"数据科学的核心涉及用自动化的方法来分析海量数据，并从中提取知识，它可为拥有大量数据但不知怎么从数据中提取价值的公司提供了一种强大的新方法来探索发现。"①综观目前人工智能在类案推送上的实践，无论在机制设计方面，还是在司法实务的运用上都差强人意。

2018年1月，最高人民法院正式上线运行了"类案智能推送系统"②，从"案件性质、案情特征、争议焦点、法律适用"四个方面，人工智能后构建出超过10万个维度的特征体系。全国各地法院也相继开发类似的类案智推系统，如安徽高院的"类案指引项目"，旨在"以大数据挖掘分析为前提"开展同类案件分析研究③；重庆江北区人民法院针对金融案件的"类案智能专审平台"④；贵州省高级人民法院则"以大数据挖掘分析为前提，建立类案裁判标准数据库和类案及关联案件强制检索机制，为法官提供多维度、多层面的分析场景，通过自动检索、类案推送、裁判文书语义分析、对比分析等大数据方法避免类案非类判现象"。⑤

第一，中国裁判文书网。中国裁判文书网不仅作为最集中的裁判文书发布平台，其本身也提供检索功能。其一，通过关键词检索。在首页可以直接通过案由、关键词、法院、当事人、律师等要素进行检索，并且通过"高级检索"项目，可以开展进一步的深入检索。其二，通过目录树检索。如选择"刑事案件"，可以进一步依据案由分危害公共安全罪、危害国家安全罪、破坏社会主义市场经济秩序罪、侵犯公民人身权利、民主权利罪、侵犯财产罪、妨害社会管理秩序罪、危害国防利益罪、贪污贿赂罪、渎职罪、军人违反职责罪、1997年10月以前刑事案由或罪名进一步选择罪名和相关案例。除了案由，还可以按照关键字、法院层级、地域及法院、审判程序、文书类型等标签进行筛选。

第二，"法信"。"法信"提供更为多元的类案检索机制：其一，"案例"检索，即输入案例的标题、全文进行检索（含高级检索）。该功能相较于中国裁判文书网更为细致，如除了依据刑法分则十章进行分类外，将"1997年

---

① 赵眸光、赵勇：《大数据数据管理与数据工程》，清华大学出版社2017年版，第168页。
② 罗书臻：《认真学习贯彻党的十九大精神深入推进智慧法院建设》，载《人民法院报》2018年1月6日。
③ 李忠好、姜浩：《安徽研发类案指引项目并试用》，载《人民法院报》2016年6月21日。
④ 刘政宁：《重庆法院打造类案智审平台审理周期平均少27天》，载人民网，http://cq.people.com.cn/n2/2017/0831/c365401-30680297，最后访问时间：2023年2月6日。
⑤ 贵州省高级人民法院：《探索"类案类判"机制确保法律适用统一》，载《人民法院报》2018年1月26日。

10月以前刑事案由或罪名"及关联案件细化为"1997年后修改""1979年前取消""1979年至1997年间取消"等项。特别是该项检索突出了"案例要旨",便于承办法官快速了解和判断类案。其二,"类案检索"。该项下除了可以进行全文检索(含高级检索)外,还可以通过上传裁判文书的方式进行检索,在检索结果上也会区分"裁判文书"与"权威案例",并且可以按照案件类型、审理法院、审理程序等标签再进行筛选。其三,"同案智推"。该项可以理解为"类案检索"的升级版,即通过文书全文或段落的输入,由系统自动按照案由(如罪名)、案情特征(如情节)、案件类型(如刑事)进行匹配,从而为承办法官推送案例。

第三,北大法宝。北大法宝的检索方式较为单一,即围绕案例标题、全文进行检索(含高级检索)。其标签设置上,案由、审理法院与中国裁判文书网、"法信"平台的设置较为类似,但颇具特色地就"参照级别"进行了体系化的设计。在案例类型上其涉及案例与裁判文书、公报案例、案例要旨、案例报道,将案例报道纳入是其特色之一。

第四,"无讼"。"无讼"是商业案例检索平台,将律师与案例数据关联匹配,提高律师互联网影响力。其声称通过与众不同的算法以及关键词系统,将最精准的检索结果前置,突破了传统案例检索工作的烦琐。

"无讼"的检索方式为关键词检索,基本维度和标签划分和中国裁判文书网、"法信"等平台基本类似,在文书类型上也突出了指导性案例、公报案例。在对象范围上"无讼"并不突出,其特色在于衍生服务方面。"无讼"不仅设置了独特的"无讼特色"标签,包括"案件解码""庭审视频"等,还提供图表分析和检索报告生成服务。

第五,其他平台。除了以上案例检索平台,还有不少其他类案检索平台,并且在一定范围内应用。比如中国司法案例网,其之前接入了中国裁判文书网的案例数据,并且可以进行案例检索,但是目前更新的网站并无案例内容,可能正在升级中。又如"智审1.0",系审判辅助系统,其主要的功能为影像卷的文字自动识别、诉讼文书的辅助编写、关联信息一键查询、类似案件智能推送、相关法条智能推送,但是该系统并非独立的检索平台,依托于办案平台进行关联推送。再如OpenLaw,其依托于"OpenLaw开放法律联盟",面向律师、法官、检察官、法学教师、学者、学生以及从事法律相关的工作人员,提供裁判文书的检索,还可提供可视化图表分析。

司法实践中，上述类案推送系统所推出的类案呈现"共性不够、范围过窄"等短板。主要表现在：

一是检索推送案例有些笼统，无法满足个案需要。由于现有的技术尚难以准确识别出案件的核心区别点，由此推送的类案数量过多且笼统。目前采取类案自动推送方式的前提是需要人力资源对于海量案例数据进行标签化管理。囿于当前我国法律人工智能领域既懂法律又懂技术的复合型跨界人才荒现象严重，如此人为操作下的类案数据库其可信度和参考性难遂人愿。[①] 因此，类案推送实践效果有待进一步提高。

二是推送案例的范围较窄、来源不明、层级不清。2013年，中国裁判文书网正式上线，此后生效裁判文书才开始大量、集中上传，并且各地上传的生效裁判文书数据大相径庭，"经济发达省份的公开文书量不仅超过经济落后省份，公开比例也相对更高"，[②] 这就造成当前的类案同判数据库容量不够，储备不足。即使在裁判文书网上得到的案例，也可能存在要素缺失、来源不明、结构较为简陋等问题。原始数据的不规范不严谨直接导致了检索结果的混乱无序，如此得到的类案的参考价值也不高。

实践中，案例检索大多数情况下是法官、法官助理的自发性行为，因缺乏详细操作规定，有些检索结果呈现粗糙化和无序性。

一是检索案件占比较少。无论是基于对公平正义的追求、司法责任的规避、强化说理的需要，法官、法官助理都有进行类案及关联案件检索的现实需求，但进行检索的案件在审理的全部案件中占比较少。其一，该院调解结案占到全部案件的60%以上，判决结案不到全部案件的40%，需要进行类案及关联案件检索的案件本身体量较小。其二，检索主体需求上存在差异，相较而言，年纪大的法官检索技术不熟练、依赖于传统思维、传统检索方式办案，青年法官无论从技术还是办案能力积淀层面，检索需求相对较高。其三，随着案件繁简分流改革，简案进行类案检索的需求不高，或者即使有需求，但由于检索到的类似案例的基数较大，法官需花费一定时间进行甄别筛选，

---

① 左卫民：《如何通过人工智能实现类案类判》，载《中国法律评论》2018年第2期。
② 马超、于晓虹、何海波：《大数据分析：中国司法裁判文书上网公开报告》，载《中国法律评论》2016年第4期。

导致检索效率低下，繁案的类案检索供需不匹配①、能够满足需求的权威案例供给不足、很难检索到匹配度高的案件，也在一定程度上导致了检索案件占比较小。

二是检索平台、方式单一。一般而言，法官会在判决前查找类似案件判决，有的是为了使说理更充分、有的是为了参考文书样式或文字表达、有的是为了补正裁判观点、有的是为判决结果提供参考。而目前可供选择的"类案指引"等平台较为单一。检索方式上，中国裁判文书网主要有案由、关键词、法院、当事人、律师等要素式检索和案件名称、案号、法院名称、案件类型等高级检索。部分地区的"类案指引"平台可直接定位争议焦点、裁判结果、本院认为、法律依据、原告诉称、被告辩称等进行检索。但归结起来，检索方式也仅局限于分类检索、要素式检索、关键词检索等。

三是检索结果运用情况不太理想。以某拒不执行判决罪一案为例，因其属于新类型案件，按照规定应当进行类案及关联案件检索。但以中国裁判文书网和"法信"两个搜索平台为例，检索后无最高人民法院案例，省级范围内近三年发布的案例及作出的生效裁判共194篇，且不清楚其中是否有参考性案例。例如，在"法信"平台上搜索"拒不执行判决罪"进行检索，找到各级别相关案例80篇，省级法院近年来发布的案例3篇。因效率较低、检索的结果与法官真正需要寻找的案例相关度不高，一定程度上挫伤了法官进行类案及关联案件检索的积极性。且因尚未进行强制性的规定，检索结果有无应用、对类案判决发挥了多少参考价值目前都无从考量。一案一检索的方式使得检索结果、检索报告只运用于个案的判决中，如何对检索报告进行统计分析，让其在实现类案同判中充分发挥作用，仍需实践探索。

存储类案数据的人工智能，可以从案件要素中学到足够的案例信息，但这并不足以主导司法裁判的走向。拥有足够法律理论知识的法官，可以从有限信息中作出应有的判断并迅速适应案件进展中出现的新情况，去解决当前不断发生的各种新问题。从司法案件的审理过程来看，"司法裁判结果的获得，不可避免地经历确认事实、寻找法律、作出判决三个不同的过程，必然

---

① 黄穗、白兰：《案件繁简分流机制改革视野下类案检索的智能化进路》，载胡云腾主编：《司法体制综合配套改革与刑事审判问题研究——全国法院第30届学术讨论会获奖论文集》，人民法院出版社2019年版。

要进行事实推理、法律推理和审判推理三种不同的推论"。[①]法官基于事实理由和法律理由得出司法判决结论的过程，完全由逻辑规则支配，是完整意义上的逻辑推理。审判推理的困难主要在于如何进行事实推理和法律推理，从而建立裁判大前提和小前提。因此，人工智能进行司法判决和法律推理的主要困难在于事实认定和法律推理，其中事实认定的逻辑性最弱。

首先，人工智能对传统司法中事实认定和法律适用推理的影响。人工智能发展到现在，相关法律规范已基本定型且融入传统法律体系，虽然在技术、领域与应用上存在耦合、重叠和相对性割裂，但人工智能与法律运用具有一定程度的辩证统一关系。人工智能的发展、变化，不断向人际关系、社会关系传递，当然也包括法律的被动性调适，表现在传统司法领域会发生较为明显的冲突。

众所周知，自然语言的不明确性和不确定性，以及有限自然语言系统的不自足性及其不明确性，不可避免地要传递到法律语言上，导致法律理念、术语和规则的不明确或不确定。受制于立法者思辨力、预见力的限度，不完美的法律必然存在。由此，法官的使命或智慧则要求其在不完善、有缺陷的法律体系中进行适当的法律推理，为具体案件的裁判建立起大前提，而这是人工智能难以办到的。于是，在这样的法律推理中，有时候就遇到法律模糊不清的情形。例如原《合同法》第115条第2款规定："给付定金的一方不履行约定的债务的，无权要求返还定金；收受定金的一方不履行约定债务的，应当双倍返还定金。"条款中的"不履行"一词存有歧义，既可以理解为"没有按约定履行和根本没有履行"，即"不完全履行和完全不履行"，也可以理解为"根本没有履行"，即"完全不履行"。此种理解情境下若按照定金罚则很难作出判断。在事实认定环节亦如此，例如，在房屋买卖合同中，给付定金的买方因贷款审批银行未核准发放贷款，导致合同细节不能达成，此时买方构成客观不能的"不履行"，后又与卖方商讨将贷款卖方变更为全款买房，但双方在交房时间上并未达成一致，导致合同未能继续履行。后买卖双方诉诸法院，就谁"不履行"展开辩论，结合前述法律规定"不履行"之处，显然会给法官裁判案件带来难处。

其次，人工智能无法取代传统司法的裁判价值判断。法律不仅是一种逻

[①] 王洪：《司法判决与法律推理》，时事出版社2002年版，第10页。

辑上的命题，也是一项利益权衡的规则以及立法者为解决种种相互冲突而制定的价值判断。法官在裁判案件中，不仅要依靠逻辑理性，还要从实践理性和价值理性出发去适用法律。除此之外，法官还要根据时代需要、伦理道德、社会习惯、公共政策、法律知识等方面的直觉知识经验，利用个人在社会生活中得到的利益价值偏好，对利益冲突予以平衡，作出明确的选择。司法裁判中的价值判断，是法官自由裁量权的体现，也是维护司法公正不可或缺的部分。法官秉持了何种其认同的司法理念或价值考量来实施法律，裁判结果有差异也很正常。例如，在"无锡宜兴冷冻胚胎一案"中，一审判决以胚胎不能作为继承的标的为由驳回失独老人诉求，二审法院从伦理、情感和胚胎的特殊利益保护角度支持失独老人对已故夫妻冷冻胚胎的监督权和处置权。表面上看，一审、二审判决的差异在于对胚胎的法律认识不同，究其根本是法官在司法裁判中对法律适用中的社会价值考量有差异。

在社会价值呈多元化态势发展、新型案件不断涌现的当下，价值判断应当得到尊重，但在技术上的缺失仍难被理解。我们利用人工智能去实现法律术语和自然语言的形成可以实现，也可以对相当数量的法律规范作直观的解读，但是若我们赋予人工智能价值判断，那么它就有偏向性的喜好，价值理念的偏差必定给人工智能带来算法歧视；如果坚持这种做法其实是在消弭审判的差异，这样绝对的类案同判并不可取。类案推送就是要尊重这种正当性、合理性，通过计算机技术从数据库中寻找诸如与"生殖""胚胎"这样的关键词最密切的案例和法律法规并智能推送给法官，让法官从识别法源、发现法律、参照案例的多维角度去作出价值判断。

最后，人工智能对实现类案同判的加持作用分析。在司法实务中，单纯依赖传统搜索方式的类案搜索在时间成本与效率成本上均受到了极大的限制，不仅数量过多，精度也不准确。若要实现人工智能对类案同判的加持作用，不仅要依赖现有人工智能领域算法新的突破，更需要努力思考如何将人工智能领域先进的算法与法律行业的特性结合起来。

鉴于大数据背景下案例的法律推理不太好使用语义分析去直接解答，根据当前问题的要求学习分析过去的解决方案的做法就存在强大的因果关系，对此类因果关系需加以重新认知。首先，法律推理不仅是人工智能的问题，基于"规则+案例"的智能系统将使裁判者和人工智能都变得十分敏感，所反映出的司法认识需要极强的深度学习过程。这样的选择机器会试图引用类案中的同一语句来保持同一裁判标准，引用类似的判决理由保持同一裁判标准，并将其转化为合理的法律论据，而不仅仅是通过类案起到辅助裁判的作用。其次，现有的法律大数据下裁判结果预测，大都是基于不完整信息所作的预测，一些对案件裁判有显著影响的因素均难以从公开的裁判文书库中获得。再次，著名 Google Alphago 试图从 go 的整个环境中学习，通过学习数百万个动作及相互进行动作的过程来实现，法律人工智能具备这样的潜力。但如果司法裁判的决定由不透明的黑匣子构成，那么需要从法理学上从头开始构建一个正确的理论进行学习，这意味着探索更加复杂的交互环境，可能会导致不正义的结果。最后，假设我们可以完全模拟人的大脑实现智能裁判，但这会弱化法官的裁判权，法官对案件的整体理解和个人风格可能会被拆成若干个要素，并被机器所覆盖，这不是我们所想要的结果。

（三）类案检索的两种应用形态

类案检索技术是人工智能在司法场景中的运用，是以大数据为基础的案件事实和法律争点相互匹配的过程。根据人工智能的程度不同以及结果获取的主被动方式差别，类案检索技术运用在实践中主要有两种形态：

一种是办案系统向法官进行类案智能推送。这种方式就是将数据库中的案例进行标签化，区分事实要素、法律要素等标签，将每个具体的司法案例结构化为若干个法律标签存储在数据库中，同时待决案件的要素也会识别成相同的标签，当起诉书电子化后接入该系统数据库，系统将该起诉书的标签与系统中已有案例的标签进行对比，最终推送标签最相似或相近的案例。例如，将在刑事案件中多次犯罪的行为标注为"累犯"，将民事案件中交通肇事后为逃避法律责任而离开现场的行为标注为"肇事逃逸"，从而将匹配后的案件呈现给法官以供参考。

另一种是由法官自主搜索类案。所谓自主搜索，是指当法官在无类案智能推送功能时或者对系统自动推送的案例不满意时，自主将案件的法律要素、事实要素进行标签化，并作为关键词与案例系统中的案件要素标签进行匹配，从而获取类似的案件。例如，在民事案件中，输入案由和主要的事实争点、法律争点关键词，并通过不断限缩案例的时间、层级、地域等条件，检索出与待决案件最为接近的案件。

类案智能推送与类案检索虽然都是人工智能在案例制度上的应用，但是两者却存在较大的区别：

一是逻辑起点不同。类案智能推送的逻辑起点在系统对类案识别标准的事先设定，系统将参照标准整理的信息资源发送给用户，满足用户的多层次需求，类案智能推送更具有普遍性意义。自主检索的逻辑起点则在法官的具体意图，是法官从文献资料、网络信息等信息集合中查找所需资料或信息的过程，自主检索更具有个性化意义。从语义上看，从类案检索到类案智能推送，是类案人工智能从被动结果提取到自主结果推动的转变，是从繁杂的案例资讯到案例信息精细呈现的转变，也是从机械回应到智能操作的转变。

二是主体行为不同。一般而言，检索主体的行为比接受智能推送主体的行为更复杂，检索主体的工作量也明显要大于智能推送主体。类案自主检索的行为检索由法官或者法官助理发出，一次完整的检索行为包括输入关键词、浏览检索结果、判断是否符合要求、筛选最接近目标的检索结果。检索主体需要通过反复多次的检索才能定位到有效信息，这一过程检索系统始终保持对检索主体的机械回应。而智能推送行为一般由信息系统发出，法官或者其他用户只是类案智能推送的接收主体，一次完整的智能推送行为方式只包括信息输入和类案结果反馈，输入行为是系统从检索主体处获取条件，进行精确匹配，并自动进行结果浏览、判断、筛选、输出；检索主体对结果进行反馈后系统对输出内容进行正误判断，并对输出内容进行完善和修改，全部取舍过程都由系统自动完成。

三是呈现结果不同。自主检索结果的准确性甚至有无取决于关键词的准确性，但无论关键词多准确，还是不能避免同义词和类案关键词不唯一而造成信息反馈疏漏或过剩，或者相同词项在待决案件中是关键词但在系统已存案件中却为无关裁判的词项，使得检索结果无法做到精确定位。类案智能推送的结果是基于用户习惯而定制，实际上是对检索主体行为习惯和输入语义的人工智能模仿，类案信息的推送都围绕行为习惯和输入语义展开。两者的输出结果在精确度和全面性上各有优劣，自主检索的结果更贴近用户个性化需求但精度不高，智能推送的结果更贴近用户的普遍习惯但未必符合个案需求。

二、指导性案例的运行情况

我国作为一个成文法国家，在案例方面最为典型的制度就是案例指导制度。这个制度直到 2010 年才被推出，《最高人民法院关于案例指导工作的规定》第 7 条对案例指导制度作出了规定。2011 年 12 月 20 日，最高人民法院发布第一批指导性案例，截至 2021 年 12 月月底，最高人民法院发布 31 批共 178 个指导性案例，旨在通过统一发布对全国法院审判、执行工作具有普遍指导意义的典型案例，规范法官自由裁量权，着力解决类似案件或者案情基本相同的案件处理结果"类案不同判"的问题。

（一）指导性案例的参照力

对于《最高人民法院关于案例指导工作的规定》中"应当参照"应作何理解曾在学界引起极大的争论。学界的争论主要分为两派：一派认为，"应当参照"的意思就是指导性案例必须像法律那样被适用，且指导性案例也是由最高人民法院确定和发布的，所以其效力与司法解释等同；另一派认为，"应当参照"的意思是说指导性案例必须被作为裁判理由参考，而不是作为法律依据被援用，这是由我国作为一个成文法国家和我国宪法、立法法对法的形式的相关规定决定的。直到 2015 年 6 月 2 日，最高人民法院颁布了《〈关于案例指导工作的规定〉实施细则》，其第 10 条才终结了这一争论，指导性案例就此确定为我国的非正式法律渊源，并没有上升到正式法律渊源这个地位。

《〈最高人民法院关于案例指导工作的规定〉实施细则》第 10 条规定："各级人民法院审理类似案件参照指导性案例的，应当将指导性案例作为裁判理由引述，但不作为裁判依据引用。""不得作为裁判依据援引"和"应当参照"看似二律背反，实质揭示了指导性案例参照力的双重性质：一是"柔性参考"。成文法语境下，指导性案例规则只能作为一种非正式的法律渊源，而非司法解释的"零售"，无法成为法律适用的大前提，仅在法律解释、事实认定方面提供一种直观的参照或具体的指引。由于不具有法律效力，也意味着其裁判规则可以在实践中被修正、调适，甚至是合理化的背离。二是"刚性约束"。"应当参照"体现了指导性案例的事实拘束力，这种拘束力一方面源于案例发布机关的权威地位，对其裁判规则的违反可能导致案件被改判；另一方面，指导性案例妥善处理了司法实践中的疑难、争议，其对法律的解释、丰富和发展，业已成为一种上级法院认可的实践理性，这如同裁判规则的"供给侧"补充，在类案同判的司法语境下对类型案件裁量权产生约束。

对于"应当参照"的理解，《最高人民法院关于案例指导工作的规定》

实施细则》第11条作出了相关规定。该条款确定了法官在办理案件过程中必须参照指导性案例，并且在相关当事人引用指导性案例作为诉讼理由的情况下有解释是否参照了指导性案例及其理由的义务。可见我国的案例指导制度本质上拥有的是与日本、意大利、希腊类似的事实上的约束力。

（二）指导性案例的参照对象

指导性案例通过总结提炼法官审判经验、思维方法和价值追求，形成蕴含丰富的法律精神和法学理念的"裁判规则"，从而发挥规范类似案件裁判的作用。[①] 裁判规则是法官经验与智慧的结晶，也是统一裁判尺度，约束自由裁量权的理性准据。指导性案例的参照过程，也就是对其裁判规则发现与适用过程。要从个案中总结裁判规则，首先要明确指导性案例的参照对象。

对于指导性案例中什么内容具有参照力，理论界存在不同观点：第一种观点认为，只有由最高人民法院从生效判决对法律争点的阐释中予以甄别、筛选并在裁判摘要中体现的裁判要点才具有拘束力或指导力，而未被裁判摘要确认的，则只是该案件中审理法院的立场，并不代表最高人民法院的立场，不具有后案参照力。[②] 第二种观点认为，指导性案例中具有指导性的部分应当是判决中所确立的法律观点或对有关问题的法律解决方案以及对该观点或方案的法律论证。[③] 第三种观点认为，我国指导性案例的拘束力载体应当具有双重性，既有案例指导规则，也包括案例本身的决定性判决理由。[④]

笔者赞同第三种观点。首先，裁判要点是对具有指导意义的重要裁判规则、理念或方法的简要归纳，其简明性决定其本身并非完全等同于裁判规则。裁判规则适用的法律关系前提、主体要件等可能在要点中略去，须结合裁判理由方可准确还原。其次，最高人民法院二级大法官胡云腾提出："法官在审判案件时，处理不相类似案件时，可以参考指导性案例所运用的裁判方法、裁判规则、法律思维、司法理念和法治精神。"[⑤] 上述内容难以在裁判要点中反

[①] 江必新：《以法学方法论立场阐释个案的裁判规则》，载江必新、何东宁等：《最高人民法院指导性案例裁判规则理解与适用》，中国法制出版社2014年版，第3页。
[②] 李友根：《论指导性案例的约束力范围》，载《苏州大学学报》2011年第4期。
[③] 张骐：《中国司法先例与案例指导制度研究》，北京大学出版社2016年版，第153页。
[④] 杨力：《中国案例指导运作研究》，载《法律科学》2008年第6期。
[⑤] 胡云腾：《人民法院案例指导制度的构建》，载http://www.legaldaily.com.cn/，最后访问时间：2022年6月2日。

映,却见诸于裁判理由的论证过程中,形成一种极具指导性的思维经验,为回应法律争议提供论据参考。正如美国学者麦考密克所言,司法意见中具有证成的理由才具有规范属性,而只有这种规范性的意见才能形成法律,或者为解释法律提供指引。"

概言之,裁判要点和裁判理由的结合,方可形成裁判规则。脱离裁判要点去谈指导性,可能使将参照实践异化为"断章取义"式的援引,缺乏对裁判规则的准确把握;脱离裁判理由去适用裁判要点,则可能导致"削足适履",忽略了参照力的类案前提。

(三)指导性案例的主要类型

法律规范的逻辑表达式可以理解为:A(类型事实)+B(类型事实)=C(法效果),以裁判规则的具体指导作用为标准,可将指导性案例划分为以下三种类型:

1. 涵摄型指导性案例。其参照力主要在于为法官在审理类似案件时提供一个事实认定的参考,表达方式通常是"a(案件事实)属于 A(类型事实)"。有时候也体现为一种要件排除,通过案件事实具备或缺乏某特征(F)是否影响小前提的认定,重申法律概念的规制范围。

2. 解释型指导性案例。该类型案例的指导性在于结合个案情景,对作为规范构成要件的某一法律概念(B)的内涵加以揭示;或依其文义进行解释,将规范类推适用于与其具有同质性的事实(B1)。

3. 漏洞填补型指导性案例。所谓法律漏洞,是指对于涉案法律问题,法律文义上未予规定,但依法律目的及法律规范的一致性应予规定的情况。例如,法律仅规定 A+B=C,实践中出现了新的事实 D,虽然 D 不属于 B 的文义范围,但基于立法目的,对具备事实 A 的案件应赋予相同的法律后果 C,故法官需借助类推、目的性限缩与扩张、价值衡量等创造性解释方法补充规则:"A+D=C"。

以上三种类型的具体实例详见表 2-1。

表2-1　三种类型案例裁判规则的表达式及实例

指导性案例的类型	逻辑表达式	实例
涵摄型	$A+(B\pm F)=C$	消费者购买到不符合安全标准的食品，无论其购买时是否明知，都可以依照《食品安全法》请求赔偿（参见指导性案例23号）
涵摄型	$a \in A$	通过"人工授精"出生的子女属于"婚生子女"（参见指导性案例50号）
解释型	$X（要件）+Y（要件）=B$	判断"公司经营管理是否发生严重困难"，应从公司组织机构的运行状态进行综合分析（参见指导性案例8号）
解释型	$B1 \approx B \rightarrow A+B1=C$	《公司法》第20条中的关于人格混同的规定适用于"关联公司"（参见指导性案例15号）
漏洞填补型	$A+B=C \rightarrow A+D=C$	专利权人无权禁止他人对专利临时保护期内制造、销售、进口的被诉专利侵权产品的后续使用、许诺销售、销售，但可以依法要求临时保护期内实施其发明的单位或者个人支付适当的费用（参见指导性案例20号）

总体来讲，司法责任制改革后，法官的自主判断权和自由裁量权将进一步增强，可能引发裁判标准不统一、类案不同判的现象。仅靠审监"外力"无法塑造实践理性，立法完善亦难避免解释偏差，稳定、整体的司法经验，才是消解认识分歧，平衡司法能动性与谦抑性的"内功"。为此，最高人民法院颁布指导性案例，试图通过自上而下的行政化逻辑传承司法经验，并在《最高人民法院关于案例指导工作的规定》中明确"各级人民法院在审判类似案件时应当参照"，但对于如何"参照"，最高人民法院未予指引。

三、案例自发性运用情况

当前，借助互联网等信息检索手段，法官们实现了自发、主动运用类似案例来认知和评估待决案件。该种方式是在数千万个案例中寻求支持，更注重司法理性、经验和法律规则的自然生成，我们应在当前及下一阶段案例研究中予以关注、肯定、引导和大力地推动。①由于该现象尚未受到理论界的普遍关注，其主要过程及内容亦未被系统揭示与描述，有学者为区别于案例指导制度，将其定义为案例的"自发性运用"。②然而，法律条文的抽象性与司法实践的复杂多样性导致从个案到个案的识别与运用并非易事。尤其是在汇聚和运用人民法院整体经验和智慧中表现出的诉讼主体的利己激励、法官对结果合理性的趋从等特点，加之受法官本身司法能力、工作经验等因素的影响，类案检索报告生成路径和结果运用缺乏规范的指引和控制，导致诸多实践差异。

（一）案例自发性运用的特质分析

案例自发性运用比起指导性案例制度是更加开放包容且有效率的，它更像是一个司法搜索引擎，能为案例运用主体提供更全面多元的选择。但自由度越高也意味着规制难度越大。

1.案例自发性运用的蕴涵

（1）基于自身利益自发形成。诉讼主体在追求最佳审判效果或诉讼利益最大化的作用下，自发、主动运用案例来评估待决案件，设计诉讼或审理思路，论证诉讼或裁判主张，强化与充实诉讼或裁判理由，以及评价和衡量裁判结果。

（2）以主体需求为"参照"依据。在先案例对后续裁判是以后者主体价值需求属性为"典型性""参照性"依据，而非制度安排的实质是司法技术的有效性和延续性。

（3）可参照对象范围更为广泛。主体自发性运用的案例涵括所有法院生效公开的裁判文书，不受法院区域、级别、审判程序等方面的限制，不存在审级和地域差异。

（4）推理论证的特殊规则。两者或多者内在关联的对比序列是在先案例

---

① 于同志：《我们应如何研究司法案例》，载《人民法院报》2018年1月9日，第2版。
② 关于案例"自发性运用"是相对于指导性案例制度而言的，相关观点参见顾培东：《判例自发性运用现象的生成与效应》，载《法学研究》2018年第2期；于同志：《我们应如何研究司法案例》，载《人民法院报》2018年1月9日，第2版；左卫民：《如何通过人工智能实现类案类判》，载《中国法律评论》2018年第2期。

与待决案件之间相关要素的直接比对,并非仅以裁判规则为参照对象。其中不存在归纳与演绎复杂过程,其具体结构为"事实 事实=结果",具体的方法是"源"案例的事实模式 A 的某些特征 X、Y、Z;列举待决案件的事实模式 B,有特征 X、Y 和 A,或者 X、Y、Z 和 A;对事实 A 和 B 之间进行比对,发现 A 和 B 之间的关联性;因为 A 和 B 之间具有共同之处,所以 B 也适用 A 的法律规则 P。①

2. 案例自发性运用的效力

如果约束力代表制度的力量,说服力则代表理性的力量。在德国,案例常指有可能与当前待决案件有关联的先前判决。这一概念预设了某种约束力,但在法律论辩中又没有暗示其性质和强度。② 在我国,对案例可以分为应当参照、隐性约束力和隐性说服力三级效力结构③(见图 2-1),本书所指的案例自发性运用仅限于具有隐性约束力和隐性说服力的第二效力、第三效力之案例:在规则维度,在先案例所适用的规则对后续同类案件具有约束力;在审级维度,上级法院的在先案例对下级法院处理同类案件具有约束力,本院的在先案例对其后续同类案件具有约束力;在法官裁量维度,法官对法律的理解和自由裁量,应遵循在先同类案件中确定的规则与标准。

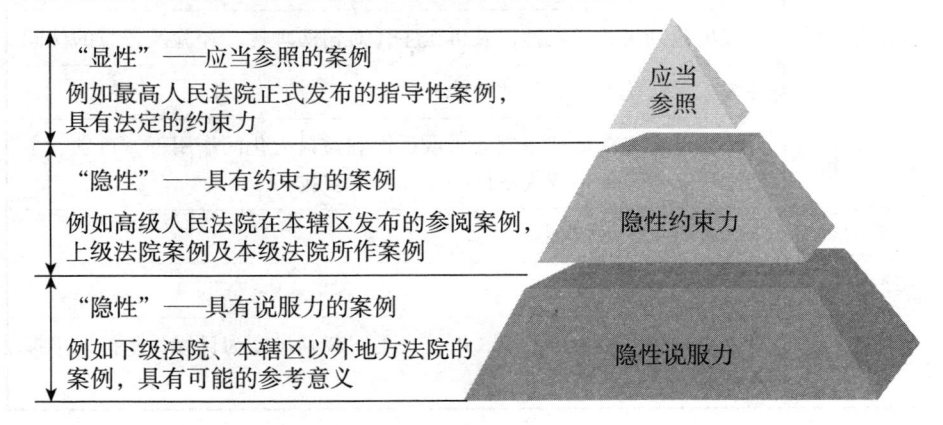

图 2-1 我国案例的三级效力结构及参考效力

---

① [美]凯斯·R.孙斯坦:《法律推理与政治冲突》,金朝武等译,法律出版社 2004 年版,第 77~78 页。

② [德]罗伯特·阿列克西、[德]拉尔夫·德莱尔:《德国法中的判例》,高尚译,载《中国应用法学》2018 年第 2 期。

③ 参见石磊:《人民法院司法案例体系与类型》,载《法律适用·司法案例》2018 年第 6 期。

3. 案例自发性运用的理念

（1）以挖掘司法经验为出发点。以往"经验依赖"型的模式无法满足大数据时代下人民群众越来越高的司法需求，挖掘在先案例中所蕴含的经验、理性对后续裁判具有不言而喻的启示和参考作用。

（2）以统一类案裁判尺度为目标。生效的带有印章的裁判文书被视为一种具有正当性的司法立场、司法认知或司法意志。只有在法无明文规定的情形下，才可以运用案例，对法官的自由裁量权进行"客观规制"。

（3）坚持以谦抑性为原则。在"类案"辨析及案件事实情节相同点和不同点比对中，不应否定甚至取消法官在个案裁判的自由裁量权。公正的裁判结果始终需要借助裁判主体的司法智慧来实现，用现实中的权利义务和理念价值判断来检验待决案件。

4. 案例自发性适用的"六大"特质

具体内容详见表2-2。

表2-2 案例自发性运用的"六大"特质分析

分类	案例自发性运用
正当性来源	法院生效判决的权威性以及诉讼主体对司法理性、经验及智慧的认同
生成方式	各级人民法院作出、生效并公开
动因分析	诉讼主体在追求最佳审判效果或诉讼利益最大化的作用下，自发、主动运用案例来评估待决案件，并非制度安排
参照内容	全面参照，个别取舍
参照效力	具有约束力和说服力
运行理念	以挖掘司法经验为出发点，以统一类案裁判尺度为目标，坚持以谦抑性为原则

（二）案例自发性运用的实践情况

1. 回应不足：对当事人提交的类案参照缺乏说理性回应

为加强研究实证性，本书以"在先案例"（在先判决）、"公报案例"、"参阅案例"为关键词，全国范围内检索裁判文书为数据样本，①分析其中的相关机理，探讨案例自发性运用的形成规律和现实特征，以期为司法实践中类案运用提供借鉴（见表2-3）。

表2-3 裁判文书网中案例自发性运用的数据样本

单位：件

分类		在先判决	在先案例	在先判例	公报案例	参阅案例
样本总数		970	275	228	947	36
案由	刑事案由	3	—	—	2	—
	民事案由	498	35	48	638	14
	行政案由	285	156	156	17	12
法院级别	最高人民法院	76	53	8	15	—
	高级人民法院	250	93	89	83	4
	中级人民法院	384	119	124	712	15
	基层人民法院	260	9	7	137	17
审理级别	一审	433	114	114	131	19
	二审	384	100	88	729	16
	再审	75	53	6	26	—
	审判监督	65	7	20	45	—
	其他	7	7	—	2	—

---

① 案例样本均选自"中国裁判文书网"，系以"公报案例""参阅案例""在先案例"（在先判决）为关键词选取的裁判文书检索结果，并对其进行了数据整理。

续表

分类		在先判决	在先案例	在先判例	公报案例	参阅案例
表现形式	"主要证据"	388	—	—	95	13
	"诉称"	367	220	159	568	14
	"辩称"	194	55	69	284	9
是否回应	"本院认为"	291		23	189	8
	未回应	679	—	205	758	

通过对样本进行分析发现，主要存在以下三方面的特点：一是在表现形式上，54.07%案例运用在"诉称"部分；24.87%在"辩称"部分；20.19%在"证据"部分。大部分诉讼当事人选择将类似案例作为增强己方诉讼请求的理由和根据，而非诉讼证据。二是在适用动因上，样本中的当事人均基于诉讼利益主动提交，体现出其为追求诉讼利益最大化的动因。三是在裁判文书的回应上，66.85%样本中法院没有进行回应，20.8%在"本院认为"作了回应，但统计显示主要理由（分析）为："该案例事实与本案明显不同""适用情况不同""作为证据缺乏关联性""申请人援引的案例并非根据《最高人民法院关于案例指导工作的规定》发布的指导性案例"等，裁判文书对当事人类案引证回应不足，尤其是对不予参考的情形没有针对性的说理过程。

2. 认识不一：法官对如何运用在先案例存在认识观念差距

针对中国裁判文书网数据仅能反映裁判文书明确记载案例运用情况，无法反映在法官办案过程中的隐性运用情形。笔者梳理了当前司法实践中案例自发性运用中存在的类案检索强制说、类案检索否定说[①]、类案检索限定说等三种不同观点及其理由（见表2-4）。

[①] 参见胡田野：《论司法案件研究与法官裁判思维的养成》，载《人民司法》2018年第13期。

表 2-4 案例自发性实践运用的争议观点

分类	具体观点及理由
观点一：类案检索强制说	裁判应当具有稳定性、可预见性，类案应当类判。只有如此，社会秩序才能构成，司法权威才能确立，当事人才能理性行为。例如，内蒙古自治区兴安盟中级人民法院即推行类案强制检索报告机制，承办法官在审理刑事、民事、行政类案件作出判决时，应当检索类案判决情况。裁判思路与在先判例不一致的需提交专业法官会议甚至审判委员会讨论
观点二：类案检索否定说	我国不适用判例法，案例不能作为证据，即便存在一些类案亦与待决案件无关。如果法官进行类案检索，必然会侵蚀法官的自由裁量权。那么人们进入法院仅是为了寻求其相关权利在司法上的"确认"，而司法的其他诸如形塑、重构社会观念、治理社会的功能被严重消弱，司法最终沦为一枚橡皮图章
观点三：类案检索限定说	类案与关联案件检索机制应当是一种辅助性的办案机制而不具有决定性，应将类案与关联案件检索限定在一定的审判级别（如最高人民法院、高级人民法院）及一定案件范围内（重大疑难案件），而且要避免法官为了自身的"内心确信"而选择性地进行类案检索

　　为进一步发现法官视角下案例自发性运用的特点和规律，笔者采取了问卷形式进行调研。①经过数据样本分析发现，法官在案例自发性运用中存在观念和能力方面的差距。

　　从需求主体来看，民商事案由纠纷比例较高；青年法官更倾向于案例运用，法官个体在检索需求和检索能力上差异较明显（见图 2-2）。从检索方式来看，77% 的受访者表示会在正式开庭前对待决案件进行类案检索，7% 受访者表示会在判决书撰写前"查找类似判决"（见图 2-3）。其中，大多数受访者在法院内部区域网的裁判文书资源进行检索，部分受访者会在中国裁判文书网、"法信"等检索。从检索动因来看，大多数受访者表示运用类似案例参考来强化裁判理由，追求最佳审判效果。案例自发性运用主要是为待决案件提供更强

---

① 笔者向所在 B 市 M 区、S 区法院共 105 名民商事法官（含法官助理）发送了 105 份问卷，共收回有效问卷 93 份，其中样本在 30~35 周岁区间人数为 31 人，在 36~40 周岁区间人数为 33 人，在 41~45 岁区间人数为 22 人，在 46~50 区间的 7 人。

的理由，增强裁判结果的说服力。从结果运用方式来看，主要是参照类似案例的法律适用方式、裁判理由的叙述论证及其争点的归纳规则和方法等（见图2-4）。

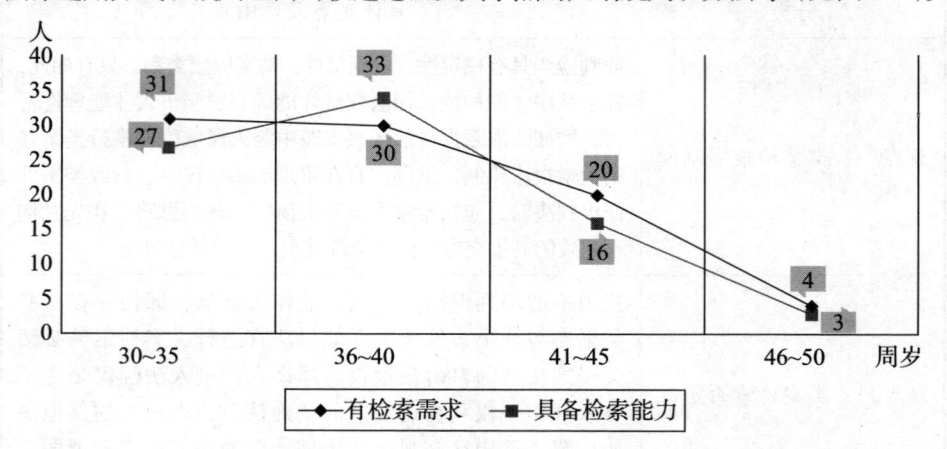

图2-2 案例自发性运用中检索需求与检索能力分析

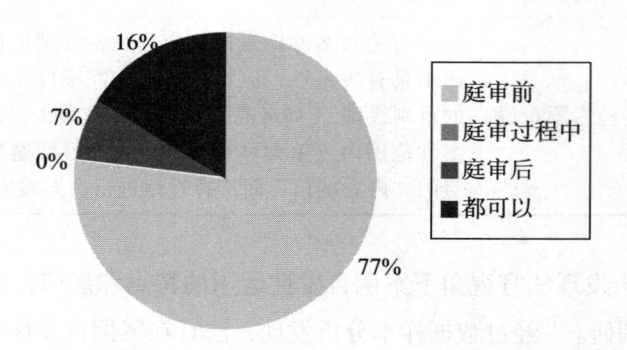

图2-3 类似案例检索的运用阶段分析

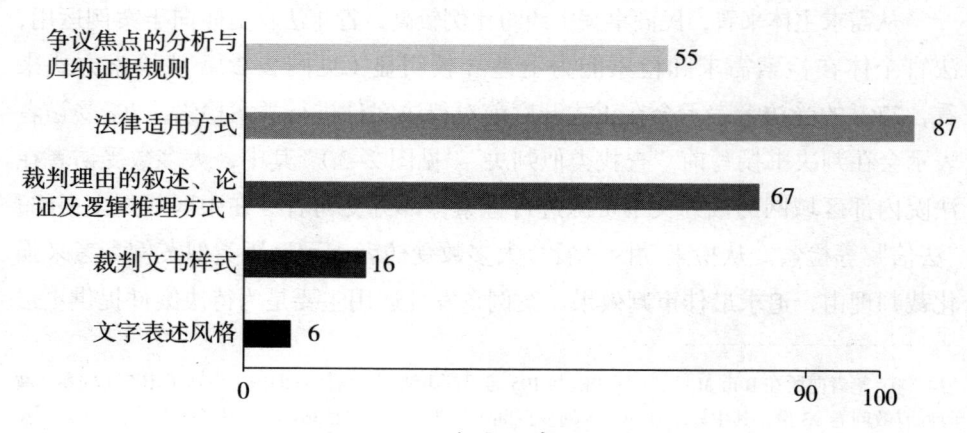

图2-4 检索案例参照的运用要素

3. 平台分散：类案来源缺乏约束性机制和系统性保障

但当前各地法院系统的案例推送、搜索服务千差万别。加之在先案例的基数庞大，案例平台相对分散，且对案例是否具有参照意义缺乏统一标识，造成案例推送不精确，范围窄、来源不明、层级不清、实践差异等问题。①

笔者选取中国裁判文书网、"法信"、北京法院"睿法官"，天同码、北大法宝案例与裁判文书数据库等案例资源供给平台进行对比发现：从案例资源来看，案例平台提供的案例与生效的裁判文书并无太多差异；法院内区域网案例虽能涵盖未上网公开的部分裁判文书，但案例种类和数量受地域限制明显。从检索模式来看，当前主要分为针对案由、参照级别的分类检索；针对法院、当事人、律师等信息的要素式检索；针对标题或全文的关键词检索等。从筛选规则来看，基本上为"关键词"基础上"贴标签"后菜单式搜索。所谓的"法院观点""裁判要旨"也多为判决书中"本院认为"部分的简单罗列。对于案例运用中影响"参考"价值的个案性、开放性、地域性、层级性、时间性等因素的评估和筛查规则，现有案例平台并未涉及，也未进行详细的技术考量。

4. 小结

基于裁判文书、调查问卷及案例平台的实证分析，结合上述研究，可以得出案例自发性运用虽然总体上仍存在"回应不足、认识不一、技术方法欠缺"等问题，但在统一裁判标准过程中有其自身的运行规律和内在逻辑。在对案例自发性运用规则发现与体系化规制构建前，有必要对其当前实践问题的归因分析和先决问题进行定位。

（三）案例自发性运用的问题分析

1. 从法官主体看案例自发性运用的"紧箍"

从时间成本上看，为了更快结案而非更好裁判。当前，诉讼主体仍缺乏制作高质量类案及关联案件检索报告的能力，加之现有案例数量多、信息量大，仅提交"类似"判决可能对待决案件并没有参考意义，仍需要法官付出时间成本加以归纳整理。面对结案压力，法官更倾向于回避对当事人提交案例的评价问题。从能力差距上来看，法官的法律技术储备不足。即使是类似

---

① 左卫民：《如何通过人工智能实现类案类判》，载《中国法律评论》2018年第2期。

案件，也存在案件具体情节的差异性，需要运用类比推理方法及"区分技术"等适合于我国司法实际、具有可操作性的案例适用技术，①对案件背景、地域、当事人、行为等因素的相似性和不同点加以提炼和比对。而当前法官普遍对案例适应技术运用等法律技术缺乏了解。从考核压力上来看，隐形参照更符合法官需求。面对生效裁判文书的审核及上网公开压力，法官需对当事人提出的类案证据及其裁判规则进行审查，并在裁判文书中对是否参照说明理由。在缺乏法律和司法解释授权的背景下，法官一般不会对当事人提交的案例予以评价，而是选择内化或转化的方式来对在先案例进行参照适用。

2. 从制度规则看案例供给的制约因素

（1）缺乏争点整理与表述的规则，致使案例平台难以建立。由于缺乏争点整理与表述的规范技术，致使裁判文书中有关诉讼争点的表述不统一，②在封闭性与开放性表述、具体问题和抽象问题区分、逻辑结构等方面均存在差异，很难对基准案例的相似性发现、提取和比对（见表2-5）。倘若要实现裁判文书公开平台向案例资源供给平台的转换，必须统一裁判文书争点整理与表述规则。

表2-5 裁判文书争点整理与表述的差异

案号	案由	诉讼争点表述	封闭性	开放性	具体问题	抽象问题	逻辑结构
（2017）闽0206民初6675号民事判决书	罗某与张某离婚后财产纠纷	"关于讼争房屋是否属于罗某与张某的共同财产的问题"	√		√		逻辑结构非"主词+系词+宾词"的统一格式，不利于检索和要素比对

---

① 耿协阳：《指导性案例适用方法探析》，载贺荣主编：《尊重司法规律与刑事法律适用方法研究：全国法院第27届学术讨论会获奖论文集》，人民法院出版社2016年版，第366页。
② 冯文生：《个案比对技术的运用研究》，载《法律适用·司法案例》2018年第6期。

续表

案号	案由	诉讼争点表述	封闭性	开放性	具体问题	抽象问题	逻辑结构
（2017）鲁0683民初5826号民事判决书	宿某与赵某离婚后财产纠纷	"关于夫妻共同财产及债务的问题"		√		√	
（2018）桂0102民初480号民事判决书	黄某与陆某离婚后财产纠纷	"上述财产如何分割的问题"		√		√	

（2）缺少"参照性"界定标准和表述规则，致使裁判说理无法保证。"参照性"通常以"相似性"为前提，但当事人所提交的案例常偏向自身利益，法官通常对于关键事实的细微变化是否对案例适用及审判产生影响等问题，很难决断。由于缺乏关于"参照性"甄选的细节性指引规范，即便"标签"相同，对于法官而言类案检索结果的全面性、有效性等也无法保证。

（3）缺乏排除规则的逆向检验，致使检索结果的有效性存在缺陷。生效裁判文书数量巨大，裁判标准不统一现象客观存在。对于案例的自发性运用而言，也需要识别、区分在先案例与待决案件在个案背景、案件事实、法律争点等方面的差异，从而能排除不予参考的案例，作出针对性说理回应。因此，在规范和引导案例自发性运用过程中，有必要建立案例的逆向排除规则。

3. 案例自发性运用的深层机理

基于问题分析和先决问题定位，案例自发性运用现象缘何产生？正当性的理据何在？这其中固然包含统一法律适用标准、追求"类案同判"的朴素原则。但这仍无法全面地阐释案例自发性运用形成的深层机理。

（1）凸显现实主义价值取向。判决不是法律的精准复写，司法也不是逻辑三段论的简单运作，事实和法律都因为人的因素而变得复杂和多元。[1] 现实主义的裁判理念要求从以往生效的裁判中形成的个人的经验、价值判断、公共政策等参照因素加以吸收。[2] 力求从分散的裁判文书中提炼司法过程中法

---

[1] 邹碧华：《审判要件九步法》，法律出版社2014年版，第163页。

[2] 胡田野：《论司法案件研究与法官裁判思维的养成》，载《人民司法》2018年第13期。

律适用的标准与规则，将隐含在裁判文书之中的直觉、经验与顿悟进行抽象、概括和编码，并将上述司法规则在待决案件中加以适用。将在判决中予以充分考虑，确保判决的灵活性，避免判决背离社会常识。

（2）裁判文书说服力的司法需要。我国历来具有以成文法主导、案例补充的传统。从我国古代到民国以后，案例都具有一定的拘束力。① 可以说类案遵循的习惯一直客观存在，体现了对经验的尊重、对平等的追求和对安全的需要。如在清代《秋谳志略》中，"斗杀"案件判例中的类案运用："斗杀案件几居秋审其半。其中情节百出不穷，每界于可实可缓之间，此中宜有权衡。取三年以内近案相比，务期平等，不可稍有轻重。"再如在清代《秋审比较汇案》中："检查道光十年四川秋审李允坤一起，因李榜与伊妻胡氏通奸，查知控县，将李榜样枷责，胡氏价卖与人完案。嗣李榜撞遇李允坤，斥说何不将胡氏嫁与为妻，李允坤因被讥诮，将其故杀身死，曾于黄册内声明，仍奉旨勾决在案，与此起情节大略相同。彼案既未获邀恩免勾，此起似亦未便曲为之原，是否，仍候堂定。照实。"

当前，人民法院作出的判决、形成的案例是司法公共服务产品，是进行国家治理的重要依据。② 经由个案分散性解决实现社会整体性进步、由阶段性知识实现积累性知识。被他人效仿和参照的说服力所依赖的就是"实践理性"，其内在动因是法官通过自由裁量弥补"立法间隙"，追求最佳审判效果。

（3）培育法律技术性的审判能力。面对社会纠纷的日益复杂，诉讼或审判对各主体的知识、经验或智慧需求越来越高，同时，诉讼个体能力的局限性也越来越明显。案例凝结着前辈的司法知识和智慧，诉讼主体或裁判者从既往案例中寻找相同或类似问题的认知视角，就是在学习和传承司法经验，无论是对个案裁判还是对司法长远发展都是十分必要的。

（4）提升裁判文书质量效率。一是有利于减少审判用时。案例的自发性运用能够有效地汇聚和运用人民法院整体智慧与经验。通过案件本身、裁判主体或者裁判文书制作等不同角度，随机地解决各种疑难、复杂或新类型案件，法官普遍反映辅助效果明显、工作效率进一步提升。二是有助于当事人

---

① 王利明：《成文法传统中的创新——怎么看案例指导制度》，载《人民法院报》2012年2月20日，第2版。

② 周强：《加强案例研究，提升司法能力和水平》，载《人民法院报》2017年7月29日。

服判息诉。尊重生效判决，就是维护法院权威，亦会借助其权威性，提升当下裁判的说服力。例如，当事人或法官提供与正在审理案件案情类似的生效判决作为参考，让当事人对待决案件有所预判，并促成当事人调解，化解社会矛盾，实现案结事了，取得了良好效果。① 三是有益于社会价值实现。法律如同语言，是一个民族精神的体现。② 案例自发性运用可以在"立法的间隙"中，将当时的具体国情、历史传统、社会习俗、民族的心理文化结构、心理状态与思维方式融入诉讼制度运作，形成实现社会价值的综合效应。

---

① 案例引证制度研究课题组：《案例引证制度的探索与实践——以东莞市第一人民法院为视角》，载《电子知识产权》2015年第8期。
② 冯文生：《审判案例指导中的"参照"问题研究》，载《清华法学》2011年第3期。

第三章 案例检索机制的渊源

司法案例制度是一个国家或地区中涉及司法案例的选编、发布、内容、效力、引用、推翻之规制的总和。从司法案例制度的发展沿革来看，在一定程度上依赖司法案例来传承法律或者填补法律的空缺是人类社会的自然选择。可以推断，在任何国家的历史上都存在司法案例，或者说都有一定形式的司法案例制度。现代司法案例制度承担着统一法律适用，规范法官自由裁量权的职能，是实现司法公正、权威的有力保证。从某种意义上讲，依赖司法案例来弥补立法在司法层面的不足是人类社会走向法治的必由之路。

英美法系国家的法律体系以判例法为基础，判例法是基本的法律渊源，其所走的是从判例法到判例法与制定法相结合的道路。而大陆法系国家以制定法为基础，判例依附于制定法，同时又是对制定法不可或缺的补充，其所走的是从制定法到制定法与判例相结合的道路。当前，两大法系的发展趋势不断融合，在一定程度上实现了制定法与判例制度的平衡。这种发展轨迹反映了人类社会法治发展的一般规律，我国可以在完善司法案例制度时参考借鉴。

一、中国传统案例制度的演变

中国古代虽是一个典章制度主导下的传统社会，但立足于宏观史学视角，我们不难发现，自古代中国至近代中国，案例（相关概念如廷行事、决事比、故事、断例、成案等）在立法与司法两个层面一直都发挥着重要的历史功能。案例依附于法典，经历了萌芽、发展、成熟、消融的演变轨迹。传统中国案例是在立法技术落后、成文法不发达的社会形势下出现的，具有法律规则的创设与规则效力的强化两大功能。

春秋战国时期法家学派对人类社会发展中人的构建能力持可知论。这种立场体现在社会治理上是主张"不法古""不遵祖"的改革思想，即"治民无常，唯治为法。法与时转则治，治与世宜则有功"（《韩非子·心度》第五十四）；法律适用上推崇成文法并严格限制法律解释，禁止"议法"，如商鞅认为"议法"是"乱民"，认为"法已定矣，不以善言害法"（《商君书·靳令》第十三）。这是认为立法者有能力制定穷尽所有可能出现的社会事件的可知论立场。儒家学派在认识论上持经验主义观点。他们提出制度创制上应法古、遵古，孔子认为治国最好的办法是"俱道尧舜""法先王"。

　　战国晚期，思想界开始出现折中主义，对社会构建转向一种经验理性立场，体现在法律适用上是承认"推类""类比""议法"等经验技术的重要性。这种思想的代表人物是荀子。他提出一种有限的可知论立场；在法律适用上提出"故法而不议，则法之所不至者必废。职而不通，则职之所不及者必坠。故法而议，职而通，无隐谋……其有法则以法行，无法者以类举，听之尽也"（《荀子·群道第十二》卷九）。荀子纠正了法家过于强调形式主义而否定实质正义的缺点，同时批判了孔孟儒家主流学者对实质正义过度追求而导致对形式正义否定的缺陷。荀子认为法律适用中最佳状态是实质与形式的统一。这种思想在汉朝以后，经过陆贾、董仲舒等人的发挥，特别是通过汉朝中后期的司法实践，成为中国法制建设的主流思想。在此种思想影响下，古人对立法的不足开始认识得越来越清楚，有学者曾指出"虽罄南山之竹，不足以书也。绝中山之颖，不足以备也。竭娄视之明，亦不足悉纎微而无漏也"，并指出《名例》作为总则的功能是"故为之简其名，核其实，摄其要，尽其变，分其类，著为四十八条，冠于律首以统贯夫全律"（王德明的《读律佩觿》卷）。这样案例作为经验产物被用来弥补人类认识上的不足而出现立法漏洞的重要手段。

　　我国自古以来有成文法、案例并举的法律适用传统习惯。中华法系的主干为制定法，案例用于弥补立法不足；秦朝具有法律效力的案例称为"廷行事"，官吏可以直接以"廷行事"为依据断案；汉朝具有法律效力的案例是"决事比"，既作为断案的依据，也作为正律的补充；"例"作为法律渊源始于唐朝，唐朝重视制定法律而不重视例；宋朝总体上以律为主以例为辅；明清时期，我国古代案例法获得了长足的发展，例与律并存。明朝最能反映案例法特征和案例法功能的，是朝廷颁发的《问刑条例》，该条例将例提高到与律同等的地位；清朝建立后，于顺治初颁布施行《大清律集解附例》；于雍正五年，颁布施行《大清律集解》，附例815条；于乾隆五年颁布施行《大清律例》，附例增至1412条；并形成了"有例则不用律"的司法适用先后顺序。这种"有例则不用律"司法适用状态是符合裁判规律的，因为例的内涵远远多于律的内涵，便于裁判者比对适用。①

二、比类思维的体现

中国古代案例法的存在还与中国古代特殊的逻辑思维有关。中国古代司法逻辑思维体系是在"比"的推理思维和"类"的类型化思维下形成解决问题的"比类"推理技术。比类作为一种思维形式具有中国逻辑学上的独立性，基本特征是"取象比类"。中国古代的"象"具有"物象"和"质象"之分。比类逻辑作为法律适用中的一种司法技术，不同时期的主流称谓略有不同。大体是秦汉至魏晋时期主要称为"比"，南北朝以后开始用例、比附、比例，清朝用比照等，其核心技术是一致的。从法律适用上看，中国古代司法中"比"有"比附"和"比例"两种，其中比附主要解决"无法可依"，比例主要解决"多法可选"。在司法实践中，当对"律"的"比"形成具有"类"的性质后，同类案件就会适用相应先例。从逻辑结构上看，中国古代案例是"比类"的产物。如"汉时决事，集为《令甲》以下三百余篇，及司徒鲍公撰嫁娶辞讼决为《法比都目》，凡九百六卷。世有增损，率皆集类为篇，结事为章。一章之中或事过数十，事类虽同，轻重乖异。而通条连句，上下相蒙，虽大体异篇，实相采入"（《晋书·刑法志》卷三十）。"法比"是通过比类适用法律的产物，而它产生的结果以"类"为篇，"类"下再分"事"。这里的关键是"类"和"事"，"类"指法律类型和案件类型，"事"是案情类别。中国古代在法律分类上通过"类"和"事"，构成对"律令"等成文法的类型化和次类型化，让法律更具稳定性和确定性。中国古代案例制度在运作和效力上都受制于比类这一司法技术。此外，中国古代司法适用中存在一种理想的实质主义的追求，那就是认为每个案件的案件情节和法律责任应精确对应才是完美，特别在刑事案件中这种追求更为强烈。这种司法理念在中国古代称

---

① 张晋藩：《中国法律的传统与近代转型》，法律出版社2009年版，第284~291页。

为"罪情法相应"。

可以看出，这种案例运用技术是一种偏刚性的比类司法技术，要求官员在判断类案时注重类型化的比较，在一定的类型内行使权力，而不是根据自己的聪明才智进行基于对事情本质的模拟、类比。这种技术同样是与限制官员自由裁量权的指导思想相关联的。

法律如同语言一样，是一个民族精神的体现，根源于当时的具体国情、历史传统、社会习俗、民族的心理文化结构、心理状态与思维方式之中。就中国古代案例（法）内生机制而言：第一，中国发达的案例（法）传统的逻辑关联归因于中国古代"天人合一"的经验哲学思维模式，士大夫们继承了先秦贵族"贵我"的独立品格和自主意识，往往以天下为己任，面对疑难案件，思维方式首先是立足于个人经验的直觉判断，善于从宏观上把握整个案情，敢于摆脱成文法之局限，积极济世、能动断案。第二，"实用理性"是中国传统法文化心理结构的主要特征，不片面推崇成文法，而是从传统习俗中、情理中寻找法源，扬案例法实用理，权变文化即儒家"权变"的性之精神，实现其以司法治国平天下之理想。第三，思想，主要表现为反对唯一的、僵死的概念与信条，人的思想、行为应当与时俱进。"徒善不足以为政，徒法不能以自行。"

因此，在中国案例制度形成与发展的语境中，从现象学社会学的理论来关照卡多佐、托依布纳等法学家的观点，我们会发现，它们虽然理论语言不同、方法不同，但是其内在逻辑和结论却是一致的或类似的。无论是普通法系国家的判例法，还是民法法系国家的判例制度，都是我们中国法律人的"同时代人的经验"，是一种"理想型"的经验与知识，而不可能被简单地移植到中国来。同时，作为前人经验的中国古代案例制度经验，同样是一种"理想型"的经验与知识。中国当代案例制度不可能是中国古代案例制度的简单延续。中国当代案例制度只能是在中国法治社会的演进中，经过我们当下的创造形成的。[①]

---

① 张骐：《中国判例之路中的经验与逻辑——霍姆斯论断的启示》，载《清华法学》2020年第6期。

三、传统案例的具体运用

成文法为主并且距离今日时间更近的清代案例制度中的具体运用案例更值得我们关注。

（一）作为司法裁判的法律依据

虽然中国古代案例的作用在有成文法典和无成文法典下区别较大，但两者作为司法中法律适用的依据是一致的，也是主要的。案件判决之所以成为先例，往往是因为没有可以适用的法律和先例，或是案件事实构成了新法律事实类型。如大德三年（1299年）三月保定水军万户审理百户刘顺奸占民户何大妻子案时，在是否剥夺为官资格上就直接适用了至元二十三年（1286年）四月神州路叙浦县丞赵璋与佥用妻子陈迎霜通奸案。判决"百户刘顺所犯，若依赵璋例除名不叙相应。都省：准呈，请依上施行"（《元典章》卷四十五，"诸奸·官民奸·职官犯奸杖断不作序"）。这里先例是作为刘顺案判决的法律依据。①

（二）作为类案的说理依据

中国古代案例在司法中的另一作用是作为司法中法律适用上的说理依据。此种作用在秦汉时就存在，如董仲舒审理父亲与他人互殴，儿子帮忙误杀父亲案时，引用春秋时"许止父病，进药于其父而卒"案。这里先例就作为本案法律适用时的说理依据。到元朝和清朝很多先例在此方面作用十分明显。

一是以一案为据。元仁宗延祐七年（1320年）六月信州路余云六和徐仁三、陈嫩用强抢客人王寿甫财物案，初审司法机关在拟判时适用窃盗罪中刺配刑，"比依窃盗一体刺配"。呈报刑部覆审时，刑部根据先例杨贵七案，认为余云六等人的行为是"同谋白昼持仗截路，虚指巡问私盐为由，将事主王寿甫用棒打伤，推入水坑，夺讫钱物，比例合同强盗定论"，应适用强盗罪，对已判刺断不再改判，但加重改发奴儿干充军。"缘本省已将各贼刺断，以此参详，贼人余云六等所犯，既已刺断，似难追改，拟合将各贼发付奴儿干出

---

① 胡兴东：《中国古代判例法的作用及适用特点》，载《人民法院报》2017年1月20日，第5版。

军相应"。(《元典章新集》,"刑部·诸盗·骗夺·持杖白昼抢夺同强盗")这里先例杨贵七案是作为余云六等人案由窃盗罪改为强盗罪的依据,而不是作为适用法律依据。①

二是以二案为据。如刘玉春报仇谋杀一案:因死者纠殴致毙伊父,漏未究出到官科罪,报仇谋杀,近年秋审查无办过似此成案。惟查报仇谋故杀共殴致毙伊父母未经科罪之余人,历有比例入缓,永远监禁之案。又查道光十二年山西省韩瑞芳一起,谋杀威逼伊母致令自尽之人,因其并未至官科罪,酌入缓决,不加监禁。此起死系纠殴致毙伊父之原谋,死者事犯赦前,例得赦除,不以罪人论。惟究系漏网之犯,非到官后拟罪援免、国法已伸者可比。该犯报仇,将其谋故,较报仇谋故杀国法已伸之余人情更可原,亦较致毙罪止拟杖、威逼致令自尽者情节为轻,似可仿照韩瑞芳成案酌入缓决,不加监禁,记出候核。照缓。②

三是以多案为据。若两案尚不足以为据即引多案,如清朝嘉庆十四年(1809年)广东谢东受因贪财谋杀李亚养案,在法律适用上比照适用预谋故杀律,为了说明比照的正当性,刑部引用了四个相关先例,分别是嘉庆八年(1803年)湖北省王泡三因借贷李光柏银两,后被李光柏逼索还债争吵后起意谋杀李光柏案;嘉庆十一年(1806年)四川省薛邦礼因为借欠聂刚钱不还,被聂刚强搬铺盖作抵争闹,临时起意杀死聂刚案;同年曾光耀因为被刘显茂逼索欠钱斗殴,临时起意杀死刘显茂案;番民昔达尔因为借欠谢奉仓银两不能偿还,起意将谢奉仓谋杀案。四个先例"各该省均照谋故杀本律定拟,经本部照覆在案"。于是,刑部拟判是"今谢东受一犯该省依谋杀本例科断,核与王泡三等情事相同,似可照覆"。这里四个先例都作为类比适用相关法律的依据和理由。这种作用是因为先例中的个案往往具有特定法律事实类型的功能。③

---

① 胡兴东:《中国古代判例法的作用及适用特点》,载《人民法院报》2017年1月20日,第5版。
② 《成案》卷二十四《擅杀致死伊父国法未伸之犯》。
③ 胡兴东:《中国古代判例法的作用及适用特点》,载《人民法院报》2017年1月20日,第5版。

（三）作为律例条款的补充

1.补充犯罪主体

黄氏救夫毙命一案：查救亲毙命之案，咸丰十一年奏定章程，如凶犯见父母受伤，情切救护者，虽互斗亦酌入可矜。至妻见夫受伤，救护毙命者，应否入矜，未经议及。惟查事犯在危急救亲毙命之例，妻之于夫与子孙之于祖父母、父母，同一声请减等，则妻见夫受伤救护毙命之案，似可比照救亲毙命章程一律办理。此起抓捏两伤，另挂一伤，确由见夫受伤救护起衅，似可仿照备矜，记候堂定。改矜。①

2.补充有无犯意

张氏因奸致夫被谋杀一案：因奸致夫被谋杀，如事后跟随奸夫同逃即以恋奸忘仇论，秋审向俱入实。此起奸夫谋杀本夫之时，该氏即在场目睹，事后复同逃，情节不好。姑以问知谋杀情由，当即哭喊，经奸夫用言吓止，随即赶车载与同逃。其时地在僻处，车夫业已畏惧走避，系属无可如何之际。迨一经被人追获，即向告知实情，俾夫冤得伸，且在伊夫未经殒命之先。核与实在恋奸忘仇、甘心听从同逃者稍觉有间，似不无一线可原。记缓候核。照缓。②

3.补充行为对象或受害人

同治十二年海长舜致毙其妻一案，可知"先奸后娶之妻"也是"律应离异之妻"一条的受害人：致毙律应离异之妻，秋审因其现有夫妻之情，较寻常妇女办理稍宽。如情节不甚凶残者，原可酌入缓决。此起回民刃毙先奸后娶之妻，头面致命五伤三骨损，三在坐地后。勘伤既重，衅起该犯因挟宛太被控催欠之嫌，取刀欲砍，经死者拉劝，致被宛太走脱，辄迁怒逞凶，致毙其命。后复诬控宛太抢夺杀伤，情节极为凶狠。该犯杀虽有心图赖亦在事后，似未便率行议缓，仍记候核。照实。③

4.补充一概拟实条款之可入缓决

（1）同一行为起因不同，实缓有别。二十七年二十一本雷氏。该犯曹大伦犯奸谋杀纵容之人，应实。雷氏犯奸致纵容之姑被杀，情节较重。惟奸夫

---

① 《成案》卷二十四《救亲情切》。
② 《成案》卷三《奸妇不知情》。
③ 《成案续编》卷四《殴死妻》。

之起意谋杀，究因死者将伊辞工起衅，且该氏并未在场。迨看出伤痕，即以必系曹大伦致死等情向人告述，衡情尚有一线可原，向有似此入缓成案，尚可仿照入缓，仍候核。照缓。①

（2）即使条款规定了拟入情实，若因案件的种类不同，或情节尚轻，仍可缓决。车秉新殴死儒师一案：弟子之于儒师，服制图内所不载，向不归服制册办理。查嘉庆二十五年湖广省秋审内张松一起，系匠艺致死受业师，由斩决改监候，外缓照缓在案。诚以服制情实人犯两次免勾即可改入缓决，若常犯情实人犯即或邀恩免勾，亦须情实十次方准改缓。倘将此等案犯照寻常由立决改监候之案一概入实，是定案时既以有关名分而加重，秋审时又以不入服制而从严，未足以昭平允，是以道光十一年直隶省王一一起，系因疯刃伤继父；又，道光十六年直隶陈保妮一起，系误伤义父，俱由立决改为监候。秋审时因其不入服制办理，均酌量入于缓决。盖于维持名分之中仍寓钦恤之意，与寻常由立决改监候法难再宽者未可并论也。此起弟子致毙儒师，核其情节，被殴情急抵格适伤，尚非有心干犯，与张松一起情节相类。虽该犯系致死儒师照殴杀期亲尊长治罪，张松系匠艺致死业师照殴死大功尊长治罪，按例稍有不同。惟同一照律拟以斩决，同一原情改为监候，罪名无所区别，且服制案中原不分期功，总以是否有以干犯分别夹签，则秋审案中自可不以期亲、大功分别实缓，似应仿照张松一起酌入缓决，仍记候核。照缓。②

同治六年直隶一本薛惠一案可以为证：弟子之于儒师，服图内所不载，有犯向不入服制册办理。如情节实有可原者，秋审向有入缓成案。此起弟子致毙儒师，核其情节死者骑压伊祖身上，掐住咽喉，实系事在危急，该犯情切救护，将其扎伤越十四日抽风殒命。按凡人斗杀例得随本减流，因死系业师，仍照殴毙期亲尊长律定拟，恭逢恩诏，原题声明不准援免。秋审衡情，究因救护伊祖起衅，并非无故逞凶干犯，在服制案中亦得蒙恩免勾。若照寻常由立决改为监候之案一律入实，是定案时既以有关名教而加重，秋审时又以不入服制而从严，殊不足以昭平允，似应将该犯归汇奏拟以缓决，记候堂定。汇奏照缓。③

---

① 《成案》卷三《因奸盗致纵容之祖》。
② 《成案》卷三《致毙业师》。
③ 《成案》卷三《致毙业师》。

5. 补充实缓的情节界线

道光二十六年江西第九本案卷中的吴氏因奸致夫被杀一案：因奸致夫被谋杀，事后听从奸夫捏说被墙压死，后与奸夫续奸，实属恋奸忘仇。虽扶同捏说由于被吓畏惧，其与续奸系在该氏改嫁后夫病故之后，亦难不实，仍记核。照实。①

6. 补充情理

道光二十六年直隶第二本案卷李氏故杀服尽继孙一案：故杀服尽亲属之案，向俱入实。惟详核此案情节，该氏议继死者为孙，领回抚养，制给衣物，恩养不为不周。嗣该氏与死者之母口角，被其母将死者要还，该氏仍央死者之父暂为抚养，俟其母气平再行领回，原穿衣服未曾拘留，并时给衣食，情义亦不为不厚。迨伊翁出殡，该犯央人将死者领回承重，又因其父不允，亦即中止。是该犯之不得以死者为嗣，非该氏之自绝于死者，皆缘其父母朝更夕改，直以死者为奇货可居，以致孤单嫠妇念及无人承重，计无复出，至欲哄诱死者跟伊过度，情殊可怜。定案时因承继一事业经断绝，并无名分可言，不宽减该氏之罪。秋狱衡情，究竟承继已有成议，抚养又半载有余，去后复依依不舍，恩义俱在。若仍与寻常之服尽亲属一律入实，未免漫无区别。现据该督于疏内称明，请于秋审时酌量办理，似可将该氏宽其一线，谨此候核。照缓。

（四）阐释相关法律条款

1. 对条款的阐释

（1）帮助理解条款。如咸丰七年谷新节拒捕一案：查拒捕十伤以上之案，如犯系窃盗，以是否成废分别实缓。如系拒捕罪人，以是否成笃分别实缓。诚以别项罪人，如盗田野谷麦等类例止准窃盗论，与寻常窃盗不同。若拒捕仅止刃伤，按律止应加拒捕罪二等，必须已成笃废方拟缓决。定案既较窃盗为轻，秋审亦为区别，故历年办理窃盗拒捕成废者入实，别项罪人拒捕成废者入缓。此起事后拒捕，系照罪人拒捕定拟，似较定案时即照窃盗拒捕折伤拟绞情节为轻。惟究系窃匪拒伤事主成废，贻累终身，未便率行议缓。记候核。改实。

---

① 《成案》卷三《奸妇不知情》。

类似的例子如同治十一年周憬商讹诈酿命一案：刁徒平空讹诈酿命之案，向以有无串差倚势及拷打重情分别实缓。此起明欺死者系异乡孤客，因其行李沉重，辄串同外委捏词吓诈，致令被逼落河溺毙。当将其箱内银两取出分用，解县捏禀，情殊狡恶。虽死者是否窘迫自尽，抑系失脚落河，原题并未叙明。惟声明即系失足落河，亦由该犯吓诈惊捏所致，与被逼自尽情无二致，较之仅止空言讹诈并无串差倚势者情为重，似未便以尚无拷打别情率行拟缓，记候候核。串同讹诈逼毙人命，事后复捏词诬禀，情殊狡诈，是以改实。改实。①

又如，贼犯遗火烧毙事主一命案：樊牛行窃遗火烧伤事主杨氏身死一案……因盗威逼人致死例实。至遗火烧毙事主照因盗威逼致死之案，道光三年奏定章程，以其出于无心，声明若烧毙一命者，可以酌入缓决。二十三年江苏八本张沅、二十五年河南十四本张秃子、二十六年山东七本张春，均照缓在案。近年查无恰合成案，然章程云"可酌入缓"，不曰"俱入缓决"，自应仍核情节轻重，分别办理。或慌忙遗落，或撩弃空地不期延烧，或将火息灭不期风吹复然，显出无心者，尚可缓决。若撩火于必烧住房之地，仍得入缓，恐开盗犯之避就，增事主之冤惨。此起事主仅住房五间、草堆即在屋前，遗火草堆，势必延烧住房。纵烧事主出于该犯意外，其欲令事主赶紧扑灭，不服追赶，当在该犯意中。若谓携带火煤不便越墙，慌忙撩弃，不及致详，岂该犯独能携带火煤翻身入院乎？未便以前有缓案遂概入缓，致与章程不符。因盗遗火烧毙事主之案，以其出于无心，若烧毙一命可酌入缓。此起遗火草堆，延烧房屋，致毙事主一命，非无显出有心，似可入缓。照缓。②

类似的例子如道光五年山东第四本案卷中郝硕等伙抢妇女酿命一案：伙抢妇女酿命之案，上年奏定章程内只言"拒杀"而不言"自尽"，原系举重贬轻。此起王恪一犯系入室架拉应实。至郝硕、杨桂二犯仅止在外看驴，死者在郝硕家自尽，该犯等亦无帮同逼迫情事，较之拒杀案中并未助势之余犯情节更轻，自应分案将郝硕、杨桂二犯入缓。杨桂结到准留，并奏明改缓，郝硕照实。王恪照实。③

（2）帮助适用条款。例如，假差吓诈如何定拟实缓：假差吓诈致被诈之

---

① 《成案续编》卷二十二《刁徒平空讹诈》。
② 《辑要》卷五《奸盗抢窃门成案》。
③ 《成案》卷十九《听从抢夺妇女为从》。

人自尽一起。王桂假差吓诈致张四九自戕身死一案……假差吓诈之案，向以。此起革捕假差吓诈平人，欲将死者之父锁拿，并将死者之兄殴伤，后吓称送究，致令死者愁急自尽，情节较重，虽尚无捏造签票情事，究难不实。记候核。照实。①

又如同治三年江西第三本案卷中谢温辉救亲案：查向办章程，救亲情切，伤止一二处，无互斗情节者，秋审拟入可矜。嗣咸丰十一年山东省请示案奏定章程：如死者并非犯亲卑幼，凶犯因见父母受伤救护起衅，不论伤痕多寡，是否互斗情节者，俱照本律拟绞监候，秋审时酌入可矜，等因，遵行在案。此起该犯见死者之父殴伤，情切救护，用锚将死者之父戳伤。死者扑向夺锚，该犯将其戳毙，原题声明"酌入秋审可矜"。按从前办过救亲案件，必系死者将犯亲殴伤，凶犯救亲，将死者致毙，历有入矜成案。详阅此案，该犯之父系死者之父殴伤，死者并未动手，是该犯戳毙之人并非殴伤伊父之子，已于救亲之义不符。且该犯先将其父戳伤，死者见父受伤扑向夺锚，不得谓非护父之子。该犯既伤其父，又毙其子，致人父子一死一伤，殴情亦不为轻。检查道光二十四年山东省吴小连护父，一伤因死者共殴伊父，该犯夺刀吓扎，致彼造一死一伤，不入可矜。参稽成案，但有另伤者，即在不应矜之列。况此案该犯致毙者又非殴伤伊父之人，与旧案、章程均不符合。本年他省秋审内亦有案情似此者，若概入可矜，既非持平之道，否则又与此案两歧办理，殊多窒碍，拟将此起归汇奏改为缓决，以昭画一，记核。照缓。②

2. 对律例的阐释

咸丰四年戴淙焕拒捕一案：查例载："罪人在逃，除逃在未经到官以前者仍照律不加逃罪，如事发在逃被获时有拒捕者，如本罪已至满流而拒殴在折伤以上，或系刃伤者，均拟绞监候。又，别项罪人拒捕，其俱系刃伤各加本罪二等问拟。"等语。详绎例意，罪人拒捕刃伤捕人之案，必本犯业经到官又复脱，辄拒捕刃伤捕人，如本罪已至满流方拟绞候。若本犯先未到官，于被获时刃伤捕人，只应于本罪上加拒捕二等定拟，与既经被获脱逃又复逞凶拒捕者，其情不无区别。此案戴淙焕原犯虽结伙持械抢夺为从，本例罪止拟军。其因差役捕拿，用刀将其拒伤，该犯并非到官后脱逃人犯被获，例只应于本

---

① 《辑要》卷六《杂项成案》。
② 《成案》卷二十四《救亲情切》。

罪上加二等，罪止拟遣。定案时照事发在逃拒捕刃伤之例问拟绞候，系属误会例意。查在逃拒捕刃伤拟绞候之案，例应入实。此案原犯拟遣罪名，生死出入攸关，可否申明例意，奏请将原案更正。抑或申明原案系从严办理，秋审似可稍宽，奏明改入缓决，恭候堂定。照实。

（五）作为相关法律规范产生的依据

中国古代案例还有一个重要作用是作为新法律产生的依据。中国古代很多法律是因为出现具体案件才提出立法。这样具体案件就有两个方面的性质，即作为立法依据，同时该案及判决也蕴含相应法律规范。在立法与修法层面，清代非常注重司法经验总结，形成了从判例抽象出规则并上升为成文法条文的"因案生例"制度，即通过将判例改造成条例，并将其成功纳入成文法律体系中。例如乾隆初年，宁海县令亏空库银，刑部奉天司复核地方的裁判，十二年六月十一日题，十五日奉旨：

州县官侵蚀仓库，非因公那用可比。此等贪劣之员，多有身故，事发以后不过于家属名下勒限著追。迁延一二年，率以家产全无保题豁免。且并有父没而子乘机盗币，移罪于父，已仍得坐拥原资者，故无以儆贪风。夫父子一身也，子代父罪，亦理之宜。崇伦永既经身故，著将伊子崇元诵监禁追比。嗣后侵贪之案，如该员身故，审明实系侵盗库币者，即将伊子监追，著为例。钦此。

从前官犯本散入常犯册内，乾隆十四年始另为一册，十六年纂为定例，仍分别情实、缓决、可矜三项进呈。嗣二十二、三、七等年，刑部因此等案犯应实者多，将例内"缓决可矜"等字节去，而官犯无不入实者。

此外，清政府还设有律例馆，主持律例修订。乾隆元年规定，条例每三年一修。乾隆十一年改为"五年一小修，十年一大修"，继后，修例被定期化、经常化，从而形成较完备的修例制度。①

---

① 参见陈一容：《清"例"简论》，载《福建论坛（人文社会科学版）》2007年第7期。

四、我国传统案例制度总结

（一）我国古代具有先例制度

从时间维度上来说，春秋是晋国叔向在给子产的信中曾提到："昔先王议事以制。"这里的"制"指的是经年累月而形成的习俗、制度。而秦代，司法官员可以通过廷尉所确认而成的"廷行事"进行断案，这便已经是完整意义上的先例。之后历代，不但没有停止过对例的运用，而且还不断创造和发展了先例的运用方式，形成了一套有特色的先例制度。可以说，我国的先例制度是贯穿整个古代史的。

从数量上来说，自秦代以来，几乎历朝历代都有编例的传统。《太平御览》中记载，汉代"死罪决事比万三千四百七十二事"；宋代是大规模用例的时代，特别是南宋时期，整个朝廷的南迁，导致北宋时期的很多刑典佚散，断例在法律体系中的地位不断提高；元代受宋代的影响，1291年编纂的《至元新格》中记载断例1050条；明清时期是我国古代先例制度的成熟时期，明代形成了"律为正文，例为附注"的体制，1585年颁布的《问刑条例》记载了382条条例；清代更是设立了专门机构律例馆，负责对例的编撰，专门机关的运作下，例得到了进一步的发展。1740年，《大清律例》中附例1049条，到1870年，增至1892条。

（二）司法人员有遵循先例的意识

中国古代的司法官员，在司法实践的过程中，一方面，能够有意识地运用先贤作出的判决来指导自己进行判案。如范西堂对张咏的遵循就体现了这一点。另一方面，从庞大的条例数量来看，我们也可以看出，必然是由于有了法官对先例的遵循，从而产生了对条例的需求，从而进一步促使了编例事业的发展，法官对先例的遵循是先例制度发展的一个重大原因。从这两个方面我们可以看出，中国古代的司法官员是有遵循先例的意识的。

（三）先例实质上是儒家情理判决

综观中国古代，司法官员在对先例进行运用之时，所考察的并不是案例所体现的法律、法学思想，而是在寻找先例中所蕴含的儒家情理。汉代董仲舒编《春秋决狱》，使得引经决狱蔚然成风。这里我们需要注意的是，董仲舒在《春秋决狱》中列举了232个案例，但是，一般司法官员在运用春秋决狱进行断案时，并不是直接依据上面的案例，而是寻找案例背后所隐藏的儒家经义，然后引经据典进行判断。这时，先例只是一座桥梁，一座沟通现实案例与传统儒家观点之间的桥梁，真正引导法官断案过程的并不是经验哲学下的"先例判决"，而是儒家经义背后的"情理决断"。

中国古代先例制度有着自己的特色，司法官员在运用这些先例时，更多的是去探讨先例中内在所含的儒学经义，并以此作为自己断案所凭的依据。隐藏在幕后的儒家思想无声无息却又不可撼动地影响着整个古代中国先例制度的发展进程。[①]

[①] 参见朱起赞：《论中国案例指导制度的完善》，载华侨大学2015年硕士学位论文。

中篇

第四章 类案检索的启动

司法实践中,一些案件当事人、律师及其他诉讼参与人在诉讼中进行类案检索,并向法院提交检索的案例或者检索报告,以支持自己的诉请或抗辩。从实践效果上看,诉讼参与人提交类案,既有利于当事人对案件裁判结果有一个合理的预期,也对法官公正裁判起到了一定的监督和促进作用。当前,关于类案的强制检索应用主要是依托疑难案件在进入法官会议之前,需要先进行类案检索,进而实现类案在辅助司法裁判中的作用。但是当事人所提交类案的甄别审查、类案比对及引述问题、法官与当事人在类案检索上的义务分配、司法裁判回应类案可参照性问题等仍没有明确规定。本章即围绕上述内容进行展开。

一、类案检索前的准备工作

无论是当事人、律师及其他诉讼参与人还是法官,在类案检索前都应当提前做好检索准备工作,提炼待决案件的关键事实、法律关系以及个案特征等要素。缕析待决案件的关键事实、法律关系以及个案特征就如疏通案件的"脉络",是去粗取精的过程,共同指向类案的相似性。而三者相互作用,直接影响法律适用的结果。因此,做好待决案件三要素的提炼,是识别类案与待决案件相似性的基础性工作。

(一)关键事实的提炼

判决依据的确定源于关键事实的提炼。《类案检索指导意见》第1条写明:"本意见所称类案,是指与待决案件在基本事实、争议焦点、法律适用问题等方面具有相似性，且已经人民法院裁判生效的案件。"可以说，要查找可供待决案件参考的类案，首先要把握待决案件的基本事实。《民事诉讼法》第177条第1款第3项规定的基本事实在《最高人民法院关于适用〈中华人民共和国民事诉讼法〉的解释》（以下简称《民事诉讼法解释》）第33条予以进一步说明，"是指用以确定当事人主体资格、案件性质、民事权利义务等对原判决、裁定的结果有实质性影响的事实"。而案件事实则又有必要事实和非必要事实之分，必要事实是形成最终判决的必要的、基础性事实，对于决定案件的性质具有重要意义。

举例说明，一个购买了过期饼干但并未食用的案件与一个购买了假冒伪劣铁观音茶叶致原告急性肠胃炎的案件：从产品类别上看，一个是饼干，一个是茶叶；从后果上看，一个并未实际给人体造成损害，而另一个则事实上造成原告急性肠胃炎的损害后果。两个案件不类似，但从食品特点来看，一个是过期食品，一个是假冒伪劣食品，均属于不符合食品安全标准食品，故这两个案件是类似的。可以理解为关键事实是要件事实与法律关系相结合后所提炼出的事实。就如上述的例子中，过期饼干（未食用）侵害财产、劣质茶叶（食用）侵害健康，两者的法律关系都是侵权法律关系，过期饼干与劣质饼干本质上都属于不安全食品，只有法律关系一致，引发侵权的内容或行为类型一致，可以被确认为相似的关键事实。因此，要找到可供待决案件参考的类案，首先要寻找到能够影响到判决结论的关键事实。

确定比较点的过程也并非单纯是事实发现的过程，而是"一种生活事实与规范相互对应"，"一种调适""一种同化"的过程。不同的案件对关键事实的要求不同，同一类别的事实在某一案件中属于关键事实，在另一案件中可能只属于非关键事实，是否属于关键事实主要取决于该事实归根结底是否为影响案件构成要件的事实，即是否为该案的要件事实，只有某一事实为待决案件的要件事实，该事实才属于该案的关键事实。关键事实的提炼需要结合案件的法律关系和构成要件，将案件事实与法律规范相互对照，最终提炼出对确定案件法律关系和构成要件、解决案件争议有帮助的事实作为该案的要件事实。

（二）法律关系的锁定

关键词是待决案件在裁判文书中通往具有参考价值类案的"秘钥"，

准确、全面是提炼核心关键词的理想标准，关键词不准确，会导致检索结果偏离关键事实，获取错误选项，检索效果不佳；关键词遗漏会导致检索结果宽泛庞杂，筛选工作加重，反致检索效率低下。简言之，关键词就是案件特征，从要件事实中来，用于快速定位、准确查找可供参照的类似案件。

关键词的提炼，一是能反映该案的法律关系，二是能反映该案争议焦点或其他特点的特征性因素。若关键词仅抓住了待决案件的特征性因素，但并未限定案件的法律关系，则可能使检索结果远远偏离要检索的目标案件。如要检索因限购问题引发纠纷的房屋买卖合同纠纷案，若仅抓取的案件的特征性因素"限购"，则检索的结果中有大量案件均为仅出现了"限购"一词，但并未涉及房屋买卖合同纠纷中的限购问题。所以说，锁定法律关系用于限定类案范围，整理争议焦点可以直通具有参照价值的类案。

第一步：解锁法律关系，可从案由、诉讼请求及请求权基础、抗辩理由及抗辩权基础入手，提取出一般的关键词。此处的法律关系并非指基本法律关系类似，而应指具体法律关系类似。法律关系越具体，锁定的案件与待决案件的相似性就越高。如同属于合同纠纷，还应细化到是缔约过失责任还是违约责任。实践中，最直接的方法就是确定案由，根据案由进行类别检索。最高人民法院为贯彻实施民法典，完善民事案件案由体系，对《民事案件案由规定》进行了修改，并于2020年12月29日印发《最高人民法院关于修改〈民事案件案由规定〉的决定》。

第二步：整理争议焦点。《民事诉讼法解释》第226条规定，人民法院应当根据当事人的诉讼请求、答辩意见以及证据交换的情况，归纳争议焦点，并就归纳的争议焦点征求当事人的意见。因此，可通过诉讼程序的推进，诉辩双方的对抗意见，证据的展开，分层次分阶段地细化核心争议。

实践中，争议点由原告发起，如原告诉称，被告在自营网站上转载了原告享有著作权的图片，侵害其信息网络传播权，此时，需要对原告的主张进行查找，确定原告的请求权基础在其主张的事实中是否有体现。被告辩称可分以下两种情况：一种是权利否定型，即认为原告的请求权基础所依据的事实不存在。例如，图片不属于原告所有，否认原告的权利基础，因此没有侵犯其信息网络传播权等。另一种是权利阻却型，即以抗辩权基础对抗原告的请求权基础。例如：（1）侵权发生时间过长，原告在知悉侵权行为后 3 年内未采取相关措施，现已超过诉讼时效；（2）已经向原告支付图片使用费用，因此没有侵犯其信息网络传播权；（3）网站不属于自身所有，未实施侵权行为，因此没有侵犯其信息网络传播权；（4）仅为转载行为，没有进行修改、编辑，因此没有侵犯其信息网络传播权等。假设被告认为图片著作权不属于原告所有，此时双方的争议焦点即图片权属，在相关证据的基础上，发现被告否认原告权利的原因，是原告提供的涉案图片转让协议签章真伪不明，还是原告提供的权利证书证明力不足？直到此刻才能整理出准确的争议焦点。实践中，被告往往提出多个答辩意见，在梳理中应首先回应关于"权利否定型"的答辩意见。简言之，固定双方无争议事实，找到诉辩双方关于案件事实、证据、法律适用的矛盾点，归纳出争议焦点。

（三）特征性因素的提炼

锁定了目标案件所属的法律关系后，即可根据案件特点提炼特征性因素，即特征关键词的提炼。一般可分为主体特征、客体特征、行为特征三种，其中客体特征包括标的与标的物。如因标的物的特殊性而成为特征，例如法官想检索一起食品安全十倍赔偿案件有无相似案例，该食品的特性即为特征，即客体特征。再如，因当事人主体的特殊性而成为特征，例如法官想检索一起未成年人侵权，主体未成年的特性即为该案的特征性因素，即主体特征。逐步细化，如在性侵未成年的强奸案件中，性侵（行为）、未成年（主体）、性的不可侵犯（权益）都可以成为关键词，此处包含主体特征、客体特征及行为特征。特征性因素的提炼本质上属于关键词的提炼，能方便用户直接搜索到最相近的案件，实现用户需求。通过法律关系的锁定和关键词搜索，检索到的案件并非全为可供参考的类案，系统的查询仅仅是帮助我们更快地锁定相似案件的查找范围，至于系统筛选出的案件是否为待决案件的相似案件，还需要人为进行判断。

例如，某大数据企业 B 未经授权许可，将大数据企业 A 自行收集、整理的录音数据库下载后上传到其运营的网站，供 B 网站注册会员免费下载。现在大数据企业 A 到法院起诉要求大数据企业 B 承担侵权责任。该案的类案检索准备详见表 4-1。

表 4-1 该案的类案检索准备

序号	准备步骤	类案检索准备
1	关键事实提炼	企业数据财产权益侵权
2	法律关系锁定	网络侵权纠纷、网络侵害虚拟财产纠纷；录音录像制作者权纠纷、侵害作品信息网络传播权纠纷
3	特征性因素提炼	数据包、录音录像制品、个人信息保护

再如，自然人 B 通过 C、D 房屋中介公司获得待售房屋信息，B 与 C 中介公司签订《房地产求购确认书》，该确认书约定 B 在验看过该房地产后 6 个月内，B 或其委托人、代理人、代表人、承办人与 B 有关联的人，利用 C 中介公司的提供的信息、机会等条件但未通过 C 公司而与第三方达成买卖交易的，应向 C 中介公司支付违约金。而后，在 D 中介公司居间下，B 以更低价格与卖方签订了房屋买卖合同，并向 D 中介公司支付佣金。现 C 公司到法院起诉要求自然人 B 承担违约责任。该案的类案检索准备详见表 4-2。

表 4-2 该案的类案检索准备

序号	准备步骤	类案检索准备
1	关键事实提炼	通过其他途径获取房源信息违约
2	法律关系锁定	合同违约、居间合同纠纷、格式合同、居间报酬请求权
3	特征性因素提炼	中介、二手房买卖、跳单/跑单

二、类案检索报告的呈现方式

无论是当事人、律师及其他诉讼参与人还是法官，在日常检索过程中除了要掌握很好的检索技能（各种检索方法、检索工具），能通过该技能顺利找到自己想要的案例，但是这并不意味着我们的检索工作已经完成。当我们找到想要的案例后我们还需要将自己寻找到的案例呈现出来，而呈现案例最好的方法就是制作案例检索报告。在本书的第六章会专门介绍案例检索报告的制作。在这里，先从受众类型谈一下类案检索结果的呈现形式。

一是在诉讼过程的对抗型。此时的检索案例的层级越高、相似度越高、地域性越相似、日期越近，则类案检索报告越有说服力。假设目标受众为法官，目的在于说服法官，尽量以书面检索报告形式呈现。报告应开门见山指出本案核心争点和类案研究结论，并列举若干与本案情形类似、观点支持、有参考意义的案例，重点陈述案情相似之处、裁判逻辑及价值观，借以说明本案为何在相应裁判价值观射程范围内。如有反例，也不可避而不提（因对方很有可能会引用，也避免检索报告内容缺失、不全面），而应指出反例与本案的情形并不相似，或指出其观点背后价值观的谬误、过时等。考虑到法官的阅读体验，在篇幅上应尽可能控制字数，不宜过长。

二是在风险评估中的侧重型。此时的检索报告应站在案件当事人的立场检索，侧重于客户的需求，分析案件胜诉概率，所在地方法院的裁判走向，并提出相应风险防范措施，或者相应的抗辩理由。假设目标受众是案件当事人，那么在呈现时可重点突出结论，具体论证过程则可不必作为重点，并避免采用过于专业的术语。在呈现方式上，辅之以一定的图表甚至数据统计，可能更为直观高效，便于案件当事人理解和把握。另外，如果能够就案件当事人关心的问题提供风险防控及风险应对策略，或许会让类案研究报告更受案件当事人的青睐和认可。

三是在知识分享中的讲解型。此时的检索报告要力求数据充实、倾向于调研报告的特点。假定目标受众为其他法律实务人士，结果的呈现往往意在分享与探讨。此时，以专门文章的形式展示研究问题、研究结论、思考分析与论证路径等，或能产生最好的效果。文章应重点呈现自己的研究结论和分析进路，说理充分，方可实现与他人就问题作进一步探讨之目的。

三、类案检索材料的处理与回应

现有各级法院对类案检索制度的探索基本都沿袭了最高人民法院在《最高人民法院司法责任制实施意见（试行）》中的路径，即以法官和法院为推动主体开展类案检索工作，但并非无人注意到当事人在类案检索中可以发挥作用的问题。

（一）类案检索材料的协同模式

无论是职权主义抑或当事人主义，在我国现行的司法实践中均难以完成科学合理分配法官与当事人的角色的使命。与此相对的是，致力于通过重塑法官与当事人关系结构以实现高效、实质化解纠纷的协同诉讼模式，应担负起我国诉讼制度再完善、再发展的重任，进而推动实现诉讼制度现代化。协同主义作为民事诉讼的程序模式之一，是辩论主义模式折中转向的结果，也是在辩论主义的基础上融入法官"职权探知案件事实"的内容，[①]对于保持司法中立性、谦抑性，保障当事人诉讼权利，实现查明真相、正确适用法律、作出公正裁决具有重要作用，现已成为民事诉讼审判的共识内化于我国民事诉讼程序法的具体规定中。在协同主义模式下，不仅查明事实需由当事人与法院依法分配职责权重，适用法律也不仅是司法者独享权柄之事，否则将使民事诉讼辩论原则落空。故而类案检索与引述就不应仅是法院单方参与的活动。法院不仅负有审查当事人提交案例的职责，同时在特别情况下还负有释明当事人提交案例的义务。在类案检索制度中，当事人与法官由类案相连接，通过互动、沟通，不断寻找、比对类案，并最终由法官裁决是否适用类案裁判规则，这样的互动模式符合协同主义基本要求。

协同主义并非职权主义与辩论主义的简单折中，而是在传统辩论主义模式的基础上加以司法能动，其基本要求仍然是尊重保障当事人的辩论权和处分权，诉讼程序仍以当事人自主行使诉讼权利为主要推力。故在协同主义下，当事人在类案检索机制中的缺位，则意味着司法裁判权在一定程度上的越位。具体而言，类案检索涉及裁判规则与尺度适用。当事人诉讼能力具有差异性，若当事人所主张的事实和法律关系、构成要件与法院将参照适用的裁判规则不同，该类案规则未经当事人辩论，法院径行在裁判中参照该类案规则，实际上有损当事人的辩论权利，构成裁判突袭。[②]从这个意义上讲，构建当事人提交类案检索材料制度是预防裁判突袭的制度补丁。北京市高级人民法院于2019年发布实施的《北京市高级人民法院关于规范民事案件自由裁量权行使

---

① 唐力：《辩论主义的嬗变与协同主义的兴起》，载《现代法学》2005年第6期。
② 突袭式裁判，是指法官违反事实上和法律上的释明义务，没有公开自己的心证，从而剥夺了受不利裁判之当事人就相关事实与法律适用表明自己意见从而影响法官的机会，并在此基础上作出的超出当事人合理预期的裁判。杨严炎：《论民事诉讼突袭性裁判的防止：以现代庭审理论的应用为中心》，载《中国法学》2016年第4期。

保障裁判尺度统一的工作意见（试行）》体现了在类案检索机制上鲜明的协同主义取向。该规定虽然将当事人提交的类案检索材料界定为"裁判参考"，但却要求法官对当事人提交的类案检索材料是否具有可参考性进行审查，并适时在裁判文书中予以回应，同时，法官亦可释明当事人提交类案检索材料。

以上可见，在当事人提供类案检索材料偏离案件事实时，法官应当履行释明义务，为当事人指明类案检索的方向，并给予当事人充分发表意见、进行辩论的机会，避免有正当权利之当事人可能仅因无法在诉讼上作出适当主张及陈述而遭受败诉的判决，[1] 实现法官与当事人之间对于类案检索的共识，是构建协同主义诉讼模式的内涵。

（二）类案检索材料的处理

目前，对于如何处置当事人在诉讼中提交类案检索材料，仍缺乏明确定位和具体的法律法规操作指引，这使得当事人及法官在应对类案材料时缺乏明确、直接、可适用的法律依据。主要表现在法律无明文规定、对类案材料缺乏重视以及类案检索材料本身存在诸多问题。

一是作为一个传统成文法国家，案例从来不是解决法律问题的首选依据，更不是审结案件的必要材料。对当事人而言，其提交类案材料是寻求"类案同判"以支持己方观点，而除此之外，当事人应对诉讼的主要精力集中于诉辩程序、举证质证和发表辩论意见上。因此，一些当事人对提交类案材料存有补强说理的心态。对法官而言，由于案例的拘束力有限，为尽快审结案件，亦无必要在类案的审查与回应上投入过多精力。而正因法官的大体态度如此，当事人提交类案后，对方当事人亦无须对类案的比对和适用过多回应。可以说，诉讼主体对类案材料缺乏足够重视加剧了类案在诉讼程序中边缘化的现实。

二是类案检索机制面临的诸多实践难题，亦成为部分法官在裁判文书中回应当事人需求的障碍。诸如：类案适用的审查规则不明；当事人提交类案材料存有偏颇性和选择性忽略现象；当事人抽取案例裁判要旨不规范、不妥当；检索平台过多，案例真实性认证体系缺失等。有些法官消极回应当事人

---

[1] 杜国伟：《类案强制检索机制的程序化构造——基于协同主义诉讼模式的视角》，载胡云腾主编：《最高人民法院司法体制综合配套改革与刑事审判问题研究——全国法院第30届学术讨论会获奖论文集》，人民法院出版社2019年版，第622页。

提交的类案材料，并不意味着法官不遵从类案裁判规则和尺度。事实上，在审判实践中，法官为寻求裁判观点的支持，主动寻找类案裁判规则非常普遍，但法官并不会在裁判文书中披露引述了哪一份裁判文书阐明的裁判规则，这种现象可以归纳为类案裁判规则地自发性、隐性适用。这种普遍现象是自发的、失范的，但却消解了回应当事人提交类案的重要性。

因此，无论是基于事实认定还是法律适用，当事人提交类案均不以证明案情相关事实为目的，而是希望法院采纳其主张的裁判规则对已查明的事实作出进一步的认定，或者对权利义务关系、民事责任等问题作出裁决。故类案检索材料在现有诉讼法规范框架内的地位和角色，决定了应当构建怎样的程序规则。

一种观点认为，类案检索材料应当作为证据进行审查，这得到了不少司法实践的认可。从样本反映来看，多数当事人将类案当作证据发表质证意见，多数法院也将类案列为证据之一，并以证据标准对其进行审查。只有少数裁判文书未将类案列为证据，而是在本院查明事实另行记载，或在本院认为部分直接展开论述。若将类案检索材料作为证据，法院就要将其嵌套进证据规则进行审查，首先应当关注于类案检索材料的三性，即客观性、关联性与合法性，是否符合证据标准，还应确认类案检索材料的证据类型，是书证还是当事人陈述，属于直接证据还是间接证据。其次，在诉讼中应当遵循举证的时限，当事人应当承担逾期举证的后果，进行证据交换，庭审中纳入举证质证的程序。最后，应当在判决书中对其证明力、是否采纳予以回应。持这一观点的人认为，一系列成熟且严格的制度设计，可以有效缓解了类案检索材料的在法律适用中的凌乱繁杂的尴尬。

另一种观点认为，当事人提交的类案检索材料仅可作为法官作出裁判的参考。在笔者的审判实践观察中，确有不少法官持有这样的观点。2019年12月发布实施的《北京市高级人民法院关于规范民事案件自由裁量权行使保障裁判尺度统一的工作意见（试行）》[①]对当事人提交的类案检索材料也使用了"裁判参考"一词。与作为证据材料对待不同，若类案检索材料作为"裁判参考"，似免除了法官审查及回应类案检索材料的职责，因诉讼法中从来没有

---

① 该意见第8条第2款、第3款规定："对于当事人提交的类案检索材料显示可能涉及自由裁量权行使不统一问题的，法官应认真甄别是否可作为裁判参考，无需在裁判文书中回应的，应在合议笔录或工作记录中载明。法官认为有必要的，可释明当事人提交类案检索结果作为裁判参考。"

"参考材料"的概念，而实践中也使"参考"与"不参考"仅在乎法官的"愿意"与"不愿意"之间，法官若"不愿意参考"，则这部分案件的裁判文书甚至都无须记载当事人提交类案检索材料的情况。

类案检索材料作为当事人就事实认定和法律适用提交给法院的诉讼材料，包含着其对待决案件的相应观点，在诉讼法框架中，属于辩论意见的范畴。民事诉讼证据材料及其相关意见也属于广义上的辩论意见，但不同于类案检索材料的是，民事诉讼的证据是在诉讼中能证明案件真实情况的各种资料，是法院认定案件事实作出裁判的根据。[①] 换言之，证据所起到的作用是证明与本案有关的事实存在，而非证明司法针对某一问题存在怎样的司法态度、裁判规则或裁判尺度。当事人提交类案检索材料，显然并非用以证明案件具体事实成立，故并不属于证据范畴，不应适用举证质证程序，亦不应按照证据标准进行审查，而是应当以狭义的辩论意见[②]对待。此种观点主要将类案检索材料区分为法官参考资料及法庭辩论材料。

一是法官参考资料。司法实践中，法官、当事人和律师往往会检索类案为自己的法律观点提供支持，也会有一方或双方当事人向法院提交案例，但不作为证据，不必当庭质证，也无须送达或告知对方，只作为法官审理案件的参考资料，其作用往往非常有限。

二是法庭辩论材料。当事人提交类案的时间，可以是立案到结案阶段的任一时间，既可以是庭审前，也可以是庭审中，还可以是庭审结束后案件裁判前。当事人在庭审前或庭审中提交案件或者检索报告的，应当允许庭审阶段对是否构成类案、能否作为案件裁判的参照或参考等问题进行辩论。提交类案的形式，既可以是一个或多个案件，也可以是类案检索报告，但一定要确保提交案件的真实性。

[①] 张卫平：《民事诉讼法》（第3版），法律出版社2013年版，第187页。

[②] 广义的辩论意见，是指当事人贯穿于民事诉讼全过程发表的意见，包括诉辩称、举证质证意见、陈述事实的意见、法律适用的意见等。由于举证质证在民事诉讼程序中规定为一个特别的庭审过程，故除举证质证意见外的辩论意见可称为狭义的辩论意见。

表 4-3 各地法院关于类案处理的相关意见

年份	地区	规范	规则
2015	广东省珠海市横琴粤澳深度合作区人民法院	《类似案例辩论制度操作办法（试行）》	明确规定将"类似案例类似处理"纳入庭审辩论程序，并明确了该项制度的适用范围、基本原则、主要流程和辩论对象等重要问题
2020	广东省广州市南沙区人民法院	《关于类似案例辩论程序的 诉讼指引》	明确规定当事人可将生效裁判作为类案在案件审理过程中参照适用，类案辩论程序在法庭辩论阶段进行
2020	浙江省桐乡市人民法院	《类案文书当事人提交制度（试行）》	法院和当事人均可提交类案，将类案审查纳入庭审辩论阶段。法官应审查类案的真实性，并将参照结果予以释明

具体如下，2015 年广东省珠海市横琴粤澳深度合作区人民法院出台《类似案例辩论制度操作办法（试行）》，明确规定将"类似案例类似处理"纳入庭审辩论程序，"类似案例辩论制度"，是指法院对法律界限不明、争议较大的案件，通过诉讼告知引导当事人提出参考案例，将"类似案件类似处理"纳入庭审辩论程序的制度。

2020 年 10 月 21 日，广东省广州市南沙区人民法院（广东自由贸易区南沙片区人民法院）发布《关于类似案例辩论程序的诉讼指引》，并首次适用该程序对一起确认不侵害商标权纠纷案作出裁决，为进一步统一裁判尺度，推进法律适用展开了有益探索。根据南沙区人民法院发布的该文件，当事人各方为支持自己的主张，可以向南沙自贸区法院提交各级人民法院作出的生效裁判并申请作为类案在其案件审理过程中参照适用。法院在收到申请方提交的类案辩论申请后 3 日内，会将其提交的材料送达给相对方。类似案例辩论程序一般安排在法庭辩论阶段进行。

2020 年 12 月，浙江省桐乡市人民法院制定印发了《类案文书当事人提交制度（试行）》，桐乡市人民法院高桥人民法庭办理的一起买卖合同纠纷案首次运用了该制度。因该案件争议较大，主审法官在审理过程中向双方当事人送达《类案文书通知书》及《类案文书内容及要求》，双方当事人依照要求提交了相应的类案文书，并通过移动微法院就对方提交的类案文书发表了书面的意见。该文件指出，法院和当事人均可发起类案文书提交，其中法院在办理拟提交专业法官会议或审判委员会讨论、缺乏明确裁判规则或尚未形成统一裁判规则、院庭长根据审判监督管理权限要求进行类案文书提交时，可以通知当事人提交。同时，在庭审辩论阶段，法院可以组织双方当事人就对方提交的类案检索观点发表意见。法院在采用当事人提交类案作为裁判参考前，须核实文书真实性，同时对是否参照、如何参照等结果运用情况向当事人释明，并在案卷中分析说明。

除了为数不多的指导性案例外，以往对于当事人提交的案例是否可以作为类似案例适用、以何种标准进行认定、具体程序如何、相对方的知情权及相应的答辩权利应如何保障等，这些问题都没有进一步明确的规定。

四、当事人提交案例的初步审查与甄别

一般而言，当法院收到当事人或其诉讼代理人提交的类案，应首先对其进行初步审查甄别，这是开启类案检索的前提条件。

（一）是否需要类案进行辅助案件审理

一是具有争议焦点，为法律适用问题而非事实认定问题；二是缺乏法律依据，成文法规定较模糊或缺乏成文法；三是实践中不统一，初步检索后发现司法实践裁判标准不一。若某一问题具备上述三个特征，一般即可认定其具有进行类案研究的价值；否则，简单的案例检索或法律检索即可解决。

（二）相关类案是否真实、全面

全面而有针对性进行类案研究的检索时，应尽可能全面，即努力发现对于拟研究问题的全部观点，通过关键词的变化，尽量做到样本不遗漏。经初步审查，若当事人提交案例与待决案件事实没有相关性，或争议焦点偏差，法官应向当事人释明。不过，全面并不代表要把所有裁判文书全部看完。如果某一案件在最高人民法院审理，我们研究高级人民法院、中级人民法院甚至基层人民法院的案件裁判观点或标准，参考意义和价值不大。但如果某一

案件在某市中院审理，考虑到司法实践同样存在地域差别，某省高级人民法院、省内其他市中级人民法院的案例可能会比最高人民法院的一般案例更具研究价值。

（三）是否可以作为类案进入案件材料范围

1. 归纳

类案分析的首要工作是归纳事实。案件事实的归纳对于类案研究极为重要：严格来说，只有事实要素高度一致的两个案件，才可以称为类案；也只有在案件事实要素具备高度一致性的情况下，才可能抽象出裁判观点背后的价值观。

在归纳案件事实时，应把所有影响到裁判结论得出的事实均予摘出，而对一些并未真正影响法官价值判断的事实，则应剔除，以免产生干扰，分散聚焦。当然，干扰事实有时并不能轻易通过个案观察予以排除，更多时候还需要在案例比较时通过对照进行筛选。

在归纳时，建议采用表格的形式，不仅能清楚梳理案件事实，也能为下一步的案例比较奠定基础。

2. 比较

在比较时，可以通过两个方向进行。第一个方向是正向推导。即把案件事实相同的案例放在一起，从关键事实的一致性推导出法律适用的一致性，观察在具备同样的事实下，法官得出的结论是否一致。第二个方向则是逆向推导。即把得出同一结论的案例放在一起比较，分析各自对应的案件事实是否一致。通过法律适用的一致性，比如是适用同一法条，同一结果，如判定为侵权，倒推案件的相似性，在简单的、批量的案件中可行，如涉网图片侵权案件纠纷，但是在个性化、复杂化的案件中则难以适用。通过归纳、比较，我们可以从类案中抽取出一定的裁判规则，并可初步确定裁判规则所对应的射程范围。

3. 分析

较之于单纯地提取裁判规则，探求、分析裁判规则背后蕴藏的价值判断，评价此种价值判断是否正当，或许是类案研究更具意义的一面。在笔者看来，价值观在最终意义上决定了类案研究结论的射程范围。

在分析时，要紧紧围绕事实要素展开。若法院在 A 事实下得出某一结论，而在 B 事实下则得出相反结论，那么我们要分析 A 事实与 B 事实的差异具体在于何处、此种差异对裁判观点的影响、该种影响又是基于何种价值判断、差异背后体现的是否是同一裁判逻辑和同样的价值判断。如在进行事实代持关系认定的类案研究时，我们就应当思考为何单纯的资金关系、经营管理行为均不足以证明代持合意，而为何参加公司决策对于代持关系的证明更具意义。进一步地，我们可以分析法院在认定事实代持关系时的谨慎态度，或许与代持本身的避法性、被代持一方自甘风险等因素存在关系。

若两个案件事实要素几乎完全一致，但裁判观点却不同，那么我们应结合具体的裁判理由及其所承载的价值判断，去评价何种价值观更契合公平正义。

有时，不同裁判观点并非形成于同一时间段，那么近期的裁判观点更值得关注。譬如，就被代理人的可归责性是否属于表见代理的构成要件之一，法条未作明文规定。笔者在进行类案研究时发现，2015 年以后的裁判文书中会更多地认可这一构成要件。这一转变之后体现的或许是裁判者对于风险归责原则的认可以及对公平正义理念的追求，而非机械适用法条。因此，"类案同判"是法的稳定性与统一性的必然要求，也是实现公平理念的基本要求，但在政策导向、认知水平以及价值理念的不断变化下，也可能发生"类案不同判"，此时，裁判对公平正义的追求需要在裁判文书中得到充分的论证。

有时，裁判理由并不能为我们理解和评价裁判者的价值观提供更多的帮助。此时，可能需借助于法学理论。此外，除单纯通过法律概念进行推演外，还可考虑一些法外因素，如成本—收益、情感、文化传统等。拓宽分析角度，或多或少有助于发现新的观点。更多时候，由于事实的不可复制性，没有特别契合的司法裁判能够与我们的在办案件对应。此时，就更应该从现有案例裁判观点的价值判断出发，去考虑在当下的这个案件中，应该以何种价值判断去审视当事人之间的法律关系。

五、法官对当事人提交类案的回应方式

（一）回应方式的安排

类案检索是司法工作与信息技术融合发展的结果，检索主体不仅包括法官，还包括公诉机关、案件当事人及其辩护人、诉讼代理人等诉讼参与人，

而且后者更有动力进行类案检索，以提供支持本方观点的充分论据。对此，主要有两个方面的制度安排：

一是允许公诉机关、案件当事人及其辩护人、诉讼代理人等提交类案，作为控（诉）辩理由。目前，最高人民检察院关于检察类案并无统一规定，但是在案例指导制度下，各地检察院已经开始了类案检索的实践探索，为最高人民检察院在类案检索方面出台全国统一的意见提供了地方经验。2019年4月，最高人民检察院印发修订后的《关于案例指导工作的规定》，是检察院开展案例指导工作的基本遵循。该规定明确了各级人民检察院应当参照指导性案例办理类似案件，确认了指导性案例的效力层级及应用模式，有效发挥指导性案例对检察办案工作的示范引领作用，促进检察机关严格公正司法，促进法律统一正确实施。在此基础上，各地检察院对类案检索进行了实践探索。2020年，天津市人民检察院印发了《天津市人民检察院关于进一步推进案例运用加强类案检索的规定（试行）》，该规定明确了检察类案的内涵、类案检索的范围和情形、不同层级类案的适用规则、辩方提交案例的回应制度等内容。同年，广西壮族自治区柳州市鱼峰区人民检察院建立类案强制检索报告制度，做好类案检索工作，适用认罪认罚的案件，检察官应充分利用类案检索以提高量刑建议的精准度和案件的释法说理能力。

二是明确人民法院的回应方式，即公诉机关、案件当事人及其辩护人、诉讼代理人等提交指导性案例作为控（诉）辩理由的，人民法院应当在裁判文书说理中回应是否参照并说明理由，以增强裁判的可接受性；提交其他类案作为控（诉）辩理由的，人民法院可以通过释明等方式予以回应。

这些制度安排既延续了《最高人民法院〈关于案例指导工作的规定〉实施细则》的相关规定，[①]又结合工作实际对诉讼参与人提交其他类案的回应方式作出比较灵活的规定；既充分考虑了当事人及其辩护人、诉讼代理人等诉讼参与人的诉求，又综合考虑了我国的法律制度、法院的工作实际等因素，有助于类案检索制度更好地发挥统一法律适用和裁判尺度的作用。[②]

[①]《最高人民法院〈关于案例指导工作的规定〉实施细则》第11条第2款规定：公诉机关、案件当事人及其辩护人、诉讼代理人引述指导性案例作为控（诉）辩理由的，案件承办人员应当在裁判理由中回应是否参照了该指导性案例并说明理由。

[②] 刘树德、胡继先：《〈关于统一法律适用加强类案检索的指导意见（试行）〉的理解与适用》，载《人民司法》2020年第9期。

（二）回应表述

当前，人民法院对类案的回应表述分为以下三种情况（见表 4-4）。

表 4-4　人民法院对类案的回应表述情况

回应类别	案号	法院层级	回应内容
1. 当事人所提交的案例应当是最高人民法院指导性案例；其他相关裁决并无约束力	（2016）最高法民申 978 号	最高人民法院	我国并非判例法国家，且中信青岛分行向本院提供的案例并非指导性案例，与本案的事实亦有不同，故不能作为本案的裁判依据
	（2016）苏民申 2875 号	江苏省高级人民法院	本院认为，除最高人民法院颁布的指导性案例外，其他案例并不具备法律适用上的效力，二审法院对徐某 1、徐某 2、徐某 3、徐某 4 提供的案例未予理涉，并无不当
	（2015）浙民申字第 391 号	浙江省高级人民法院	另外，周某某在再审申请理由中提出二审时已提交最高人民法院（2013）民申字第 909 号民事裁定，该案例认为项目部经理对外借款并以项目部名义承诺款项用于涉案工程，工程建设方作为承包人及受益人应承担项目部对外债务的偿还责任。本案原审忽略了银力公司为本案借款实际受益人的关键点，判决错误。周某某主张的该案例是最高人民法院的驳回再审申请的裁定，非最高人民法院公报案例和指导性案例，且该案例与本案事实并非完全相同，因此，周某某以此为据主张原判错误，依据不足

续表

回应类别	案号	法院层级	回应内容
	（2015）闽民申字第 27 号	福建省高级人民法院	至于刘某某再审申请提出其他类似案件其已通过民事诉讼渠道获得救济的问题，本院认为，根据《最高人民法院关于案例指导工作的规定》第 7 条规定，"最高人民法院发布的指导性案例，各级人民法院审判类似案例时应当参照"，刘某某提供的案例并非最高人民法院公布的指导性案例，不具有参照的意义
	（2017）闽民申 69 号	福建省高级人民法院	李某某引用的江苏省高级人民法院的案例并非最高人民法院发布的指导性案例，不能作为判决的依据
	（2016）京 01 民辖终 689 号	北京市第一中级人民法院	鉴于：（1）根据《最高人民法院关于案例指导工作的规定》第 7 条的规定，只有最高人民法院发布的指导性案例才能够成为法院审理案件的法律渊源。（2）王某某所引本院之案例，从该案的民事裁定书之内容看，也不能确定与本案存在基本相同的管辖事实
	（2015）三中刑终字第 00537 号	北京市第三中级人民法院	经查：刑法及司法解释虽未对非国家工作人员行贿罪的数额巨大标准作出规定，但并不影响法院根据案件的具体犯罪数额及相关情节作出裁量；其他同级法院的裁判文书并非最高人民法院公布之指导性案例，对原审法院裁判无实际约束力，故原判对高某某所作对非国家工作人员行贿数额巨大的认定不违反法律规定，亦无不当，高某某所提该项上诉理由无法律依据，应予驳回

续表

回应类别	案号	法院层级	回应内容
2.当事人提交的案例涉及的事实和法律关系应当与诉争案件的相关事实与法律关系基本一致，否则，难以参考适用	（2015）知行字第160号	最高人民法院	本院认为，关于卡斯特兄弟公司申请再审称北京市高级人民法院已经在（2006）高行终字第97号"九牧王"一案中认定商标局认定驰名商标的行为为可诉行为的问题。经查，该案的事实与法律关系均与本案不同，卡斯特兄弟公司以此为据申请再审的理由不能成立
	（2014）苏审二民申字第01409号	江苏省高级人民法院	本院认为，关于卡斯特兄弟公司申请再审称北京市高级人民法院已经在（2006）高行终字第97号"九牧王"一案中认定商标局认定驰名商标的行为为可诉行为的问题。经查，该案的事实与法律关系均与本案不同，卡斯特兄弟公司以此为据申请再审的理由不能成立
	（2016）浙民申17号	浙江省高级人民法院	《最高人民法院公报》2005年第2期刊登的案例，其裁判要旨与本案存在差异，不能参考
	（2015）浙民申字第381号	浙江省高级人民法院	本院认为，根据再审申请人再审申请书中载明的再审理由及《民事诉讼法》第200条关于再审申请事由的相关规定，综合分析如下：关于米兰酒店提出的同类案例问题。不同的案件均存在差异，法院的判决应根据实际情况作出
	（2017）京01民终3698号	北京市第一中级人民法院	对张某某关于一审法院适用法律错误，应当依据第60号指导性案例裁判的上诉理由，本院认为，案件审理应当依据个案的具体证据情况，指导性案例所涉产品与本案所涉产品并非同一种产品，产品标签的标注亦不相同，案件处理结果不尽相同属正常现象。张某某该项上诉理由属僵化理解指导性案例的作用，本院对此亦不予采信

续表

回应类别	案号	法院层级	回应内容
	（2016）渝民申521号	重庆市高级人民法院	至于龚某1、龚某2申请再审时举示的二审法院办结的相似案件，因该案与本案案情并不一致，故其提出的类案不同判的理由不能成立
	（2011）皖民二终字第00112号	安徽省高级人民法院	合肥市中级人民法院（2009）合民二初字第15号民事判决书及本院（2010）皖民二终字第003号民事判决书所确定的债务主体、事实、承担民事责任的基础、方式与本案不尽相同，故原审法院比照安徽省合肥市中级人民法院（2009）合民二初字第15号民事判决及本院（2010）皖民二终字第003号民事判决，认定非凡公司应承担一半的赔偿责任，银河投资向非凡公司主张全部已付款项，没有法律依据
3. 我国不是判例法国家，相关案例的裁判要旨和司法裁决对于个案处理仅具有一定的参考借鉴作用	（2017）鄂民申970号	湖北省高级人民法院	关于相关案例的性质。因我国地域广阔，国情复杂，各地发展不尽平衡，尽管最高人民法院近年来力推案例指导制度，但我国并非遵循先例的判例法国家，故湖南省高级人民法院等法院的相关案例对本案的审理仅具有参考借鉴作用
	（2017）京02民终114号	北京市第二中级人民法院	本院认为，本案争议焦点之一是关于本案法院是否有管辖权的问题。张某某提供的案例及文件，一则我国不是判例法国家，案例的指导作用有限，个案可能还存在不同情况；二则张某某提供的案例即便真实与本案案情也并不完全相符
	（2015）晋民申字第633号	山西省高级人民法院	本院认为，我国非判例法国家，已决案例对之后类似案件的审理不具有法律拘束力

续表

回应类别	案号	法院层级	回应内容
	（2012）穗中法民二终字第1604号	广东省广州市中级人民法院	虽然我国不是判例法的司法裁判制度，但同一法院在审理相同类型案件时，对于其已经作出的生效判决应当予以借鉴参考，并保持对相同类型案件认定的一致性
	（2016）津0103民初10876号民	天津市河西区人民法院	证据3、证据4为最高人民法院的案例，对其真实性本院予以认定，本院可以参考上述两则案例，但上述证据不能证明原告的待证事实

实践中，人民法院对当事人提交类案的审查分为两个层面：一是效力层面，除指导性案例外，其他类案的裁判规则对待决案件无实际约束力；二是实体层面，类案与待决案件的案件事实与法律关系应当基本一致，否则不具有参考价值。

第五章　类案检索的方法

类案同判，是指法官正在审理的案件，应当与其所在法院和上一级法院已经审结的或者其他具有指导意义的同类案件裁判尺度一致。类案同判的核心是"类"，即两个案件如何才能被视为是同类案件，应当以什么样的标准来判断。建立类案标准，不能脱离类案同判的目的，否则类案标准将无法真正实现该司法政策的价值目标。① 本章则重点聚焦类案的识别标准、纳入类案的范围条件、类案检索的顺位、类案的等级效力、类案的适用原则、背离适用的说明等内容展开。

一、类案的识别标准

无论是案例指导制度还是强制类案检索，或是法官自发性在先案例运用，基于类案案件裁判标准应当统一的法理，在先生效判决的裁判规则对待决案件具有积极的现实意义。但在进行类案检索之前，首先需要明确类案的判断标准。当前，关于类案的定义存在较大争议，有观点甚至以"世界上不存在两片相同的叶子"为由否认类案的存在。实际上，不同案件虽然在具体情节上千差万别，但总是存在相同或相似的方面，而这些类案的裁判是可以相互参考借鉴的。对类案的定义，理论界和实务界存在多种观点：

第一种观点认为，类似案例是指与待决案件具有类似因素的案例，包括案件事实相类似、法律关系相类似、案件的争议点相类似、案件所争议的法

---

① 邓永泉、杜国栋：《类案同判核心在于建立类案标准》，载《人民法院报》2018 年 10 月 15 日。

律问题相类似；第二种观点认为，案件类似是指比对先例与待决案件诉讼争点所陈述的事实特征，并加以相同或相似性判断，而不是笼统地认定全案事实类似；第三观点认为，类案不同判中的"类案"，实质是以案件事实的法律特性为线索来确定案件事实在整体上是否具有同样法律性质。这些观点虽然对类案的认识不一，但在某些方面仍具有相似之处。没有绝对相同的案件，只有高度相似或大致相似的案件。相似性、已生效是成为类案的起码也是必然要求，即便"类案"的表述，亦只是某种意义上，更多的相似性。我们相信，法律人目前面临的80%~90%的案件，在过去已经发生过。通过一审、二审甚至再审，法官对该案件的处理，已形成相对成熟的裁判规则。过往案例所蕴藏的经验和智慧，是我们解决当下问题的重要参考，此亦即中国司法改革大背景下类案检索制度的意义所在。

划分类案的标准便可以从两个案件的大前提和小前提入手。在识别两个案件是否为类案时，可以将两个案件的大前提和小前提细化为若干个类型化的要素，然后对这些类型化的要素进行一一比对，寻找差异和共同点。

（一）类案的定义

我们首先梳理一下目前法院系统对于类案的判断标准（见表5-1）。

表 5-1 关于类案定义的法律文件比较

序号	文件名称	关于类案定义	关于识别标准
1	《北京市高级人民法院关于类案及关联案件检索实施办法（试行）》（2020年9月修订）	审理中的案件与其他审理中或者已经审结的案件，在基本案情和法律适用方面相类似的，属于同类案件①	在确定类案时，可以结合法律关系、主要事实、争议问题、适用法律等要素综合判断

---

① 《北京市高级人民法院关于类案及关联案件检索实施办法（试行）(2020年9月修订)》第1条中同时规定了"关联案件"的检索。认为审理中的案件与其他审理中或者已经审结的案件，在案件事实或裁判结果等方面存在关联性的，属于关联案件。在判断关联案件时，可以考虑诉讼参与人、诉讼标的物等要素。

续表

序号	文件名称	关于类案定义	关于识别标准
2	《湖南省高级法院关于类案检索的实施意见（试行）》（湘高法发〔2020〕29号，2020年12月18日起施行）	类案，是指与待决案件在基本事实、争议焦点、法律适用问题等方面具有相似性，且已经人民法院裁判生效的案件	基本事实、争议焦点、法律适用问题等方面具有相似性
3	《江西省高级人民法院关于统一裁判尺度加强类案及关联案件检索的实施意见（试行）》（赣高法〔2020〕136号，2020年12月1日起施行）	类案，是指与待决案件在基本事实、争议焦点、法律适用问题等方面具有相似性且已经生效的案件	基本事实、争议焦点、法律适用问题
4	《辽宁省高级人民法院关于规范类案检索的若干规定》（辽高法〔2020〕89号，2020年7月24日起施行）	类案，是指与正在审理的待决案件在基本案情和法律适用等方面具有相似性，且已裁判生效的案件	顺序筛查：是否是生效案件；是否现行有效；是否可以在待决案件适用；以基本案情、法律适用问题等为要素，进行类似性识别和比对推理
5	《天津法院关于开展关联案件和类案检索工作的指导意见（试行）》（津高法〔2020〕129号，2020年6月1日起施行）	涉关联案件，是指部分或全部当事人相同的案件	基本案情和法律适用等方面具有相似性

综上，各地高级人民法院对类案检索规定中的识别标准的基本要素包括法律关系、主要事实、争议问题、适用法律等。《类案检索指导意见》第1条规定，该意见所称类案，是指与待决案件在基本事实、争议焦点、法律适用问题等方面具有相似性，且已经人民法院裁判生效的案件。采用了相对客观的定义方式：一是围绕类案的本质特征，将"案件基本事实、争议焦点和法律适用问题等方面具有实质相似性"作为具体的判断标准；二是考虑到类案的可参考性和检索的现实性，将类案范围限定于"已裁判生效的案件"，将正

在审理中的案件排除在外。①

（二）类案的识别

仅从上述类案的定义中，并不能得出具有操作性的类案识别标准。有学者认为，类案同判的本质是对已决案件演绎推理法律适用过程和内容还原后，与待决案件所作的类比推理。而要件事实是大前提涵摄小前提后的案件事实，也是得出裁判结论的直接依据。因此，以要件事实作为民事类案的识别标准，符合司法三段论演绎推理逻辑和类案同判中蕴含的类比推理逻辑，提取时依照要件事实裁判方法适用过程中要件事实形成的逻辑顺序按图索骥即可。在民事类案识别中，应先将待决案件的要件事实按"识别请求权基础规范——请求权基础规范的法律事实要件分析与解构——民事诉讼证明——要件事实认定"的逻辑径路进行提取，再从已决案件中筛选并提取类似要件事实，最后由法官根据比对结果和待决案件情况决定是否需要类案同判。②也有学者认为，应将类案的"基本事实"聚焦在要件事实的检索上，即围绕案件诉讼标的，以实体法为依据，以主张证明责任为视角，科学分析法律要件的不同性质，将其分为两个阶段：第一阶段主要比照起诉状、答辩状、实体法条文，通过要件事实的特征（并存性、单一性、利己性）来判断；第二阶段主要比照起诉状、答辩状、口头辩论内容，通过要件事实的特征（可评价性、具体性、特征性）来判断。

本书认为应当将案件的关键事实、争议焦点与法律适用作为类案判断的识别要素，类案的识别可以区分以下标准和步骤：

1. 识别标准

第一，请求权基础一致。"请求权是请求他人作为或不作为的权利"，首先是为了维护权利而产生的权利。王泽鉴教授在《民法思维：请求权基础理论体系》一书中提出，请求权基础的寻找，是处理案例、法律适用的核心工作。邹碧华法官撰写的《要件审判九步法》一书中，将案件审理的第二步即确定为找到权利请求基础规范。可以说，法官在案件审理的开始，就要带着请求权基础思维审视案件。简单理解请求权基础，可以把它的概念切分来看，

---

① 刘树德、胡继先：《〈关于统一法律适用加强类案检索的指导意见（试行）〉的理解与适用》，载《人民司法》2020年第9期。

② 吴克坤、李云梦：《民事类案人工智能检索机制构建》，载《人民司法》2021年第1期。

请求权基础＝请求权＋基础。请求权，即 A 请求 B 作为或不作为的一项权利，这项权利来源于实体权利，如合同请求权、物上请求权、不当得利请求权等。基础，即法律依据，当这项权利被侵害或妨碍后可以寻求救济的法律出处，也就是找法。例如，原告在某购物网站购买奶粉 2 罐，该商品为普通食品，但商家对该商品的宣传夸大其词，不符合实际情况，故以欺诈为由向法院主张 3 倍赔偿。该案中，原告提起 3 倍赔偿的请求权基础为《消费者权益保护法》第 55 条第 1 款"经营者提供商品或服务有欺诈行为的，应当按照消费者的要求增加赔偿其受到的损失"的规定。

请求权基础不同决定了诉的性质和诉的内容不同，诉的性质不同也决定了需要处理的法律关系或权利性质不同。此外，两个案件是否相似、请求权是否相同是第一个判断标准，只有请求权相同的案件才可能是类案。同一事实可能可以依据不同的法律规定产生不同的请求权，此即请求权的竞合，在请求权基础竞合情况下，需当事人对请求权基础作出同样选择，这两个案件才符合请求权基础相同的标准。

第二，被告提出的抗辩相同。抗辩是针对请求权提出的一种防御方法，是指当事人通过主张与对方主张的事实所不同的事实或法律关系，以排斥对方所主张的事实的行为，此时，不能忽视抗辩权的基础规范，即审查被告答辩意见所依据的实体法律规范。此外，被告抗辩理由的成立与否直接影响了原告请求权的成立与否，也影响了案件构成要件的成立与否。同一请求权基础案件，因被告抗辩的不同，可能导致不同的审理方向与裁判结果。例如同为过了时效的案件，被告抗辩与不抗辩完全属于两种不同的处理结果，在违约金过高的情况下，被告是否抗辩也会影响案件的处理，如被告不抗辩法院一般不会主动调整违约金。此时，请求权基础与诉辩意见均已明确，可以根据诉辩主张及请求权基础，确定该案的争议焦点，若两个案件诉辩相同，则根据请求权基础和抗辩归纳出的两案的争议焦点也相同，因此，被告提出的抗辩相同是两个案件相似需满足的第二个标准。

第三，裁判依据的基础法律规范相同。"判断两个案件类似的基础是比较两个案件的构成要件，两个案件之间的构成要件相类似，便可对两个案件作出相同或相近似的法律评价。"构成要件是指与法律对特定问题的评价有关的观点。对两个案件的构成要件的比较，归根结底需要对两案件依据的法律关系进行比对。在司法的逻辑三段论中，法律规范是逻辑三段论的大前提，是司法裁判的依据。确定了基础法律规范，司法推理才有前提，才能识别出该基础法律规范的构成要件。只有裁判依据的基础法律规范相同，则类案中法官对案件事实是否构成法律规范构成要件的判断标准、逻辑三段论的推理思路才能作为参照供解决待决案件时借鉴。判案所依据的基础法律规范相同，还要求该基础法律规范在类案中适用时至待决案件适用期间并未进行修改，即该法律规范的构成要件并未变化。

上述分析可知，识别类案的三个标准层层递进，首先是请求权基础一致，即判断原告诉请中提供的法律规范相同；其次是抗辩意见相同，即有争议的法律要件一致；最后是解决争议裁判所依据的法律规范相同。

2. 识别步骤

待决案件的要件事实需要通过识别步骤进行提炼，即请求权基础识别标注、要件分析与解构标注、民事诉讼证明活动标注、要件事实提取标注，进而通过要件事实对比标注确认两个案件的要件事实是否具有相似性。

第一步：请求权基础识别标注。根据诉讼请求及事实和理由确定所审案件的法律关系，在此基础上确定请求权基础规范。实操中，请求权基础≈法律依据，在进行具体判断时，请求权基础通常来源于原告的诉讼请求及事实理由。同时，可以围绕本案的案由、诉讼请求、诉讼标的、法律关系、法益等概念综合评价。

第二步：要件分析与解构标注。根据原告诉讼请求及事实主张确定案件诉讼标的，明确案件审理的请求权基础规范，进而将请求权基础规范解构为若干要件。部分民事案件存在多项诉讼请求，可能分别对应多项请求权基础规范，此时，需要将多项请求权基础规范进行综合分析后，在归纳总结的基础上解构要件。

第三步：民事诉讼证明活动标注。即当事人对其诉辩主张提供事实证明的过程，法院通过合理分配双方举证责任、确认证明标准，厘清双方的权利义务。首先，对证明责任分配和证明标准予以分类标注。一是对于原告所主张的要件事实，被告采取直接否认、不知陈述、沉默等消极防御方式时，标注原告对其主张事实的证明责任和高度盖然性证明标准；二是对于原告所主张的要件事实，被告提出事实抗辩时，标注被告对事实抗辩承担证明责任和高度盖然性证明标准；三是被告提出间接否认即反证时，标注反证成立时原告进一步的举证证明责任。其次，对证明方式进行标注。一种是直接证明，由当事人通过举示证据而直接证明事实；另一种是间接证明，由当事人通过间接证据来证明间接事实，之后由法官依经验法则作出事实推定。

第四步：要件事实提取标注。在对法律规范要件和民事诉讼证明活动进行标注的基础上，需要对解构的法律规范要件与待证事实一一进行匹配标注，提取要件事实。

第五步：要件事实对比标注。按照类比推理的逻辑要求，将提取的待决案件要件事实与已决案件要件事实进行比对标注，分别对相似性和不同点进行标注。

3.识别方法

第一，围绕争议焦点，借助法律规则类比。在对两个以上案例的事实特征进行比较时，需要抽象出先前案例的裁判规则，再检验关键事实，这体现了关键事实与裁判规则之间的辩证关系。①

例如，在某在先案件"刘女士与王某、第三人周某、J银行房屋买卖合同纠纷案"②中：刘女士与王某签订了《北京市存量房屋买卖合同》，约定王某将位于B市S区某房屋卖给刘女士。就该房屋，王某曾先后与J银行签订了《个人房产抵押贷款合同》，向该银行贷款45万元；与周某签订了《房地产抵押合同》，向周某借款35万元，现王某欠J银行和周某的本金、利息及相关费用均未还清。刘女士要求法院判决其代王某清偿J银行和周某的债务，其与王某之间的《房屋买卖合同》继续履行，J银行和周某配合其办理房屋过户手续。法院依据原《物权法》第191条第2款之规定支持了其诉讼请求。

在另一起房屋买卖合同案件中，"出卖人"变为"名义所有权人"③，因买受人为"实际所有权人"清偿完毕债务，"实际所有权人"要求"名义所有权人"配合买受人完成房产过户，"名义所有权人"在合同签订后，不同意为买受人过户房屋，第三人表示服从法院判决，其余案情相同。两案的关键事实是否一致？

（1）在先案件裁判规则：原《物权法》第191条第2款在案件中特定化

---

① 高尚：《司法类案的判断标准及其运用》，载《法律科学（西北政法大学学报）》2020年第1期。
② 参见北京市顺义区人民法院（2018）京0113民初14153号民事判决书。
③ 参见北京市怀柔区人民法院（2018）京0116民初9135号民事判决书。

为"房屋买卖合同纠纷中,对被抵押的房屋,如果买受人愿意通过替出卖人偿还债务的方式'涤除'该房上的抵押,则出卖人和原抵押权人应配合买受人过户房屋"。

(2)在先案件关键事实提取:依据"裁判规则",此类案件中的关键事实应为"标的房屋设有他人抵押权+买受人偿还债务'涤除'抵押权",因以上两条件满足,就会发生出卖人、原抵押权人有义务配合买受人完成过户的法律后果。

(3)利用规则条文比对两案关键事实:《北京市高级人民法院关于审理房屋买卖合同纠纷案件适用法律若干问题的指导意见(试行)》第15条规定:"当事人约定一方以他人名义购买房屋,并将房屋登记在他人名下,借名人实际享有房屋权益,借名人依据合同约定要求登记人(出名人)办理房屋所有权转移登记的,可予支持"。依据该条,在房屋变更登记中,受"借名人"要求的"出名人",因其无权拒绝,故该行为实质上与正常所有人等效,故"买受人为实际所有权人清偿债务"该行为与在先案件中"刘某替王某清偿债务"等效。

(4)结论:两案构成关键事实相似。

第二,依靠经验类比。实践中比较"类似性"一个很常用且有效的方法就是通过经验。

例如,在某在先案件"张女士、韩某等诉李某等交通事故纠纷案"[1]中:受害人韩某佳因交通事故死亡,系城镇居民。韩某佳之妻张女士系农村居民。事故发生时韩某佳71岁,张女士67岁,韩某佳系退休人员生前按月领取退休金,张女士据此主张被扶养人生活费,法院考虑韩某佳在世时,张女士与韩某佳共同靠韩某佳的退休金维持生活,现韩某佳去世,张女士失去生活来源,故予以支持。

在另一起交通事故中,受害人殁年72岁,其妻子时年70岁,二人均系农村居民,事故发生前,二人共同以做豆腐维持生计。[2] 两案关键事实是否一致?

(1)利用经验比对两案关键事实:在先案件的关键事实系由于受害人死

---

[1] 参见北京市第二中级人民法院(2015)二中民终字第10169号民事判决书。
[2] 参见北京市怀柔区人民法院(2019)京0116民初5060号民事判决书。

亡，导致具有抚养义务的被抚养人失去生活来源。待决案件中，年逾古稀的老人，做着小本生意，即便相互扶持，也只是勉强维持，现老伴突然离世，大概率将导致生意难以为继，从而使另一方失去生活来源。故根据生活经验，亦可推导出"受害人死亡，其被抚养人将失去生活来源"的结论。

（2）结论：两案构成关键事实相似。

第三，依靠价值判断。立法及司法均包含了价值评价：立法者以法条表达某种利益取舍和价值取向；法官以逻辑理性为工具实现价值理性。故价值判断应为案件相似性判断的核心。

（1）从法条本身挖掘规范目的类比。司法价值启动的特定场域包括"虽有明文规定但其规定过于概括"，此时，应从法律本身的规范目的出发判断两者的相似性。

例如，在某在先案件"赵某与上某、J公司运输合同纠纷案"①中：赵某委托上某承运贵重货物，由B市D区至S区。上某雇用司机孔某驾驶号牌为京AG××的重型普通货车承担此次运输。后由于孔某不慎，导致货物在卸车中损坏。经查，京AG××货车的登记所有人登记为J公司，上某实际经营该车，因J公司具有营运资格，上某将车辆挂靠该公司。赵某要求上某、J公司承担连带赔偿责任，法院予以支持。

在另一起挂靠从事道路运输活动中，承运人未经托运人知情并同意，将货物运出后，擅自转包给不明案外人运输，②由此造成了托运人支出的运费增加，被挂靠人对此不同意赔偿，其余基本案情相同。能否适用上案裁判规则？

①规范目的：《民法典》第1211条规定，以挂靠形式从事道路运输经营活动的机动车，发生交通事故造成损害，属于该机动车一方责任的，由挂靠人和被挂靠人承担连带责任。故可以看出，立法者在该条中意欲传导的价值理念为"以挂靠形式从事道路运输经营"导致出现侵权行为，被挂靠人均难辞其咎。

②规范目的函涉下在先案件关键事实：在先案例中货物在卸车过程中损坏，虽不属于传统意义上的"交通事故"，但同样是发生在"从事道路运输经

---

① 参见北京市第二中级人民法院（2011）二中民终字第06320号民事判决书。
② 参见北京市房山区人民法院（2018）京0111民初4260号民事判决书。

营"过程中的侵权行为,故该事实亦受《民法典》第 1211 条规制。

③两案异同事实重要性分析:"转包"虽然亦发生在"从事道路运输经营"过程中,但该行为系一种基于合同的"违约"行为,与基于"侵权"的"交通事故"等在请求权基础上有所不同,以《民法典》第 1211 条之规范目的为比较标准,两案异同事实具有"重要性"。

④结论:不能适用上案裁判规则。

(2)从案例中提炼规范价值。从广义的法律价值来观察,法律最终都是为了维护人的尊严而存在的。① 从先例中提取规范价值,只要该"价值"符合新时代司法改革的"初心",就具有参照性。

例如,在最高人民法院指导性案例 141 号"支某 1 等诉北京市永定河管理处生命权、健康权、身体权纠纷案"中:支某在北京市丰台区永定河冰面遛狗时不慎落水溺亡,其家属将北京市水务局、丰台区水务局、北京市永定河管理处、丰台区永定河管理所起诉至法院,要求赔偿 62 万元,被法院驳回。该案法官评论:人民法院应当在查清案件事实和细节的基础上,坚守法律适用原则,依据法律规定明确当事人的权利和义务,避免"和稀泥"式裁判,如果混淆法律与情感,对确立个体行为规范和构建社会秩序无益。

在另一起案件中,张某到某药店购买了一瓶 100 片的精神类药物。回家后,张某将整瓶药物一次性服下欲轻生,好在被及时发现并经抢救保住了性命,但是由于超量服用药物,身体还是受到了一定程度损害,张某起诉药店要求损害赔偿。② 能否适用上案的裁判规则?

①两案异同事实重要性分析:"冰面行走"与"服药轻生"虽在构成要件上不具备相似性,但两者均为具有完全民事行为能力的成年人凭借自身常识即可预见风险的行为。成年人既充分享受法律之下的权利与自由,也相应地应承担自身抉择带来的风险和责任,这是法治社会的应有之义。

②结论:能适用上案的裁判规则。

---

① 江必新:《司法审判中的价值考量》,载《法律适用》2020 年第 19 期。
② 参见北京市西城区人民法院(2020)京 0102 民初 11109 号民事判决书。

二、纳入类案的范围条件

（一）范围分类

我们首先梳理一下目前法院系统对于类案检索范围的规定（见表5-2）。

表5-2 关于检索范围的比较

序号	文件名称	关于类案检索范围的规定
1	《北京市高级人民法院关于类案及关联案件检索实施办法（试行）》（2020年9月修订）	（1）最高人民法院发布的指导性案例；（2）最高人民法院发布的典型案例及裁判生效的案件；（3）市高级人民法院发布的参阅案例及裁判生效的案件；（4）所在辖区中级人民法院及本院裁判生效的案件
2	《湖南省高级法院关于类案检索的实施意见（试行）》（湘高法发〔2020〕29号，2020年12月18日起施行）	（1）最高人民法院发布的指导性案例；（2）最高人民法院发布的典型案例及裁判生效的案件；（3）省高级人民法院发布的参考性案例及裁判生效的案件；（4）上一级人民法院及本院裁判生效的案件
3	《江西省高级人民法院关于统一裁判尺度加强类案及关联案件检索的实施意见（试行）》（赣高法〔2020〕136号，2020年12月1日起施行）	（1）最高人民法院发布的指导性案例、典型案例及生效案件裁判文书；（2）江西省高级人民法院发布的参考性案例、典型案例及生效案件裁判文书；（3）上一级人民法院及本院生效案件裁判文书；（4）其他省（区、市）高级人民法院发布的参考性案例、典型案例及生效案件裁判文书
4	《辽宁省高级人民法院关于规范类案检索的若干规定》（辽高法〔2020〕89号，2020年7月24日起施行）	（1）最高人民法院发布的指导性案例；（2）最高人民法院公报发布的除指导性案例以外的典型案例；（3）最高人民法院、高级人民法院发布的参考性案例及典型案例；（4）上级法院和本院裁判生效的案件；（5）其他法院裁判生效的案件

续表

序号	文件名称	关于类案检索范围的规定
5	《天津法院关于开展关联案件和类案检索工作的指导意见（试行）》（津高法〔2020〕129号，2020年6月1日起施行）	（1）最高人民法院发布的指导性案例；（2）《最高人民法院公报》上三年以内刊登的案例；（3）天津高院发布的参考性案例；（4）上级法院和本院三年以内裁判生效的案件；（5）必要时可检索最高人民法院主办的《人民法院案例选》等案例类刊物刊载的案例、最高人民法院各审判业务条线主办的审判指导刊物刊载的案例或其他地区法院三年以内裁判生效的案件

在我国当前的司法语境下，除最高人民法院公布的指导性案例，我国并没有明确规定其他审判时应当作为类案参照使用的案件。在司法实践中，有学者认为审判中可以作为类似案件参考适用的案例主要分为两类：一类是狭义的指导性案例，专指经最高人民法院审判委员会讨论决定后公开发布的案例；另一类是广义的指导性案例，这类案例没有强制适用的效力，仅具有参考价值，主要包括最高人民法院发布的典型案例、公报案例、各高级人民法院出台的参考性案例以及《人民法院案例选》《中国审判案例要览》《中国司法案例网》《人民司法（案例）》版中的案例等。

至于其他作为类案适用的案例，比如说高级人民法院发布的参考性案例，其作为一种业务指导方法，不需要明确其效力，就会产生事实上的拘束力。需要指出的是，不论参考性案例还是指导性案例，都是上级法院根据一定程序发布的，各地高级人民法院业务指导意义上的参考案例经过一定程序也可以转化成最高人民法院指导性案例。因此，不论何种案例，在规范司法适用的意义上没有严格的区分，只要能够为解决同类或相似案件提供具体指导，为法官办案提供思维方式和价值衡量等方面的指引，都可以作为类似案件适用。

因此，为确保类案检索工作取得实效，避免检索过泛、过滥，可以将类案检索范围分为三个层次：

一是具有显性拘束力的案例，即最高人民法院发布的指导性案例。按照规定，最高人民法院发布的指导性案例，各级人民法院审判类似案例时应当参照。对检索到的指导性案例，人民法院审理类似案件时应当参照作出裁判。此处的"显性"可以从最高与最强两个角度理解：一方面是案例发布机关的审级最高，即最高人民法院；另一方面是案例的约束力最强，具体体现在法律适用中应当参照，在裁判文书中应当回应。应当注意的是，当事人提交了指导性案例，但在裁判文书未予以论述的，可以发回重审。①

二是具有强隐性拘束力的案例或案件，"隐性"是指法官可以视具体情况选择适用，没有相关的强行性规定。此处的"强隐性"的"强"体现在法官参照类案主要受到审级、审监、审管的行政配置影响。如《最高人民法院公报》发布的案例、其他典型案例及裁判生效的案件，本省（自治区、直辖市）高级人民法院发布的参考性案例及裁判生效的案件。此类案例或案件虽不具有指导性案例那样的拘束力，但由于上下级法院之间的审级关系和审判监督指导关系，这类案例或案件对本辖区法院具有很强的指导作用，实践中往往会成为法官审理案件的重要参考。

三是具有弱隐性拘束力的案件，即上一级人民法院及本院裁判生效的案件。"弱隐性"主要体现在某一地域法律适用的统一性。此种案件代表了上一级法院及本院对类似案件的裁判意见，受审级制度及本院（专业）主审法官会议制度、审判委员制度等因素的影响，一般会成为裁判案件的参考依据。实际上，我国司法实践中判例遵循的习惯一直客观存在，遵循上级法院的判例是保证法律统一适用和司法权威的必要条件，其作用及约束力自然而然地产生于司法的结构和过程中。

另外，综合考虑类案的时效性及审判实践需要，《类案检索指导意见》明确了类案检索的时间范围，规定除指导性案例以外，优先检索近3年的案例或案件；而且，适当压缩了检索范围，规定已经在前一顺位中检索到类案的，可以不再进行检索。当然，这一规定属于倡导性的规定，只要有助于公正高效办理案件，必要时承办法官除检索近3年的案例或案件之外，也可以检索之前的案例或案件；在前一顺位中检索到类案的，也可以继续在后顺位中检索，甚至可以在全国其他辖区人民法院裁判生效的案件中进行检索。

---

① 详见辽宁省高级人民法院（2021）辽民申5273号民事裁定书。该裁定书提到，对于再审申请人提出本案与最高人民法院颁布的第24号指导性案例的案件基本事实、争议焦点及法律适用具有高度相似性，应类案同判的理由，原一审、二审法院未予论述说理，应参照该指导意见重新予以审理。

（二）检索要求

我们首先梳理一下目前法院系统对类案检索要求的规定（见表5-3）。

表5-3 关于检索要求的比较

序号	文件名称	关于类案要求的规定
1	《北京市高级人民法院关于类案及关联案件检索实施办法（试行）》（2020年9月修订）	法官可以依托中国裁判文书网、"法信"、办案系统、专业检索网站等平台，通过案由、当事人、关键词、争议焦点、适用法律等要素对类案及关联案件进行检索
2	《湖南省高级法院关于类案检索的实施意见（试行）》（湘高法发〔2020〕29号，2020年12月18日起施行）	人民法院一般依托中国裁判文书网、"法信"等审判案例数据库检索类案。当事人及其诉讼代理人（辩护人）、检察机关还可以依托其他商业数据库积极检索类案
3	《江西省高级人民法院关于统一裁判尺度加强类案及关联案件检索的实施意见(试行)》赣高法〔2020〕136号，2020年12月1日起施行）	承办法官依托中国裁判文书网、"法信"、数字法院业务应用系统、法官e助理、审判案例数据库等平台进行类案检索，并对检索的真实性、准确性负责
4	《辽宁省高级人民法院关于规范类案检索的若干规定》（辽高法〔2020〕89号，2020年7月24日起施行）	承办法官在办理案件过程中，可以自己或者委托法官助理进行类案检索。中国裁判文书网、智慧法院办案平台、档案系统、"法信"、案例数据库等网站、平台或系统可以作为检索平台
5	《天津法院关于开展关联案件和类案检索工作的指导意见（试行）》（津高法〔2020〕129号，2020年6月1日起施行）	承办法官在办理案件过程中，可以自己或者指派法官助理进行类案检索。承办法官或者法官助理可通过天津法院网上办案平台、中国裁判文书网、"法信"等进行关联案件和类案检索

《类案检索指导意见》第3条列举了"中国裁判文书网""审判案例数据库"，后面"等"字表示还可以是其他渠道。如上表5-3比较发现，中国裁判文书网、"法信"、办案系统、专业检索网站等平台都能成为类案来源，但"真实性、准确性、全面性"是唯一要求。一是真实性。主要应系该案件真实发

生过,案号、当事人主体信息、案件诉辩信息、案件审判信息完整,如能有刊载该案例的平台或载体作为佐证,以体现其真实性,则可减少裁判者为验证其真实性的环节。二是准确性。要求除了案件是已生效裁判文书外,还需与待决案件具有相似性,提供者应当对先在裁判的相似性进行说明,可以有效帮助法官快速锁定对自身有利的裁判规则。三是全面性。在司法实践中,二审判决并非最后的生效判决,因嗣后通过再审改判,相应的裁判规则可能发生变化。因此,真实性不代表准确性,准确性在某种意义上也是全面性的体现。

(三)检索条件

我们首先梳理一下目前法院系统关于类案检索条件的规定(见表5-4)。

表5-4 关于检索条件的比较

序号	文件名称	关于类案条件的规定
1	《北京市高级人民法院关于类案及关联案件检索实施办法(试行)》(2020年9月修订)	(1)涉及群体性纠纷,可能影响社会稳定的;(2)合议庭成员意见分歧较大的;(3)与本院或上级法院的类案判决以及裁判规则可能发生冲突的;(4)拟提交专业法官会议、审判委员会讨论的;(5)报送参阅案例、指导性案例、制定统一法律适用类业务规范文件的;(6)新类型、疑难、复杂、社会影响重大等其他具有促进法律适用统一意义的案件。关联案件应当进行检索
2	《湖南省高级法院关于类案检索的实施意见(试行)》(湘高法发〔2020〕29号,2020年12月18日起施行)	(1)拟提交专业法官会议或者审判委员会讨论的案件;(2)缺乏明确裁判规则或者尚未形成统一裁判规则的案件;(3)院庭长根据审判监督管理权限要求进行类案检索的案件;(4)合议庭成员意见分歧较大的案件;(5)拟改判、发回重审或者提审、指令再审的案件;(6)当事人及其诉讼代理人(辩护人)、检察机关提交案例支持其诉辩意见的案件;(7)承办人、合议庭认为需要检索的其他案件

续表

序号	文件名称	关于类案条件的规定
3	《江西省高级人民法院关于统一裁判尺度加强类案及关联案件检索的实施意见（试行）》（赣高法〔2020〕136号，2020年12月1日起施行）	（1）拟提交专业法官会议或者审判委员会讨论的，但依法应当提交审判委员会讨论决定的除外；（2）缺乏明确裁判规则或者尚未形成统一裁判规则的；（3）根据《江西省高级人民法院关于进一步加强"四类案件"事中监督管理的实施细则（试行）》确定的"与本院或者上级法院的类案裁判可能发生冲突的案件"；（4）因适用法律错误被上级法院指令再审或发回重审的；（5）院庭长根据审判监督管理权限要求进行类案检索的；（6）公诉机关、案件当事人及其辩护人、诉讼代理人已提交最高人民法院发布的相关案例或经本省法院裁判生效的案例作为控（诉）辩理由的
4	《辽宁省高级人民法院关于规范类案检索的若干规定》（辽高法〔2020〕89号，2020年7月24日起施行）	（1）合议庭对法律适用问题意见分歧较大的案件；（2）法律适用规则不明确的新类型案件；（3）拟作出的裁判与本院或者上级法院的类案裁判可能发生冲突的案件；（4）因适用法律错误被上级法院指令再审或者发回重审的案件；（5）裁判尺度缺少统一裁判标准或标准不明确的案件；（6）已生效同类案件因裁判结果不同社会反响较大的案件；（7）院庭长根据审判监督管理权限要求类案检索的案件；（8）其他需要进行类案检索的案件
5	《天津法院关于开展关联案件和类案检索工作的指导意见（试行）》（津高法〔2020〕129号，2020年6月1日起施行）	（1）合议庭对法律适用问题意见分歧较大的案件；（2）法律适用规则不明的新类型案件；（3）拟作出的裁判与本院或者上级法院的类案裁判可能发生冲突的案件；（4）因适用法律错误被上级法院指令再审或者发回重审的案件；（5）院庭长根据审判监督管理权限要求类案检索的案件

综合上表5-4中的强制检索案件可以看出，强制检索基本要求是"提交法官会议、审委会讨论""合议庭成员意见分歧"等可以通过卷宗中材料或办案系统中录入的信息等进行准确识别的案件类型。例如，案件提交了专业法官会议讨论，卷宗中就应有法官会议记录；合议庭成员意见分歧通过阅读合

议庭笔录即可获悉等。当然，法官在办理案件时，根据需要也可以自行决定是否进行类案的识别与检索。

此外，其他检索识别适用情况主要有：

一是律师、当事人等诉讼参与人检索提示。类案检索是法学与信息高度结合的工作。诉讼参与人能够进行类案检索，一方面说明其具有一定法学素养，另一方面说明本案可能存在争议焦点难以在法条中找到"显而易见"的支撑，存在一定的"法律规则不明"的情形。此种情形也较容易通过卷宗中的开庭笔录、证据材料、起诉状等精确识别。各地实践中，除了法官的自发性检索外，一些地方法院鼓励当事人提供类案。[①]

二是在案件评查中识别。案件评查的本源目的即包含对案件被发改、提起再审的原因进行查找、分析、改进，通过案件评查，发现上下级法院的不同法官之间存在认识差异的案件，也就识别了"与类案裁判发生冲突"的情形，对此要将类案检索落实情况作为评查项目纳入案件评查工作中。

三是院庭长在监督管理中发现。院庭长监督管理权行使与强制类案检索在"疑难""涉众"等案件范围上存在重合，院庭长在行使监督管理权中就可以发现这一类别案件。《类案检索指导意见》第2条第3项的规定，相当于认可了院庭长对类案检索落实情况的监管权。

三、类案检索的顺位

类案识别是通过将案件事实标签化处理后，以事实要素是否相同为判断标准，将具有相同标签的案件进行比对识别。类案同判是一个更为复杂的过程，要综合考量案件事实要素、事实要素对判决结果影响的权重、社会情境、价值取舍等，其中可量化的因素一般从效力层级、地域范围、时间跨度、推送数量四个维度加以统筹。以待决案件为原点，对类案的参照效力进行权重层次分配，遵循的原则是越接近待决案件权重越大的规则。在效力层级、地

---

① 2018年，广东省深圳市南山区人民法院立案庭向前来立案的当事人发放《提供类似案例的温馨提示》，向当事人阐释类案价值、规范提供类案的流程、明确类案的选择范围等，该举措有利于构建良性的司法互动关系。2019年，四川省蒲江县人民法院探索"类案精准推送"机制，其中包括鼓励当事人提供类案，在立案、调解、法庭辩论环节鼓励双方当事人自己提供类案，法官结合案件基本情况进行甄别及释明，并引导当事人确定合理预期。

域范围、时间跨度、推送数量维度给类案赋予不同的参照权重,以此实现对类案能否适用、如何适用的量化分析。

一是效力层级维度。案例的效力层级对应权威的强弱,解决类案检索结果存在不同层级案例下法官如何遵从的问题。指导性案例的效力层级最高,权重最大。上级法院的案例虽无强制力,但由于审判监督权的存在,上级法院的裁判具有对下级法院的实质约束力。案例被选入典型案例、优秀案例、公报案例等可以作为调整权重指数的因素。

二是地域范围维度。地域范围对应判决地方化,解决法官对检索结果存在不同地域类案差别时如何契合的问题。法秩序的统一存在范围和层次的问题。首先需要保证本法院裁判尺度的统一,其次是本省市内裁判尺度的统一,最后是全国范围内裁判尺度的统一。区域间司法政策、资源情况、社会习俗、交易习惯等可以作为调整权重指数的因素。

三是时间跨度维度。时间跨度对应新旧理念变化,解决理念冲突该如何取舍的问题。时间越相近的案例理念越接近、社会情境地越相似,而当时间跨越到某一点时,相同的事情在前后可能获得不同的法律评价。理念共识、舆论民意、词项内涵外延变化可以作为调整权重数的因素。

四是推送数量维度。检索类案同类结果的多少反应司法实践对某一裁判观点的统一程度,同种结论的裁判数量越多,该结论的可参照力越强,法官的确信程度越高。推送数量维度综合调整同类规则权重。检索的类案为多个时,以上三个维度的案例仍具有重复的可能性,重复数量越多,表明某一裁判观点被接受的范围越广,裁判统一性越高,那么其对待决案件的参照效力则应当越强。因此,类案推送数量发挥正向增强参照的作用,某类裁判规则的权重评分应当相应的增加,增加分值 = 同类裁判规则案件数 / 类案检索目标案件总数。

五是调节因素。对以上四个维度进行量化处理较为可行,但却弹性不足,难以应对复杂的案情。在相应维度内加入有关的调节因素进一步达到对类案的分析,能够进一步辅助法官对差异性规则的提取。

结合上文的分析,类案检索遵循效力从高至低的原则:最高人民法院发布的指导性案例→最高人民法院发布的典型案例→最高人民法院裁判生效案例→省高级人民法院发布的参考性案例→省高级人民法院裁判生效案例→上级法院裁判生效案件→本级法院裁判生效案例。前述检索范围确定,实际上亦贯穿了一种原则：尽量选用有代表性的权威案例。这种代表性和权威性，并不是简单地以最高人民法院、生效判决、标注案号等作为标签。

另外，综合考虑类案的时效性及审判实践需要，《类案检索指导意见》明确了类案检索的时间范围，规定除指导性案例以外，优先检索近3年的案例或案件；而且，适当压缩了检索范围，规定已经在前一顺位中检索到类案的，可以不再进行检索。当然，这一规定属于倡导性的规定，只要有助于公正高效办理案件，必要时承办法官除检索近3年的案例或案件之外，也可以检索之前的案例或案件；在前一顺位中检索到类案的，也可以继续在后顺位中检索，甚至可以在全国其他辖区人民法院裁判生效的案件中进行检索。①

四、类案的效力等级

类案的适用效力根据案例发布主体和发布程序的不同，将从类案检索系统中检索到的案例分为以下几类：一是最高人民法院发布的指导性案例；二是最高人民法院发布的典型案例及裁判生效的案件；三是本省（自治区、直辖市）高级人民法院发布的参考性案例及裁判生效的案件；四是上一级人民法院及本院裁判生效的案件。除指导性案例以外，优先检索近三年的案例或者案件；已经在前一顺位中检索到类案的，可以不再进行检索。依案例的类别不同，其在类案参考中的适用效力也有所不同。

一是具有显性拘束力的案例，即最高人民法院发布的指导性案例。2010年11月，最高人民法院发布《关于案例指导工作的规定》（法发〔2010〕51号）第7条规定："最高人民法院发布的指导性案例，各级人民法院审判类似案例时应当参照。"2015年5月，最高人民法院发布《〈关于案例指导工作的规定〉实施细则》（法〔2015〕130号）第9条规定："各级人民法院正在审理的案件，在基本案情和法律适用方面，与最高人民法院发布的指导性案例相类似的，应当参照相关指导性案例的裁判要点作出裁判。"由此可见，《最高人民法院关于案例指导工作的规定》及其实施细则明确赋予了指导性案例的拘束力。

---

① 刘树德、胡继先：《〈关于统一法律适用加强类案检索的指导意见（试行）〉的理解与适用》，载《人民司法》2020年第9期。

二是具有强隐性拘束力的案例或案件，如《最高人民法院公报》发布的案例、其他典型案例及裁判生效的案件，本省（自治区、直辖市）高级人民法院发布的参考性案例及裁判生效的案件。此类案例或案件虽不具有指导性案例那样的拘束力，但由于上下级法院之间的审级关系和审判监督指导关系，这类案例或案件对本辖区法院具有很强的指导作用，因此法官在检索到类似案件时，通常会主动参照其观点对案件作出相似处理。

三是具有弱隐性拘束力的案件，即上一级人民法院及本院裁判生效的案件。此种案件代表了上一级法院及本院对类似案件的裁判意见，受审级制度及本院（专业）主审法官会议制度、审判委员会制度等因素的影响，一般会成为裁判案件的参考依据。

最高人民法院在2010年12月颁布的《关于规范上下级人民法院审判业务关系的若干意见》第9条规定，高级人民法院可以通过发布参考性案例对辖区内各级人民法院和专门人民法院的审判工作进行指导。可见，高级人民法院可以通过发布具有典型或指导意义的"参考性案例""精选案例"作为参考案例指引下级法院的审判工作。就效力层级而言，其不得与最高人民法院发布的指导性案例和公报案例相抵触，同时又优先于中级人民法院和基层人民法院的普通生效判决。在适用效力上，高级人民法院发布的参考性案例和精选案例对类案仅具有参考作用，并无强制参照的效力，法官在处理类似案件时，可以参考高级人民法院的参考性案例、精选案例所运用的裁判方法、裁判规则、法律思维、司法理念和法治精神。

各级法院的普通生效判决对待决案件仅具有参考作用，并不具有拘束力。当待决案件属于新型、复杂案件，现行法律出现模糊、空白、漏洞的情形，抑或现行法律规定明显滞后于社会现实难以适用时，法官可以通过类案检索系统检索到待决案件的相似案件，为法官审理待决案件提供借鉴，法官则对是否参照生效判决作出裁判享有自由裁量权，当法官参照生效判决对待决案件作出裁判的，该参照也并不会鲜明地体现在判决书中，而是非常隐形的，各级法院的普通生效判决的判决理由并不能直接作为裁判依据在待决案件的判决书中援引。当检索到的类案为本院或本部门作出的判决，法官也应当从执法统一角度看是否需要作出统一判决。

在参考各级法院的普通生效判决时，法官也应对这些生效判决进行考察，若存在以下情形的，应当不予参考：一是前后案件不同，包括社会及经济情况不同、判决可在不同背景下予以解释；二是先例的规则存在缺陷，如冲突的先例、错误的先例、过时的先例、疏忽作出的先例、无理由的先例等。实际上，我国司法实践中案例遵循的习惯客观存在，遵循上级法院的案例是保证法律统一适用和司法权威的必要条件，其作用及约束力自然而然地产生于司法的结构和过程中。

五、类案的适用原则

（一）类案结果的适用

《类案检索指导意见》第9条和第10条分别从诉讼参加人的裁判者和非裁判者两个角度明确了类案适用的原则，即类案为指导性案例的，人民法院应当参照作出裁判，但与新的法律、行政法规、司法解释相冲突或者为新的指导性案例所取代的除外；检索到其他类案的，人民法院可以作为作出裁判的参考。公诉机关、案件当事人及其辩护人、诉讼代理人等提交指导性案例作为控（诉）辩理由的，人民法院应当在裁判文书说理中回应是否参照并说明理由；提交其他类案作为控（诉）辩理由的，人民法院可以通过释明等方式予以回应。指导性案例作为法定应当参照适用的案例，具有优先适用的正当性。诉讼参与者的裁判者一方对类案中的指导性案例，此处规定是"应当参照"，属于强制性要求，除非有明确依据显示该案例已不应适用；对于其他类案，对法院的要求是"可以参考"。

诉讼参与人的非裁判者一方，提交包括指导性案例在内的类案作为控（诉）辩理由时，法院回应方式也作了要求：对指导性案例，是"应当回应"，且对是否参照说明理由；对其他类案，是"可以通过释明等方式予以回"。[①]

（二）分歧类案的处理

我们首先梳理一下法院系统关于分歧类案的处理规定（见表5-5）。

[①] 刘树德、胡继先：《〈关于统一法律适用加强类案检索的指导意见（试行）〉的理解与适用》，载《人民司法》2020年第9期。

表 5-5 关于分歧类案的处理

序号	文件名称	关于分歧类案的处理
1	《北京市高级人民法院关于类案及关联案件检索实施办法(试行)》(2020年9月修订)	(1)拟作出的裁判结果将与本院同类生效案件裁判尺度有明显差异或有冲突的,应当报告庭长,按照程序提交专业法官会议、审判委员会解决;(2)发现全市法院同类生效案件裁判尺度存在明显差异或存在冲突的,应当上报上级法院,启动统一法律适用机制;(3)对于没有同类生效案件,拟作出的裁判结果将形成新的裁判参考标准的,应当提交专业法官会议讨论,必要时按照程序提交审判委员会解决;(4)统一法律适用的案例、裁判规则、业务文件等,原则上应当与类案检索结果一致,不一致的应当在专业法官会议、审判委员会讨论时说明;(5)无法形成确定检索结果的,在合议庭合议、专业法官会议及审判委员会讨论时说明
2	《江西省高级人民法院关于统一裁判尺度加强类案及关联案件检索的实施意见(试行)》(赣高法〔2020〕136号,2020年12月1日起施行)	(1)本院同类生效裁判之间存在法律适用不一致或裁判尺度存在明显差异,或者待决案件拟作出的裁判结果与本院生效裁判确定的法律适用原则或裁判标准存在分歧,应当提交本院专业法官会议或审判委员会研究解决;(2)中级人民法院辖区内案件存在本条第(1)项情形,应当报请中级人民法院对口指导业务部门研究解决;(3)不同中级人民法院辖区之间案件存在本条第(1)项情形,或者待决案件拟作出的裁判结果与省高院生效裁判确定的法律适用原则或裁判标准存在分歧,应当逐级报请省高院对口指导业务部门统一研究解决
3	《天津法院关于开展关联案件和类案检索工作的指导意见(试行)》(津高法〔2020〕129号,2020年6月1日起施行)	经类案和关联案件检索,应根据具体情况按照下列规定办理:(1)有关联案件或高度类似案件在本院其他法官处审理,尚未结案的,应当就案件处理进行沟通,确保裁判尺度统一;经沟通后,无法达成一致意见的,由部门负责人提请分管院领导,召开专业(主审)法官会议研究;专业(主审)法官会议无法达成一致意见或多数意见,或者合议庭经复议后不同意专业(主审)法官会议的一致意见或多数意见的,由分管院长报请院长审批后,提请审判委员会研究。(2)有关联案件或高度类似案件在其他法院法官处审理,尚未结案的,应当报请部门负责人同意后与相关法院就案件处理进行沟通,

续表

序号	文件名称	关于分歧类案的处理
3	《天津法院关于开展关联案件和类案检索工作的指导意见（试行）》（津高法〔2020〕129号，2020年6月1日起施行）	确保裁判尺度统一；经沟通后，无法达成一致意见的，由部门负责人提请分管院领导，将有关情况报送共同的上级法院相关审判业务庭室研究处理。（3）拟作出的裁判结果与最高人民法院指导性案例、本市参考性案例、本院或对本院有监督指导权的上级法院同类生效案件裁判尺度一致的，在合议庭评议中作出说明后，按合议庭评议结论制作、签署裁判文书。（4）拟作出的裁判结果与最高人民法院指导性案例、本市参考性案例、原由本院审判委员会作出决定的案件裁判尺度存在显著差异的，应当提交专业（主审）法官会议讨论并梳理相关法律适用问题后，提请审判委员会讨论。（5）拟作出的裁判结果与本院或上级法院同类生效案件、关联生效案件裁判尺度存在显著差异的，应当提交专业（主审）法官会议讨论；合议庭或者独任法官根据专业（主审）法官会议讨论的意见对案件进行复议后与专业（主审）法官会议形成的多数意见不一致的，应当提请审判委员会讨论。（6）在办理新类型案件中，拟作出的裁判结果将形成新的裁判规则的，应当提交专业（主审）法官会议讨论，由院庭长决定是否提交审判委员会讨论。（7）发现本院同类生效案件裁判尺度存在重大差异的，应当报请部门负责人同意后通报审判管理部门，由审判管理部门配合相关审判业务庭室对法律适用问题进行梳理后提请审判委员会讨论

一般来讲，类案裁判产生冲突主要有两种情形：一是在先类案的裁判尺度之间存在冲突；二是待决案件拟作出的裁判结果与在先类案裁判的尺度存在冲突。在类案检索中发现类案裁判冲突时如何处理，这是困扰人民法院的一个难题。对于在先类案的裁判尺度之间存在冲突的，实际上是在先类案的法律适用不一致，这涉及法律适用分歧解决的问题。2019年10月28日正式施行的《最高人民法院关于建立法律适用分歧解决机制的实施办法》，对解决最高人民法院生效裁判之间业已存在的法律适用分歧问题提出了解决办法，为各高级人民法院解决法律适用分歧问题提供了很好的示范指导作用。与此相适应，《类案检索指导意见》设置了一个引致条款，规定检索到的类案存在

法律适用不一致的，人民法院可以综合法院层级、裁判时间、是否经审判委员会讨论等因素，依照《最高人民法院关于建立法律适用分歧解决机制的实施办法》等规定，通过法律适用分歧解决机制予以解决。

对于上述第二种情形，《最高人民法院司法责任制实施意见（试行）》第40条已有规定，主要内容：（1）在办理新类型案件中，拟作出的裁判结果将形成新的裁判尺度的，应当提交专业法官会议讨论，由院庭长决定或建议提交审判委员会讨论；（2）拟作出的裁判结果将改变本院同类生效案件裁判尺度的，应当报请庭长召集专业法官会议研究，就相关法律适用问题进行梳理后，呈报院长提交审判委员会讨论；（3）发现本院同类生效案件裁判尺度存在重大差异的，报请庭长研究后通报审判管理办公室，由审判管理办公室配合相关审判业务庭室对法律适用问题进行梳理后，呈报院长提交审判委员会讨论。这一规定对待决案件拟作出的裁判结果与在先类案裁判尺度存在冲突的处理程序、处理方法等予以明确，实践中取得了良好的效果。一些地方法院对此也作了尝试和探索，如2020年8月，湖南省高级人民法院印发的《关于规范法官裁量权行使保障裁判尺度统一的实施意见（试行）》第12条对此种情形的办理程序区分4种情形予以规定。这些制度、机制的建立，将有助于类案裁判冲突的解决，在更大程度上促进法律适用的统一。

六、背离适用的说明

构建案例背离报告制度，可以确保案例的有效实施，加强上级法院对下级法院审判工作的指导、监督，是完善我国案例指导制度的应有之义。早在2008年，北京市高级人民法院研究室撰写的《关于完善案例指导制度的调研》一文中提出了建立案例背离报告制度的观点，通过借鉴德国的背离判例报告制度，明确"不参照"典型案例时的法律后果，即当法院要背离先例另行判决时，应当逐级向发布典型案例的人民法院报告，阐述背离或反驳理由。直至今日，案例背离报告制度的地方实践仍有不足。构建具有中国特色的案例背离报告制度，需要注意以下三点内容：

第一，下级法院要背离先例另行判决时，必须向上级法院报告，此处的背离先例应理解为背离指导性案例，其他案例可以参照适用。此时，应当制作《案例背离适用报告》，其中详细阐述两案的要件事实、背离适用的决定性理由并报请分管领导提请本院审判委员讨论决定，并在裁判文书中阐述理由。判决生效后层报作出案例的法院。若检察官发现判决背离的情形，应向本院的检察委员会或上级的检察委员会报告，上级检察院认为如有必要，可通过类案监督程序向同级人民法院启动类案监督。

第二，背离典型案例原则和精神作出的判决，可以作为上诉、抗诉或申请再审的法定理由。可以有效督促法官对当事人引述的类案以恰当的方式回应，使案件审理更加严谨、公证。

第三，就司法管理的角度而言，对于背离典型案例原则和精神而导致裁判结果不公正的，可以对主审法官以错案追究其责任，与法官的目标责任挂钩。除上述措施之外，对于类案同判的完善，还需更紧密结合我国量刑规范化改革、案例指导制度、裁判文书公开等相关改革和制度。在坚持统一类案裁判尺度的同时，完善量刑实体规则和程序规则，规范法官刑罚裁量权，统一法律适用标准，兼顾实体正义与程序正义。

此外，不但要逐步完善全国范围内的判例数据库，还要真正做到符合公开条件的裁判文书全部公开，杜绝"选择性公开"的现象，实现阳光审判、透明司法，以使裁判尺度统一与其他司法改革相互促进，相得益彰。

第六章　类案检索报告的制作

类案检索报告既是类案检索结果及运用的重要表现形式，也是类案检索机制发挥作用的重要载体。2017年8月，最高人民法院发布《最高人民法院司法责任制实施意见（试行）》（法发〔2017〕20号），明确要求本院承办法官在审理案件时对相关类案进行检索并制作类案检索报告，为合议庭、主审法官会议、审判委员会研究讨论案件提供必要参考。2019年2月，最高人民法院发布《最高人民法院关于深化人民法院司法体制综合配套改革的意见——人民法院第五个五年改革纲要（2019—2023）》，进一步提出完善类案强制检索报告工作机制。在此基础上，《类案检索指导意见》结合审判工作实际，对类案检索报告的制作、内容及应用等作出进一步规定。

一、检索报告的制作要素

一份理想的类案检索报告必然是"形神兼具"的，即具备外在的形式规范与内在的行文逻辑。如前文所述，根据类案检索报告的受众不同，我们可以分为诉讼过程的对抗型、风险评估中的侧重型、知识分享中的讲解型三种类型，虽然这三种报告内容各有侧重，但符合客观性、全面性、准确性三项标准，是类案的"质检合格报告"。其中，客观性与全面性体现在报告的制作流程规范，准确性体现在类比分析合理、重点内容突出、检索结论安全。此外，注重以下划线、加粗等方式突出重点，制作报告目录，建立案例链接、二维码等细节问题，可以给类案检索报告增色。

首先梳理一下目前法院系统关于类案检索报格式要求的规定（见表6-1）。

表6-1 关于类案检索报告的格式要求

序号	文件名称	关于类案检索报告格式要求的规定
1	《北京市高级人民法院关于类案及关联案件检索实施办法（试行）》（2020年9月修订）	类案及关联案件检索时应当制作检索报告，检索报告应当包含检索要点、检索平台、检索路径、检索日期、检索结果、结果分析、拟作出的判决结果等内容。检索报告应当在合议庭合议、专业法官会议及审判委员会讨论时提交
2	《湖南省高级法院关于类案检索的实施意见（试行）》（湘高法发〔2020〕29号，2020年12月18日起施行）	分析式检索报告应标明类案案号、类案来源，摘取类案在基本事实认定、争议焦点归纳、法律适用等一方面或几方面的裁判要旨，并对与待决案件识别比对情况进行简要分析说明
3	《江西省高级人民法院关于统一裁判尺度加强类案及关联案件检索的实施意见（试行）》（赣高法〔2020〕136号，2020年12月1日起施行）	类案检索说明或报告应当客观、全面、准确，包括检索主体、时间、平台、方法、结果、类案裁判要点以及待决案件争议焦点等要素对比分析、是否参照适用及理由、其他需要说明的问题等内容
4	《辽宁省高级人民法院关于规范类案检索的若干规定》（辽高法〔2020〕89号，2020年7月24日起施行）	类案检索报告应当包括待决案件争议焦点、检索主体、检索时间、检索平台、检索方法、检索结果、类案裁判要点、运用情况及理由说明等内容
5	《天津法院关于开展关联案件和类案检索工作的指导意见（试行）》（津高法〔2020〕129号，2020年6月1日起施行）	拟提交审判委员会讨论的案件，检索报告应当包括待决案件争议焦点、检索主体、检索时间、检索平台、检索方法、检索结果、关联案件与类案的裁判要点、运用情况及理由说明等内容。未提交检索报告或者检索报告不符合要求的，审判委员会工作部门应当要求承办法官补充完善。拟提交专业（主审）法官会议讨论的案件，检索报告可以采用填充式、表格式等简略形式

（一）类案检索报告的形式要素

近年来，全国法院的案件数不断增加，法官办案压力加大，人案矛盾突出。考虑到这一审判工作实际，《类案检索指导意见》没有对制作类案检索报告作统一、强制的要求，而是明确类案检索情况既可以口头说明，也可以专门制作书面的类案检索报告，并随案归档备查，但无论采用哪种形式，都要力求客观、全面、准确。

（二）类案检索报告的内容要素

《类案检索指导意见》对类案检索报告的内容进行了详细的规定，要求检索报告应当包括检索主体、检索时间、检索平台、检索方法、检索结果，并对类案裁判要点以及待决案件争议焦点进行提炼，旨在真实反映类案检索的过程和结果。对此，一些地方法院制作了类案检索报告的模板，进一步明确了检索报告所应包括的内容。

对应当进行类案检索的案件，承办法官应当在合议庭评议、专业（主审）法官会议讨论及审理报告中对类案检索情况予以说明，或者制作专门的类案检索报告，并随案归档备查。类案检索情况的书面化要求，形式上是类案检索说明或检索报告，目的是做到有据可查，成为审判案卷材料的一部分。类案检索说明或者报告应当客观、全面、准确，包括检索主体、时间、平台、方法、结果，类案裁判要点以及待决案件争议焦点等内容，并对是否参照或者参考类案等结果运用情况予以分析说明。

上述规定，明确了承办法官是类案识别和比对的"经办人"。因为没有完全相同的案件，待决案件与检索结果之间，是否可以成为类案并运用到待决案件审判结果中，不可避免地受检索人、承办法官主观方面的影响，是对承办法院法律功底、知识储备、分析能力、技术运用的综合性检验。正是在此意义上，最终每个案件的裁判结果，能够经受法律逻辑及现实经验的检验，是否具有说服力，实际上是裁判智慧的体现，通过借鉴、参照类案裁判过程，是可以实现站在前人肩膀的效果的。承办法官在合议庭评议、专业（主审）法官会议讨论中需要报告类案检索情况，并对是否参照或者参考类案等结果的运用情况予以分析说明，这对案件的公正裁判、促进类案同判和法律的统一适用将起到非常重要的作用。

作为类案检索智力成果的检索说明或报告，客观中立、理性及检索的全面性、准确性系基本要求。检索条件描述中，应对检索主体、检索时间、检索平台、检索方法、检索结果作出说明。在对类案检索结果呈现方式上，实质内容上要进行提炼，包括对争议焦点及裁判要点的提炼；外在形式上，为更便捷传递信息，笔者认为，承办法官或当事人、代理人是可以采用图表方式将比对过程进行呈现，以清晰显示检索案件与待决案件在类案要素上的异同点。

综上，检索报告的制作要素，必须具备内容要素和形式要素，两个要素不可或缺（见图6-1）。

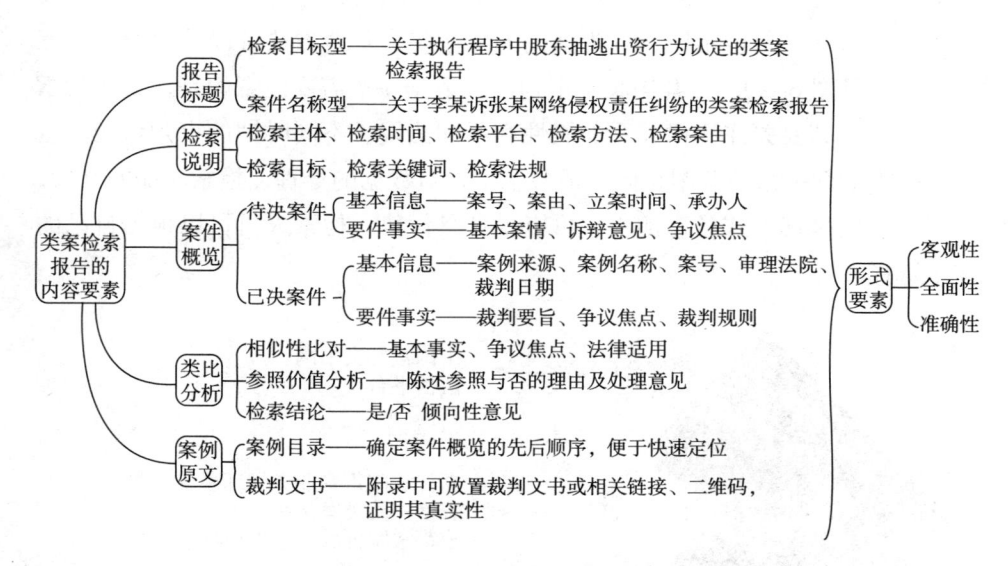

```
类案检索          ┌─ 报告标题 ─┬─ 检索目标型——关于执行程序中股东抽逃出资行为认定的类案
报告的            │            │              检索报告
内容要素          │            └─ 案件名称型——关于李某诉张某网络侵权责任纠纷的类案检索报告
                  ├─ 检索说明 ─┬─ 检索主体、检索时间、检索平台、检索方法、检索案由
                  │            └─ 检索目标、检索关键词、检索法规
                  ├─ 案件概览 ─┬─ 待决案件 ─┬─ 基本信息——案号、案由、立案时间、承办人
                  │            │            └─ 要件事实——基本案情、诉辩意见、争议焦点
                  │            └─ 已决案件 ─┬─ 基本信息——案例来源、案例名称、案号、审理法院、
                  │                         │              裁判日期
                  │                         └─ 要件事实——裁判要旨、争议焦点、裁判规则
                  ├─ 类比分析 ─┬─ 相似性比对——基本事实、争议焦点、法律适用
                  │            ├─ 参照价值分析——陈述参照与否的理由及处理意见
                  │            └─ 检索结论——是/否 倾向性意见
                  └─ 案例原文 ─┬─ 案例目录——确定案件概览的先后顺序，便于快速定位
                               └─ 裁判文书——附录中可放置裁判文书或相关链接、二维码，
                                              证明其真实性

形式要素：客观性、全面性、准确性
```

图 6-1 类案检索报告的制作要素

二、检索报告的制作方法

（一）选择合适的检索方式，灵活运用不同工具

《最高人民法院关于加快建设智慧法院的意见》中指出，要充分挖掘法律知识的潜力，利用类案智能推送对海量案件的事实、争议焦点以及法律适用进行理解学习。有针对性地选择检索数据库，是开启类案检索的第一步。现实中，法律检索数据库、工商信息检索库、各类政府官网等大量的法律检索

工具"渐欲迷人眼"。因此，选择合适的调研或检索方式可以使自己的法律调研工作事半功倍。

案例检索、法律法规的检索工具有很多，只要能检索到自己想要的信息、好用、顺手，便是好帮手。为避免后期检索混乱与结论不准确，选择合格的检索工具是关键。《类案检索指导意见》规定了"承办法官依托中国裁判文书网、审判案例数据库等进行类案检索，并对检索的真实性、准确性负责"。《最高人民法院司法责任制实施意见（试行）》也作出了相应规定。法官在审理案件时应当依托类案检索系统、档案系统、中国裁判文书网、"法信"、智审等，对法院已经审结或正在审理的类案与关联案件进行全面检索。按照类案检索平台承办单位不同，分为最高人民法院、各地方法院以及商业平台三种类型（见图6-2），三者均属于审判案例数据库。需要注意的是，案例检索过程中，尤其要关注法律关系的属性和不同法院、不同时期的审判口径。这些数据库的数据来源基本相同，但各个平台对数据的处理、检索功能的开发、检索结果的呈现方式各有侧重，可以说各具优势。检索人员可以根据自己的需求选择。

类案检索平台概览

最高人民法院
- 中国裁判文书网
- 法信平台

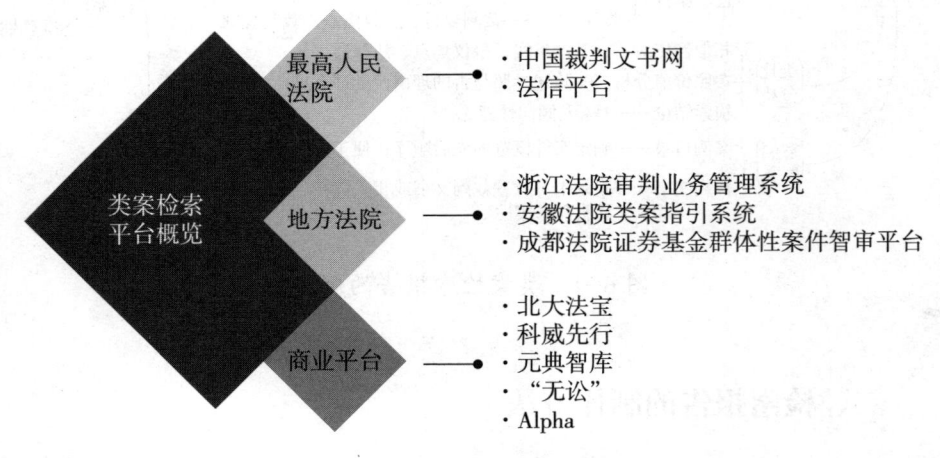

地方法院
- 浙江法院审判业务管理系统
- 安徽法院类案指引系统
- 成都法院证券基金群体性案件智审平台

商业平台
- 北大法宝
- 科威先行
- 元典智库
- "无讼"
- Alpha

图6-2　类案检平台概览

选择适当的检索方法，灵活运用案例检索、法规检索、数据分析、可视化等智能分析方法，根据实际需求有侧重地选取类案检索平台及检索方法，可以高效把握类案规则走向、地域裁判特点、法官的办案思路等信息。(1) 裁判文书检索，综合下载法律法规、同类案例、司法观点的，可以利用

Alpha 系统自带的"一键生成检索报告"功能；（2）司法观点检索，包括立法、司法、学术观点，可以利用 Alpha 司法观点、类案规则数据库，所得信息较为全面。优质微信文章的检索，推荐使用"搜狗微信"；（3）当事人信息检索，企业信息的查询，可在全国企业信用信息公示系统、企查查、天眼查、启信宝等工具（但不要盲目相信第三方网站，在尽职调查工作中仍应以国家官方网站为准）。

同时，除了有针对性地选择数据库以外，还应当找到具有权威性的裁判文书。此时，使用多个数据库综合验证，可以有效防止单一数据库自身存在的不足给检索结果的不良影响。

（二）以受众与检索目的为核心，清晰展现检索结果

首先，撰写前的必经工作——法规的时效性、观点、理论的权威性、第三方网站数据的真实性、案例是否经过二审或再审。此外，利用小工具梳理思路、提升可视化效果。在起草检索报告时，可以有选择地利用一些可视化工具，一方面可以帮助自己梳理思路，另一方面可以更加清晰、简洁地展示调研结果。通常会用 ProcessOn 来梳理案件发展脉络，制作法律关系图、时间轴；通过 XMind 设计调研报告的思路等。

其次，在撰写的过程中，其实有很多方法可循，在笔者看来主要有三大诀窍：（1）站在受众角度思考问题。一是开篇先回顾此次检索的背景和问题是什么？二是把受众最在乎的结论前置，使其一目了然。三是罗列和详细分析案例、司法观点、数据等。（2）法律调研≠法律研究。切忌学术风格浓烈，因为大段文字的论述和调研的完整充分性没多大关系，要凸显实操性。（3）检索过程注意留痕。如果是结论，是从何处获得的？如果是案例，案号和法院是什么？对检索过程的留痕不一定要完整地体现在报告中，但不意味着这项工作是不必要的。

最后，IRAC 可以理解为演绎推理方法。这个框架被称为"问题—规则—分析—结论"，"I"代表"issue"问题，"R"代表"Rule"规则，"A"代表"Analysis"分析，"C"代表"conclusion"结论。简言之，一个诉讼案件从法律问题出发，通过找到能够解决问题的法律规则（也可以是类案规则），通过分析应用于案件事实，进而得出法律结论。类案检索并不只是类案的堆积，而是应该通过类案了解类案与待办理案件之间的内在联系与差异，了解代理

思路、辩护思路，了解检察官的指控思路以及法官的裁判逻辑。在类案检索的过程中构建出五个要素："从案例背景中选择案例；从因素背景中选择因素；一套将因素与结果联系起来的规则；这些规则中的一组偏好；以及由规则内的因素所促进的对价值的偏好。"这就是在类案中找到解决问题方法的过程。以北大法宝为例，在检索完类案后，系统可以自动生成类案报告，用户可以在自动生成的报告基础上进行编辑，形成自己的案件说服证明论理体系。

三、检索报告的成果转化

首先梳理一下目前法院系统关于类案检索报告归档利用的相关规定（见表6-2）。

表6-2 关于类案检索报告的归档利用

序号	文件名称	关于类案检索报告的归档利用
1	《北京市高级人民法院关于类案及关联案件检索实施办法（试行）》（2020年9月修订）	法院定期对类案及关联案件检索工作进行梳理，通过典型案例、检索报告、裁判指引等方式总结审判经验，统一裁判标准
2	《湖南省高级法院关于类案检索的实施意见（试行）》（湘高法发〔2020〕29号，2020年12月18日起施行）	法院应当根据类案检索报告的不同载体，分别作为案卷正、副卷归档
3	《江西省高级人民法院关于统一裁判尺度加强类案及关联案件检索的实施意见（试行）》（赣高法〔2020〕136号，2020年12月1日起施行）	法官应将关联案件的检索情况在合议庭评议、专业法官会议、审判委员会讨论的汇报提纲或审理报告中予以说明，并入卷备查。法院应定期归纳整理类案及关联案件检索情况，并通过工作情况通报、专题分析报告等形式在本院或者本辖区法院予以公开，供法官办案参考
4	《辽宁省高级人民法院关于规范类案检索的若干规定》（辽高法〔2020〕89号，2020年7月24日起施行）	类案检索报告应当在实体卷宗及办案平台的电子卷中随案保留，归入副卷

续表

序号	文件名称	关于类案检索报告的归档利用
5	《天津法院关于开展关联案件和类案检索工作的指导意见（试行）》（津高法〔2020〕129号，2020年6月1日起施行）	检索报告可以作为审理报告的一部分，也可以单独制作，归入副卷

类案检索要真正发挥作用，最终需落实到检索结果的实际运用。在我国成文法体系中，类案本身不具有法源性质，没有法律上的拘束力，但事实上会对法官裁判案件存在一定的约束性和参考性。在这种情况下，类案检索结果如何应用，是一个非常关键的问题。对此，《类案检索指导意见》从程序和实体两个方面对类案检索结果的应用作出明确规定。

一方面，从程序上规定了法官的说明报告义务，要求承办法官对类案强制检索的案件，应当在合议庭评议、专业（主审）法官会议讨论及审理报告中对类案检索情况予以说明，或者制作专门的类案检索报告，并随案归档备查。同时，要求检索报告或者说明应当包括检索主体、时间、平台、方法、结果，类案裁判要点以及待决案件争议焦点等内容，做到客观、全面、准确。

另一方面，从实体上区分了两种情况：一是基于指导性案例的现实地位，规定检索到的类案为指导性案例的，人民法院应当参照作出裁判，但与新的法律、行政法规、司法解释相冲突或者为新的指导性案例所取代的除外；二是考虑到其他类案的参考借鉴价值，明确检索到其他类案的，人民法院可以作为作出裁判的参考。当然，检索出的类案是否可以作为裁判的参考，还需要合议庭或者独任法官斟酌类案的案情、审级、裁判要点、裁判时间等因素，作出综合判断。①

各级人民法院应当定期归纳整理类案检索报告，通过一定形式在本院或者辖区法院予以公开，供法官办案参考；同时，也可以将整理好的类案检索报告上传本院或者上级法院的检索平台，不断丰富审判案例数据库等检索平台的内容，方便法官更加高效地进行类案检索。

一是建立检索报告重复利用机制，提高类案裁判效率。类案及关联案件

---

① 刘树德、胡继先：《〈关于统一法律适用加强类案检索的指导意见（试行）〉的理解与适用》，载《人民司法》2020年第9期。

检索报告是法官是对类型案件或关联案件事实认定及法律适用方面进行全面分析后形成的报告，因此也具有一定的指引作用。法官应当在结案时将类案检索报告一并上传至办案平台，供其他法官参考适用。同时，不同诉讼主体基于案例的持续互动会使有效规则得以"浮现"，① 因此应当开发类案检索报告在平台内的交互评价功能，使类案及关联案件的检索报告会被不断地修正及补充，达到裁判尺度趋向全面、统一目标。

二是建立检索报告的有偿奖励机制，提高检索积极性。类案检索报告是法官知识经验汇聚的成果，但也增加了法官的额外负担，因此可借鉴优秀案例汇编稿费奖励机制，对撰写优秀类案检索报告的法官、法官助理提供有偿奖励，激励其检索积极性。

四、检索报告的样式

（一）检索报告的内容与格式

第一节　检索说明

一、检索主体

载明制作报告的律所及律师等代理人信息（法官和当事人检索同）。

二、检索时间

载明报告制作完成的时间。

三、检索平台

载明检索案例使用的数据库。如通过出版物检索案例，应当注明出版物的名称、出版社、出版年份、版次等信息。

四、检索方法

载明报告使用的检索方法。

特别提示：根据各个律所的文件规范，在页眉处可添加待决案件相关信息，如案号等。

第二节　检索目标

载明待决案件需要检索的争议法律问题。

---

① 顾培东：《判例自发性运用现象的生成与效应》，载《法学研究》2018年第2期。

特别提示：

1. 对于争议焦点的归纳应当结合待决案件的事实，不能增加、减少、改变争议焦点的前提和条件；

2. 本部分应当使用规范用语，力求做到准确、精练；

3. 如检索目标有多个，应当分别罗列并排序。

第三节　检索结果

载明报告检索案例经分析后得出的结论。

特别提示：如检索目标有多个，应当按照检索目标的顺序排列检索结果。

第四节　检索内容

载明案例基本信息、基本案情及裁判要旨。

1. ×××与×××案【案号：（20××）最高法民终××号】(《最高人民法院公报》××年第×期案例）

【基本案情】

【裁判要旨】

特别提示：

1. 案件名称以中国裁判文书网载明的名称为准；

2. 基本案情可以进行归纳，在描述准确的基础上应当力求精简；

3. 裁判要旨重点部分可以加粗或用下划线提示翻阅者重点关注，并可注明在附件中案例全文的页码；

4. 案件原则上以本指引第三条顺位由高到低，裁判时间由近及远的顺序排列。

第五节　附件

本部分为报告的案例全文。

特别提示：

1. 所附案例建议通过中国裁判文书网下载PDF版本，如无背景水印，则可打印网页版本；

2. 所附案例应当按照报告主文载明的案例顺序进行排列；

3. 律师可将重点部分进行高亮处理。如案例较多，附件可设置目录并制作标签，便于翻阅人查找。

（二）检索报告的范例

类案检索报告（一）

一、检索说明

检索主体：××律师事务所【 】律师

检索时间：××年××月××日

检索平台：【中国裁判文书网、无讼案例、威科先行……】

检索方法：【法条关联法、关键词检索法、主体关联检索法……】

二、检索目标（待决案件争议法律问题）

1.……

2.……

三、检索结果

1.……

2.……

四、检索内容（类案裁判要点）

1.×××与×××案【案号：（20××）最高法民终××号】（《最高人民法院公报》××年第×期案例）

【基本案情】

……

【裁判要旨】

（见附件第××页）

2.……

类案检索报告（二）①

一、关联案件检索情况

（概括写明自网上办案平台检索到的关联案件情况，是否本院在审或审结，是否涉及其他法院在审或审结。）

二、对本案影响情况

（概括写明检索到的关联案件是否与本案属于相似案件，与本案有何不同，是否会对本案审理产生影响。）

---

① 参见《天津法院关于开展关联案件和类案检索工作的指导意见（试行）》（津高法〔2020〕129号，2020年6月1日起施行）。

关于××案的类案检索情况报告

一、案件的争议焦点

（概括写明待检索案件的争议焦点，列明存在适用争议的具体法律的名称和条文内容。）

二、类案检索情况

（一）检索主体、时间、平台及范围

（详细写明类案检索主体、时间、使用的平台和检索范围，平台如有不同栏目的应注明栏目，如"法信"有类案检索和跨库检索等不同栏目。）

（二）检索的具体方法

（列明检索的关键词、地域、审级、裁判时间等检索条件。）

（三）检索到的类案基本情况

（写明类案的检索结果，如未查询到类案的，可以注明无检索结果。）

1.指导性案例类案检索情况；

2.《最高人民法院公报》上三年以内刊登的案例类案检索情况；

3.参考性案例类案检索情况；

4.上级人民法院和本院三年以内裁判生效的案件检索情况；

5.其他类似案例的检索情况；

6.其他需要说明的情况。

（指导性案例及参考性案例的类案检索情况需列明相关案例的裁判要点和类似案情；《最高人民法院公报》刊登案例的类案检索情况应列明相关案例的刊登时间、裁判要旨和简要案情；上级人民法院和本院三年以内裁判生效的案件的检索情况应列明相关类案的简要案情和争议问题的裁判方向。根据《天津法院关于开展关联案件和类案检索工作的指导意见（试行）》第8条的规定，在进行类案检索时，法官应按照该条第1款第1项至第5项的顺序依次检索，如果在先次序检索发现类案，可不再进行后续检索。如果类案较多，可列明案件数量，抽取一定数量有代表性的案件，分别说明案件情况，建议使用表格列明，案情复杂的分段列明。）

三、对本案裁判结果的参照价值或影响因素

（着重比较检索出的关联案件、类案与本案的异同点，以及对本案裁判的参考性，在处理意见部分可就此提出案件的处理意见；如检索出的案件裁判方向差异较大，应分别列明，在陈述处理意见时，应说明理由，并在报告附件中附上不同裁判方向的典型案件。)

（一）类案参照价值分析

（二）本案处理意见

类案检索报告（三）①

待决案件概述	案号		案由	
	立案时间		承办人	
	争议焦点或法律适用问题			
检索案例概述	检索人员		检索时间	检索平台
	案例名称		案号	
	审理法院		裁判时间	
	案例范围（勾选）	最高人民法院发布的指导性案例（　）；最高人民法院发布的典型案例及裁判生效的案件（　）；本省（自治区、直辖市）高级人民法院发布的参考性案例及裁判生效的案件（　）；上一级人民法院及本院裁判生效的案件（　）		
	裁判要点	裁判要点如下：×××××× 案例原文（裁判文书附后）		
	类案较多时可加行			
检索结论	是否参照			
	拟参照的案例名称			
	参照/不参照的理由			

检索案例原文

……案刑事判决书/裁定书

……案民事判决书/裁定书

……案行政判决书/裁定书

……

---

① 参见《江西省高级人民法院关于统一裁判尺度加强类案及关联案件检索的实施意见（试行）》(赣高法〔2020〕136号，2020年12月1日起施行）。

类案检索报告（四）

		关于网络购物中商品错误标价的类案检索报告		
检索说明	检索主体	北京互联网法院		
	检索平台	中国裁判文书网、"法信"		
	检索日期	2021年3月15日		
	检索目标	1. 网络购物中商品错误标价的合同效力认定 2. 网络购物中商品错误标价的责任承担规则		
本案概述	案号	邓某某与B公司网络购物合同纠纷	案由	（2021）京0491民初0000号
	立案时间	2021年3月1日	承办人	李华
	基本案情	原告邓某某在B网购平台以每盒5元的价格购买坚果礼盒300件，共支付1500元。被告B平台辩称每盒坚果市场价为199元，以商品错误标价为由拒绝发货，故原告张某某诉至法院要求平台继续发货		
	争议焦点或法律适用问题	1.网络购物中商品错误标价的签订的电子合同是否成立；2.B公司单方取消订单的问题是否导致合同解除；3.B公司是否应当承担违约责任		
在先案例一	案例名称	万某与淘蜜贸易公司、京东公司网络购物合同纠纷	案号	（2019）京0491民初29233号
	审理法院	北京互联网法院	裁判时间	2019年10月30日
	案例范围	"法信"	案例审级	一审
	基本案情	原告万某以261元价格购买全自动麻将桌一台。被告京东平台认为商品为标价错误，原价值为2000多元且原告万某为恶意缔约，故拒绝发货，故原告万某诉至法院要求平台继续发货		
	裁判要点	1.原告万某与淘蜜贸易公司的涉案网购合同，是双方真实意思表示，且不违反法律、行政法规的强制性规定，应为有效。2.万某的行为有违诚信原则，被告以不发货的行为和明确要求原告申请退款的表示，致使合同目的不能实现，原被告之间的合同可以解除。3.应当返还原告已支付货款261元并赔偿相应货款的利息		

法官说：案例检索与类案判决

续表

在先案例二	案例名称	王某某与北京寺库公司网络购物合同纠纷	案号	（2019）京02民终14444号
	审理法院	北京市第二中级人民法院	裁判时间	2019年12月26日
	案例范围	中国裁判文书网	案例审级	二审（维持原判）
	基本案情	原告王某某在寺库平台以每件860元的价格购买27件高尔夫球杆，寺库公司认为订单价值与实际价值相差巨大，以商品错误标价为由拒绝发货，故原告王某某诉至法院要求寺库公司继续发货		
	裁判要点	1. 王某某与寺库公司之间的合同为共同约定，依据约定可知实物商品出库时，合同方能成立。但本案中商品未达到时间节点，故合同未成立。2. 在合同未成立的情况下，应当承担缔约过失责任，寺库公司以标价错误为由未发货，致使合同未成立，寺库公司存在过错，赔偿范围以信赖利益损失为限		
在先案例三	案例名称	张某某与春绚公司网络购物合同纠纷	案号	（2020）苏05民终6314号
	审理法院	苏州市中级人民法院	裁判时间	2020年9月29日
	案例范围	中国裁判文书网	案例审级	二审（维持原判）
	基本案情	原告张某某以单价3656元价格在被告春绚店铺中购买床垫3张，春绚公司认为5989元为商品原价值，以商品错误标价为由拒绝发货，故原告张某某要求因春绚公司违约解除合同并赔偿损失		
	裁判要点	1. 双方同意解除合同，一审法院确认涉案合同解除符合法律规定。2. 被告春绚公司发现价格标错后，第一时间向京东平台报备，并与原告联系作出解释，能够印证被告确实存在价格设置错误的情况，并非欺诈行为或恶意违约。3. 原告对该合同未能履行并无过错，应由被告承担违约责任，赔偿原告造成的损失，参照原告购买床垫时的正常活动价与被告同款商品历史最低价的差额确定原告未能正常交易产生的损失，考虑到被告不存在主观过错，可以适当减轻违约责任		

续表

法律分析	待决案件和在先案件均属于在网络购物中商品标注价值低于实际价值的错误标价行为，导致卖方拒绝发货的事实情况	1.关于涉案网购合同是否成立的问题。从在先案例中可知，原告的下单行为属于"要约"抑或"要约邀请"是裁判的逻辑原点。而《用户注册协议》是双方的共同约定，其中关于订立合同的条款，判定合同成立与否的关键。通常来讲，合同属于双方真实意思表示，且不违反法律、行政法规的强制性规定，即为有效。本案中，原告邓某某与京东公司签订的《用户注册协议》属于格式合同，其第3条规定"本网站上销售商展示的商品和价格等信息仅仅是要约邀请"。而《电子商务法》第49条规定了"电子商务经营者不得以格式条款等方式约定消费者支付价款后合同不成立，格式条款等含有该内容的，其内容无效"。在此，应当作通常理解，涉案商品的信息展示为要约，邓某某的下单行为为承诺，涉案合同已成立。2.现原告邓某某已经向被告京东公司支付了货款，有权要求被告继续履行合同。如允许平台利用其优势地位单方面取消订单、解除合同，有违诚信原则和公平原则，有损交易安全价值，此时，被告京东公司作为违约方没有法定的合同解除权，涉案合同已成立生效。3.B公司发现商品标价错误后已将商品紧急下架并通知邓某某，被告B公司以不发货的行为和同意退款的表示，致使合同目的不能实现，原被告之间的合同可以解除，由被告承担违约责任，从京东公司的行为看，非欺诈行为或恶意违约，可以适当减轻违约责任

第七章　个案边际事实差异

类案检索的研究应当充分考虑案件的个案差异,而且很多个案受特定社会环境的影响,如司法环境、舆论环境、政策环境等,有的学者将其统称为"个案边际事实"。如果纯粹从理论法学上来分析什么是个案边际事实,边际事实与裁判的关系等问题,只是从理论到理论、从逻辑到逻辑,很难得出一个令人信服的结论。法学是实践理性,是经世致用的学问,必须能够回答现实问题。

一、个案正义与类案统一

实践中,仍有不少法官偏离类案经验和规则而作出不同判决的现象,与以往类案不同判引发的质疑不同,不少个案却引来公众的赞许,实现了个案实质正义。由此可见,案件审理是一个综合运用法律知识、经验法则、裁判技巧、解释法律的裁判过程,裁判者虽必须受到法律法规的约束,但并不意味着机械地适用法律而不作任何价值判断。类案检索本质上是为法官配备最佳智能"办案助手",而绝不是替代法官办案,更不是让机器人"独立办案"。概括来讲,类案检索嵌入价值判断的解决路径是在闭合性逻辑原理基础上,通过个案与类案的偏离预警,运用综合价值判断以摆脱法律形式逻辑禁锢,从而实现个案公平正义的过程。[①] 为此,在法官办案数量高位运行的情况下,类案检索制度在型塑统一裁判尺度的同时,需防止为追求效率而出现类案盲从,且应当兼具型塑个案正义之功能。法官在类案检索中,需要进行类案结果的反向校验,发现个案边际事实差异。

---

① 谷昌豪、高新峰:《类案检索如何发挥作用》,载《人民法院报》2019年1月17日,第2版。

二、个案边际事实的发现

笔者梳理了部分法院的个案裁判中边际事实因素的样本（见表7-1）。

表7-1 个案裁判中边际事实因素样本描述①

类型	案件	案件审理情况			边际事实	介入形式	事实认定与判决表述
1	沈阳"黑道老大"刘某案	辽宁省铁岭市中级人民法院一审判处死刑立即执行	辽宁省高级人民法院二审改判死刑缓期二年执行	最高人民法院提审后改判死刑立即执行	社会背景	刘某系黑社会首领，大众对二审判决书中较为含糊的内容产生怀疑	原二审判决定罪准确，但认定"不能从根本上排除公安机关在侦查过程中存在刑讯逼供情况"，与再审庭审质证查明的事实不符；原二审判决"鉴于其犯罪的事实、性质、情节和对于社会的危害程度以及本案的具体情况"，对刘某所犯故意伤害罪的量刑予以改判的理由不能成立，应予纠正
2	泸州张某某遗赠纠纷案	泸州纳溪区人民法院认定遗嘱无效，判决驳回原告张某某的诉讼请求。张某某不服提起上诉，二审维持原判			风情民俗	遗嘱遗赠的合法性与肯定"包二奶"行为对合法婚姻家庭的侵害和对公序良俗的冲击	遗赠人黄某某的遗赠行为虽系黄某某的真实意思表示，但其内容和目的违反了法律规定和公序良俗，损害了社会公德，破坏了公共秩序，应属无效民事行为

---

① 案件来源：中国裁判文书网。5个典型案例的案号依次为（2003）刑提字第5号、（2001）泸民一终字621号、（2017）津01刑终41号、（2017）内08刑再1号、（2017）鲁刑终151号。

法官说：案例检索与类案判决

续表

类型	案件	案件审理情况		边际事实	介入形式	事实认定与判决表述
3	天津赵某某气枪判刑案	天津市河北区人民法院一审以非法持有枪支罪，判处赵某某有期徒刑三年六个月	天津市第一中级人民法院二审改判赵某某有期徒刑三年，缓刑三年	社会背景、民情风俗	仿真枪入刑标准是否存在违法科学认知、刑事处罚与社会危害性的匹配度是否合理	综合考虑赵某某非法持有的枪支均刚刚达到枪支认定标准，犯罪行为的社会危害相对较小，其非法持有枪支的目的是从事经营，主观恶性、人身危险性相对较低
4	内蒙古王某某收购玉米案	巴彦淖尔市临河区人民法院一审以非法经营罪判处有期徒刑一年缓刑二年，并处罚金2万元	巴彦淖尔市中级人民法院再审，依法撤销原审判决，改判王某某无罪	社会背景、民情风俗	法律规范是否能够正视农村实际情况（众多"王某某"们，发挥着北方农村产粮区流通基础的作用）	其行为违反了当时的国家粮食流通管理有关规定，但尚未达到严重扰乱市场秩序的危害程度，不具备与《刑法》第225条规定的非法经营罪相当的社会危害性和刑事处罚的必要性
5	聊城于某故意伤害案	聊城市中级人民法院一审以故意伤害罪判处于某无期徒刑，剥夺政治权利终身	山东省高级人民法院二审撤销一审刑事部分，于某犯故意伤害罪，判处有期徒刑五年	前因后果、传统文化	法律条文与人情的关系；司法与伦理的冲突	基于于某的行为属于正当防卫，于某归案后能够如实供述主要罪行，且被害方有以恶劣手段侮辱于某之母的严重过错等情节，对于某依法应当减轻处罚

（一）边际事实的蕴涵

1. 边际事实的样本描述

一个案件的审判，不仅要关注案件本身的事实，还要注意分析案件发生的深层原因，深入了解和把握与案件有关的社会背景、前因后果、传统文化、民情风俗等边际事实。从这个角度讲，边际事实不同于案件基本事实。但如图 7-1 中个案所展示的图景形象能够激发公众的想象，他们把个案中展示出来的图景作为思维的材料依据。并与他们的日常经验结合在一起，这种经验是早就以某种"主题元素"的形式存在于群体的思想之中，[①] 集中反映了边际事实要素在影响裁判中的特殊价值与作用。

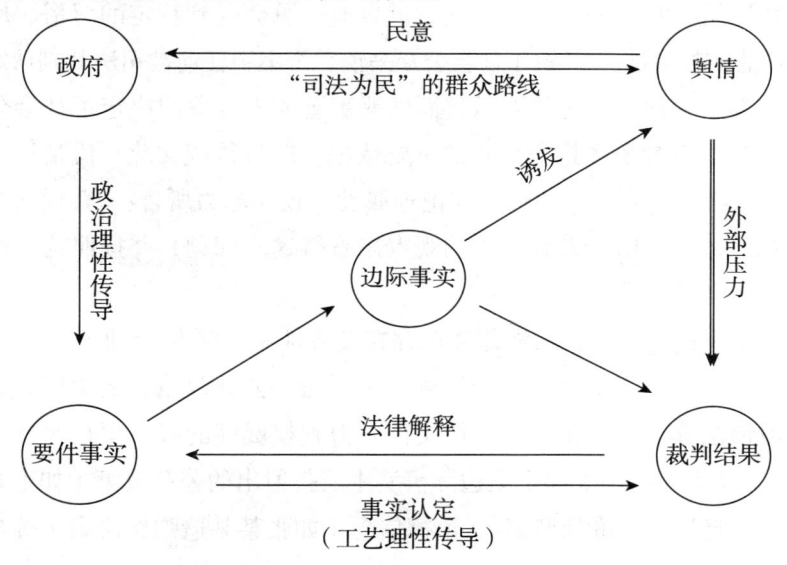

图 7-1 个案边际事实与司法的互动模式

2. 边际事实的蕴含提炼

司法裁判的认识过程具有鲜明社会历史属性，它所追求的是被特定历史时期的特定文化群体认可的"实然层面的"具有可接受性的事实，是与特定的社会历史条件和特定的文化信念密切相连的"真实"。[②] 从这个意义上讲，社会背景、前因后果、传统文化、民情风俗等与案件相关的边际事实进入裁

[①] 孙笑侠：《公案的民意、主题与信息对称》，载《中国法学》2010 年第 3 期。
[②] 吴宏耀：《诉讼认识论纲——以司法裁判中的事实认定为中心》，北京大学出版社 2008 年版，第 5 页。

判有其固有土壤，边际事实应具备以下蕴涵：

（1）个案边际事实与裁判事实具有一定关联性（相关性）。裁判事实是个案裁判中作为裁判者判决的基础事实和核心事实，如在刑事案件中表现为定罪事实和量刑事实，民事、行政案件中涉及责任认定、责任比例等事实。而边际事实则集中在纠纷形成的起因或者隐含在案件背后的一些未被法律化的事实，是与案件有关的社会背景、前因后果、传统文化、民情风俗等，它依附于案件本身，属于"客观存在的案件事实"，但并非必然会通过法律规范传导为"认定的案件事实"。

（2）个案边际事实的内容具有道德性和伦理性（道德性）。"谁也不会以一种质朴原始的眼光来看世界。他看世界时，总会受到特定的习俗、风俗和思想方式的剪裁编排。"[①] 对于社会公众来说，个案中任何被司法裁判认定的社会事实，都是一种善与恶的展示，而惩恶彰善的人性取向决定了社会公众自觉地以善恶作为对个案是非判断的重要依据。况且传统文化、民情风俗、社会背景等本身即具有强烈的道德和伦理属性。正如苏力所言："普通人更习惯于将问题道德化，用好人和坏人的观点来看待这个问题，并按照这一模式来要求法律作出回应。"[②]

（3）个案边际事实多与法律渊源存在契合性（法源性）。非正式渊源如正义标准、推理和思考事物本质的原则、衡平法、公共政策、道德信念、社会倾向和习惯法等，尚未在正式法律文件中得到权威性的或至少是明文的阐述与体现。[③] 从表7-1中5起个案边际事实中所折射出的公共政策（如王某某收购玉米案、赵某某气枪判刑案）、道德信念（如张某某遗赠纠纷案）等与现有法律评价存在的争议与冲突。

（4）个案边际事实易对裁判形成多元角力作用（博弈性）。从表7-1中5起个案中，我们可以看出，个案边际事实已成为案件核心事实之外影响司法裁判结果的重要因素。个案边际事实或者边际因素所体现的民主、民本等公众属性，极易引起其他力量（公众、媒体、为政者等）通过舆论、意见等形

---

① [美]露丝·本尼迪克特：《文化模式》，王炜等译，三联书店出版社1988年版，第5页。
② 苏力：《基层法院审判委员会制度的考察及思考》，载《北大法律评论》（第1卷第2辑），法律出版社1999年版，第353页。
③ [美]E.博登海默：《法理学：法律哲学与法律方法》，邓正来译，中国政法大学出版社2001年版，第414~415页。

式，形成共同意志、共同话语和合力关系，加入司法裁判的博弈，与司法裁判的技术理性产生角力作用，进而在各种力量的共同作用下，司法裁判结果被迫产生了一定的变化（如王某某收购玉米案、赵某某气枪判刑案等）。

（二）边际事实能否进入司法：裁判的正当性和合理性考量

在当前中国的特定情境下，如何将个案边际事实纳入司法裁量仍然面临重重疑虑。在法条主义看来，由于法律的正义已经包含在法条之中，因此，司法审判过程就像并且应当像售货机一样，一边输入法条和事实，一边输出判决。[①]然而，成文法不可避免地会存在不周延性、不确定性、滞后性、不合目的性等缺陷。英美证据法学者则一般认为，在司法裁判活动中，发现真实固然是一种重要的价值，但是，却并非唯一的价值；相反，发现真实的追求往往受到其他社会价值和需求的牵制甚至是限制。恰如达马斯卡所言，对事实真相的追求仅仅是司法裁判活动的一部分；促进发现真实的那些价值，必须与法律程序的其他相反方向的需求（如社会和平、个人尊严、裁判的安定性、诉讼成本）达成一种平衡。这就特别需要司法裁判者在事实认定和适用法律过程中，避免僵化地、片面地、孤立地适用法律，在法律规范的框架内，以裁判事实为基础，充分考虑个案的特殊性和裁判结果对社会公众的导向作用。

再从裁判的合理性要求看，司法判决要获得体现社会公众的普遍认同，取决于司法判决自身的技术性和伦理性。所谓司法判决的伦理性，是指裁判过程和判决结果与社会主流价值观的嵌合度，它是一个判决能够成为好的判决的重要条件。[②]这也意味着要想使特定案件的裁判达到良好的效果，除考虑法律之外，还必须考虑社会背景、前因后果、传统文化、民情风俗等个案的边际因素。也就是说，法官需要通过事实认定、法律评价等裁判过程、裁判方法来取舍边际事实，以此作为自己裁判合理化的依据。如果不考虑司法裁判的合理化，其裁判结果一定难以被社会民众所接受，就会产生违背民意的后果。

[①] ［德］马克斯·韦伯：《论经济与社会中的法律》，张乃根译，中国大百科全书出版社1998年版，第62页。

[②] 所谓司法判决的技术性，是指判决适用程序法与实体法的精确度，它是一个好的判决的基础和保证。参见贺小荣：《司法判决与社会认同》，载《人民司法·应用》2008年第7期。

（三）小结

综上，笔者认为个案边际事实是集中在纠纷形成的起因或者隐含在案件背后的一些未被法律化的事实，主要包括与案件有关的社会背景、前因后果、传统文化、民情风俗等，它依附于案件本身，应当用来检验事实认定过程是否连贯和有效，以及在法官认为法律适用有争议、没有可适用的法条或事实和法条之间难以建立有效联系时，裁判的正当性和结果的合理性。

三、个案边际事实的问题

（一）现状分析

2015年10月12日，《最高人民法院关于在人民法院工作中培育和践行社会主义核心价值观的若干意见》中明确规定，要坚持实体公正与程序公正并重，处理各类诉讼案件，要坚决做到认定事实清楚，适用法律正确，裁判结果公正，切实增强司法裁判的可接受性和被认同性。倡导、培育和维护公序良俗，通过具体案件的处理引领良好的社会风尚。可以说，在宏观的制度和理念层面，司法对个案中边际事实是予以了高度的重视，试图回应、吸纳其在司法裁判中的特殊价值。

在个案审判中，法官虽未对个案边际事实进行系统地要素化整理，但对其复杂的社会因素传导出的舆论、信访等敏感性风险，早已给予了充分的重视。笔者在B市M区法院调查中发现，该院的《重点案件审理规则》《重大敏感案（事）件处置工作管理办法》中明确规定："在分案过程中，应当对案件级别进行甄别判断，重点案件用星号标明"，在诉讼过程中出现媒体关注度高、自由裁量权较大等上述情形的承办法官发现后应启动相应机制。

（二）存在的问题

当前的审判实践中，部分法院虽然对个案边际事实的特殊价值给予了充分的重视，但如何发现和运用边际事实时却仍存在以下问题：

一是缺乏必要的论理（论证）衔接，导致部分裁判的形式合法性不足。

法院的功能定位决定其必然以裁判的形式合法性为优先考量。① 然而在实践中，却存在部分法院为了使判决结果符合社会的可接受性，追寻实质的合理性，而忽略形式合法性。如以风情民俗等边缘事实判断法律行为无效的，不是依照具体的法律规范，而是在法律本身的价值体系（公共秩序）和法律外部的伦理秩序（善良风俗），不是为了伦理秩序的完善而使道德义务转化为法律义务，而是为了不使法律行为因为法律规定的机械和僵化而违反法律本身体系和外部伦理体系。②

二是侧重于案件风险的外围防控，缺少司法公共理性的培养视角。实践中，对于一些敏感、复杂案件审理过程中，裁判者更多侧重案件舆论、案件信访压力等角度去防控风险。

三是边际事实的地位和作用模糊，缺乏要素化提取和技艺固化。司法实践中，有的法院对个案边际事实的要素化整理和审判技艺理性固化缺乏足够认识和理论储备。但是，个案中哪些是案件的边际事实？如何甄别以及发挥其特殊作用的途径均没有统一的认识。

（三）小结

多年来，以司法专业化为核心的审判方式改革中，以证据规则、法律适用、定罪量刑等司法技术为主要内容的技艺理性不断发展。如何养成法官的公共理性，③ 从而保持司法克制主义立场、提高司法产品的可公共化性，修饬目的理性、保持沟通理性、吸纳社会共识的作用，成为司法难题。

笔者认为个案边际事实的甄别、吸纳和合理化运用是保障裁判在法理、事理、情理的范围内，正确行使自由裁量权，将个案事实所展现的公共理性体现在裁判中，增强裁判公信力，实现裁判的社会效果的正当途径。

---

① 褚国建：《法院如何回应民意：一种法学方法论上的解决方案》，载《浙江社会科学》2010年第3期。
② 王泽鉴：《民法总则》，中国政法大学出版社2008年版，第289页。
③ 公共理性意味着公民在那些事关支配自己社会立场的基本（或完备性）学说之间达成了"重叠共识"。参见［美］约翰·罗尔斯：《政治自由主义》，万俊人译，译林出版社2000年版，第225~226页。

四、个案边际事实的运用

当然，本文提倡个案中运用边际事实，并非指直接将边际事实作为裁判依据，而是应该在立法授权范围内，依据法律、参考可以归入或涵摄归入的边际事实，进行法律推理和法律论证，进而作出裁判。甄别和运用个案边际事实不能突破现有司法体系的框架，必须遵循科学的裁判方法和严格的制度要求，以保证个案边际事实运用的程序、过程和结果合法。

（一）个案边际事实的采集、甄别、吸纳

1. 个案边际事实的采集

区别于传统要件事实的认定过程，实践中针对法律事实认定难、法律适用难、影响力大的个案，首先要做好边际事实的采集：（1）案件背景事实。包括个案背景事实与发生争议的背景事实。主要包括案件（时间、地点、人物等）客观要素上的个案特征。（2）案件关节点事实。在案件事实认定出现疑难之时，审查相关的前因后果、来龙去脉的关节点事实。（3）案件情理事实。情理即人情、道理，主要指个案事实所依托的社会认知背景下折射出的传统文化、民情风俗等，情理事实是一种处于流动发展之中的存在，其中的个体认知能力也因此呈现明显的历史属性。[①]

2. 个案边际事实的甄别

即使是对于案件客观真实性的认识也不意味着再现案件的细枝末节。只是主体所达到的对案件事实的一定层次的认识，这个认识止于具有法律意义的事实和情节，[②]而边际事实则主要指纠纷形成的起因或者隐含在案件背后的一些未被法律化的事实，应具有以下参照标准（见图7-2）：（1）与案件有关但不会对案件产生实质影响的事实，能够帮助了解案件全貌，提供更全面的参考；（2）对纠纷化解能起到推动、辅助裁判文书说理的作用；（3）案件核心事实简单、粗略，能起到补充阐述、扩充说明的作用；（4）认定案件事实的诸多形成证据链条的证据之一或几种被隐匿，能够辅助法院进行推理

---

① 吴宏耀：《诉讼认识论纲——以司法裁判中的事实认定为中心》，北京大学出版社2008年版，第49页。

② 魏晓娜：《刑事证明标准的两个维度》，载何家弘主编：《证据法论坛》（第3卷），中国检察出版社2001年版，第134页。

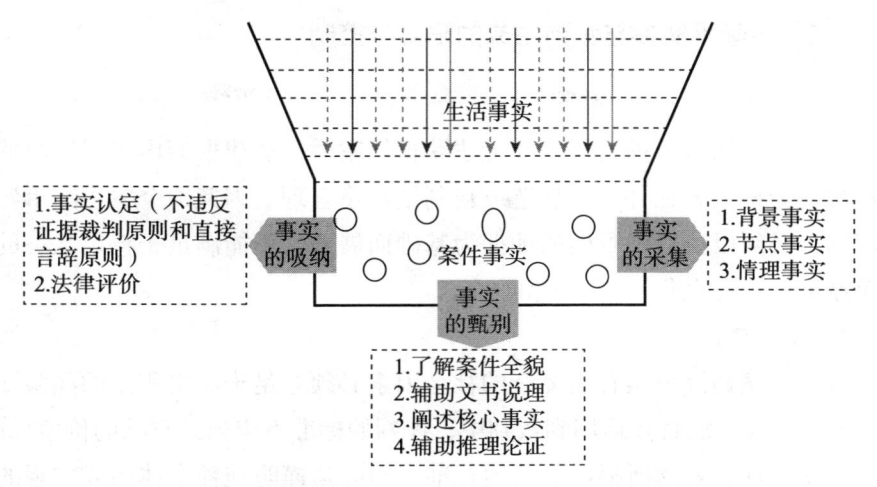

图 7-2　个案边际事实的甄别过程

判断、解释论证。

3. 个案边际事实的吸纳

社会认知背景为置身其中的不同个体就特定认知对象达成共识提供了现实的基础和可能,而且这种达成共识的可能因分享社会认知背景程度的不同而得以加强或削弱。① 大致上,个案边际事实进入司法裁判的过程主要有两个部分(见图 7-3):(1)事实认定。对案件事实的认定,不能无边际地考量边缘事实,否则将违反证据裁判原则和直接言词原则。(2)法律评价。对所认定的案件事实予以法律评价,可以考量个案边际事实因素,但也须具备一定的前提性条件。

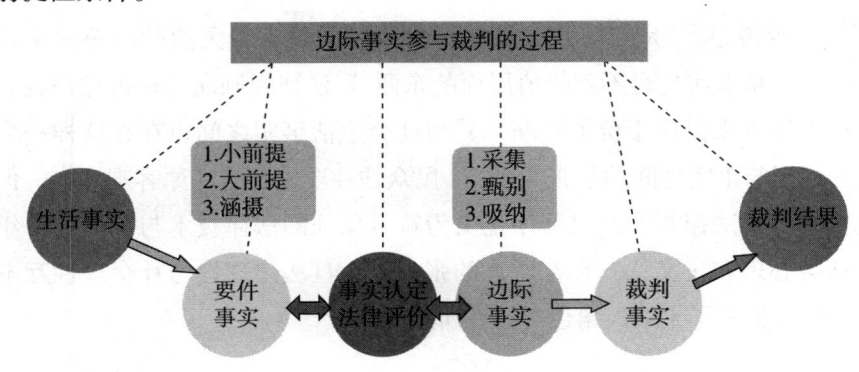

图 7-3　个案边际事实的吸纳过程

---

① [德] 罗伯特·阿列克西:《法律论证理论》,舒国滢译,中国法制出版社 2002 年版,第 13 页。

（二）边际事实参与裁判生成的限度与控制

1. 法庭视野

实践中，法官机械适用法律无法获得答案时，法律框架内可以解决的问题却被人为地搁置在外，容易造成裁判结果不合理。因此，个案边际事实参与裁判，必须以法庭视野内的证据为基础而展开，不能满足于特定状态的证据而停止对证据的进一步调查和收集。

2. 公共理性

判断个案边际事实背后复杂的社会因素必须立足于历史积淀的经验知识基础上。因此，法官在运用到裁判中，评判的标准不应当是自己的价值标准，而是在阅读社会观念所揭示的价值标准，即必须谨防纯粹个体的或主观的价值论，[①] 通过包括法律解释、经验分析、社会学理解等法律认可的形式最大限度地利用来规范，甄别不合理或消除这些因素的不良影响，通过司法的公共理性，强化裁判的论证说理。

3. 程序限定

在个案边际事实中提炼相对普遍的因素形成一套相对固定的判断和消解标准。根据法律文本应有的含义来适用，防止法官为达到不正当目的而故意曲解法律。这类因素尤其是在职权模式逐渐弱化的民事案件中更值得进一步规范和优化。

（三）边际事实在法官公共理性养成中的可行通道

休谟曾说过："是与应该、事实与价值之间是有着天然的沟壑。从是得不到应该、从事实也得不到价值层面的东西。"法律规则属于规范性命题。因此，从本质上来讲属于价值判断，其与社会生活事实之间也存在这样一个鸿沟——规则与事实之间的紧张关系。[②] 民众往往要求法官还原客观真实，但客观真实不等于法律真实，以程序正义为符号象征的法律技术与我国数千年积淀的社会心理和正义认知存在巨大的张力。一旦法律理性与社会理性互不相容，信任就失去了土壤，角色对峙在所难免。

---

① ［美］卡多佐：《法律的成长——法律科学的悖论》，董炯、彭冰译，中国法制出版社2002年版，第125页。

② 高鸿钧：《法范式与合法性：哈贝马斯法现代性理论评析》，载《中外法学》2002年第6期。

在裁判理念养成上，突出对裁判所追求的社会主义核心价值进行考量，做到价值合理性与裁判合法性的有机统一。裁判者尽管是一种个性化存在，但只要有可能，有能力的法官就会使用判断标准，这些标准是以整个法律与社会秩序、和提供给法官的原始资料为基础的，这些原始资料渊源于传统、社会习俗和时代的一般精神。在诸多情形下，上述渊源的伸缩性，使法官又可能对其所作的判决的预期结果加以考虑。①

在法律思维养成上，一方面要遵循法律共同体所共享的法律教义原理和解释方法，在裁判中体现法教义体系的一致性、融贯性，体现法律的自洽性；另一方面要考虑法律以外的政治、道德、民众情感以及社会文化的维度，从实际的法民关系出发，综合考虑法律教义与社会价值诉求，通过法律的检验和转换，给出足以体现和容纳民情的最小扰动法律的判决理由。

实际上，法官在裁判具体案件中，存在为自己的裁判结果找寻法理上正当化理由的强烈动机。②当在法律框架内预设结论后，除去案件核心事实的认定，涉及事实认定类因素等情形的交代，就帮助了法官对案件全貌的认识和把握，最终以更符合法律表达习惯（严谨）和法律思维逻辑结构（与法条的结合）的方式在裁判文书中呈现（见图7-4）。可以说，它们为法官往返预设结论和事实之间以验证结论的充分性提供了很好的支撑，强化了说理论证。③

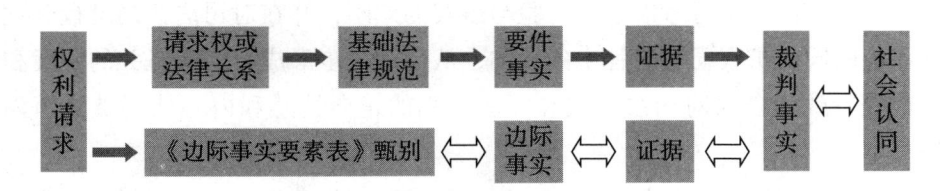

图 7-4　个案边际事实参与下的司法裁判

---

① ［美］E. 博登海默：《法理学——法哲学及其方法》，邓正来、姬敬武译，华夏出版社1987年版，第484页。
② ［日］棚濑孝雄：《纠纷的解决与审判制度》，王亚新译，中国政法大学出版社1994年版，第166页。
③ 熊毅、方明航：《裁判中影响2015年版因素的类型化及其规制》，载贺荣主编：《司法体制改革与民商事法律适用问题研究——全国法院第26届学术讨论会获奖论文集》，人民法院出版社2015年版，第963页。

（四）小结

司法裁判的核心追求在于"努力让人民群众在每一个司法案件中感受到公平正义"。公众对于裁判的认同既是司法裁判之标准，又是良法善治之结果。案件不是孤立存在的个体，而是各个事实因素相互交织、共同作用的结果。边际事实作为影响行为发生的客观因素，对准确把握案件事实与依法公正裁判而言至关重要。中国是一个有着丰富传统文化基础的国家，天理、国法、人情都是扎根于人们心中的正义理念，反映的是社会的普遍正义，其实质就是民心。个案边际事实运用，就是要把法律专业判断与民众朴素认知结合起来，并将抽象的法律规范适用到具体的案件裁判中去，以严谨的法理彰显司法的理性，以公认的情理展示司法的良知，推动裁判兼顾天理、国法与人情，真正实现社会公众对裁判的真诚认同。

法治情感是公众在原有法治认知基础上形成的一种对现实法治关系和法治行为的爱憎好恶的情感态度。公众对个案裁判的基本态度来源于其对法治的先验情感，这种先验情感是在特定社会背景下经过长期实践所形成的。在案件具体审理过程中，个体通过新媒体"麦克风"围观、点评热点案件，并提出意见质疑和诉求主张。然而实践中，由于媒体报道负面化标签化倾向、司法机关回应不够及时等种种因素，公众在集体想象、敏感情绪、偏执心理的影响下，往往不再考虑个案经验与事实的差距，并在对司法裁判进行非理性评价的同时扩大司法过程中的缺陷，从而进一步形成对司法机关的质疑和不信任，致使公众对司法机关和司法裁判的正向情感和内心认同被逐渐消解。①

因此，司法内在的开放性和个案边际事实的复杂性，决定了司法裁判者要重视对社情民意的听取和采纳。但同时司法的独立性和专业性，也决定了裁判者不能一味迎合公众意见，需要对理性意见和非理性意见进行区分并在舆论声音中保持良好"定力"。公众理性意见来源于司法价值的独立判断和日常法治活动的心理体验，因此需要营造良好的法治实践氛围，让公众能够以实际行动获取切身法治认知与情感，在案件审判中感受到公平正义，从而促进公众形成多元价值基础上的裁判共识与认同。

---

① 马长山：《公共领域兴起与法治变革》，人民出版社2016年版，第206页。

下篇

第八章 类案运用的现实问题

"法律旨在创设一种正义的社会秩序。"法律通过要求人们按照一定的方式为或不为一定的行为，并告知相应行为的法律后果，使人们对特定行为及其相应法律后果有所预判，以实现对人的行为的规制，促进社会的有序和稳定。而法律的该项功能的发挥则有赖于法的确定性的维护，使社会主体的行为受到统一有序的法律规则的约束。法律的确定性包含两个维度，一是法律规则的确定性，二是司法裁判的确定性。法律规则的确定性要求法律必须具有稳定性和明确性，不能朝令夕改，不得模棱两可。司法裁判的确定性则要求对基本相同的案件作出基本相同的判决。统一裁判尺度至少在三个层面上发挥价值：一是从权力输出转向权威生成，缩减了权力寻租的空间，有力维护司法权威；二是当事人可以预判结果的前提下，可以充分发挥法律的引导价值；三是"类案同判"是最直观的公平正义，如若要求普通民众对法律解释、法律适用作出中肯的理解，可能是有难度的，但是类案不同判一定不符合社会民众最朴素的正义观。因此，统一法律适用可以发挥法的秩序价值。

然而，我国当前司法实践中，类案不同判的现象时有发生，由于成文法具有滞后性、原则性的特点，对于一些新型、疑难案件，尚无明确的法律依据，或因法律条文较为抽象、概括，法官需要依靠其自身的审判经验选择合适的法律法规并作出相应的司法裁判，又由于我国法官在专业素质和审判经验方面各不相同，不同的法官对有些相同或相类似的案件可能存在不同的认识。

法官说： 案例检索与类案判决

一、类案不同判问题分析

"统一法律适用标准是维护国家法制统一、实现依法治国的根本要求。"裁判不一致，极大地损害了司法的公正性，也不利于司法公信力的维护。当前，类案统一法律适用仍面临诸多问题。

一是"类案不同判"影响因素仍然存在。在司法实践中，有些案件的性质类型相同或者类似，但判决结果却不尽相同。因为当事人举证能力存在差异、法官对法律规范的理解和同类案件事实认定上存在差别、审判的业务庭和合议庭不同等，都可能成为影响类案不同处理的重要原因。诸如司法前见、事实裁剪、经验参与、观念辐射、结果导向等司法隐性知识广泛地存在于案件裁判的各个环节中，并在司法案件中有它特定的位置。[①] 同类案件由不同的业务庭、不同的合议庭或不同的独任审判员审理，有可能产生不同的看法和认识，出现不同的判决结果。因此，建议进一步落实司法责任制，从制度上防止出现"类案不同判"问题，让人民群众感受到公平正义。

二是类比推理的开放性难达共识。一般而言，法官处理待决案件进行演绎推理遵循的是封闭逻辑，当作为大前提的法律规范缺失、模糊、歧义时，这一推理模式即难以确保结论准确。演绎推理是事实涵射于规范之中的结论，具有形式上逻辑的正确性，是一个从已知到已知的过程。但对于个案的具体性与情境性，难以获得实质意义的正确结论。拉伦茨认为基于正义的要求，同类事物应当作相同处理。类比推理却是开放性逻辑，可以对演绎推理的前提进行证成，弥合法律的安定性与实质正义之间的鸿沟，弥补了演绎推理的缺陷。但作为成文法国家，我们没有"遵循先例原则"的传统，也缺乏类比推理运用的惯性和技艺。演绎推理的思维训练在我国法学教育中长期以来占主导地位，将类案检索结果转换为待决案件的裁判规则需要综合运用演绎推理与类比推理，在缺乏类比逻辑训练的前提下，难以运用类比推理论证规则识别类案。

---

① 胡学军、涂书田：《司法裁判中的隐性知识论纲》，载《现代法学》2010年第5期。隐性知识的概念由英国学者迈克尔·波兰尼提出，是指除了可以被语言等加以描述的知识之外，还存在我们在行动中所拥有但却难以被语言精确表述的知识，这类知识即为隐性知识。法官思维是一个巨大的储存库，其中既包含丰富的法律专业知识、大量的法律规范，也容纳了大量从司法实践中积累的经验、技术以及从个人独特经历中形成的认知理念。

三是个体偏好的隐蔽性难被发现。"司法经验与技术是法官司法智慧的结晶，揭示的是司法裁判的内在规律。"类案检索制度要求法官寻找类案并将司法经验与技术凝聚为一种适合待决案件的裁判指南。但是在法官作出裁决时，一些公知但却尚未被意识到的道德或者政治理论却可能在裁判中占据主导地位，法官对公共政策的直觉甚至他所持有的偏见所起的作用也可能大于演绎推理所起的作用，即裁决的恰当性"并不取决于演绎逻辑，而是取决于对政策和正义的考虑"。①

二、缓解审判压力需求作用发挥不足

对于类案的查找和参照无须法律法规的强制性规定，法官对类案检索具有天然的驱动力，这就是案例的自发性运用。

法官为什么选择类案检索，或者重视类案检索的作用？具体而言，一方面，借鉴类案的审理思路以指导待决案件的审理符合一般法官的思维特点。在审理新型、复杂案件或其他难以明确具体裁判思路的案件时，法官也会倾向于找到相类似的案件以借鉴其他法官的处理思路和理由，若缺少便捷高效的案例检索系统，法官难免要花费不少信息搜寻成本。另一方面，司法实践中法院审理案件作出裁判必然会考虑上级法院关于类似案件的生效裁判，否则会面临判决被改判或撤销的风险，法官为了减少改发案件的数量，也需要在无法独自厘清裁判思路时借鉴类似生效案件的裁判理由。为规避检索结论与待决案件拟作结论相矛盾引起的复杂报告程序，法官难免选择规避启动程序的结果。

目前，法律人工智能正处于发展的初级阶段，技术的不完善以及数据质量的良莠不齐，造成了类案检索效率仍有待提高。一方面，有些检索技术智能不足。具体表现在有些检索结果数量多、范围广、参照价值低。一是有些检索标签不规范。关键词是连接匹配类案的纽带，有些检索平台虽然广泛应用关键词检索技术，但对案例本身争议焦点归纳后的"取词"不规范、不统一，案例本身的结构化程度较低直接导致了检索结果不准确。二是有些案例

---

① [美] E. 博登海默：《法理学：法律哲学与法律方法》，邓正来译，中国政法大学出版社2001年版，第515页。

来源不详尽，检索到的案例权威度、二审法院是否改判、是否为生效判决均不易分辨，需要法官根据需求进一步核验。另一方面，检索技巧运用不足。高效地使用检索系统是一个不断摸索适应的过程，如对关键词检索位置的细化等检索技术的掌握，这些技术性要求对初次使用者来说难度较大，因为没有把握这些技术规则，导致了检索效率不高。有些法官尚未能熟练掌握类案检索的技能，在多次无果而终的尝试之后，他们会得出"性价比"不高的结论，进而放弃使用。[①]

三、案例指导制度效果有待完善

以"统一司法尺度，准确适用法律"为初衷建立的案例指导制度仍未达到其建立之初设想的预期。最高人民法院发布的指导性案例作为一种特殊的案例，既是一种供参考的在先裁判文书，更重要的是包含着法律适用规则或法律解释方法，是对我国成文立法固有缺陷的有益补充。然而，指导性案例在案例检索方面仍有待进一步完善：

一是案例指导制度的定位有待进一步明确。案例指导制度由最高人民法院颁布，指导性案例由最高人民法院遴选。目前，仅由人民法院出台的这一项制度由于缺乏最高权力机关的相关制度规定，很难统一到现有的法律体系中去。因此，案例指导制度定位不明晰的问题，使得基层的司法工作人员在适用这一制度时，缺乏足够的信心。

二是指导性案例的数量及规范化有待进一步提高。相比于社会中存在的法律问题，指导性案例在数量上自然是不够的。而在范围上，指导性案例中有一半以上都是民法案例，刑法和行政法相关的指导性案例相对较少。只有一定数量的指导性案例作为依托，法官才能拥有一定的样本，进而提高自己对案例指导制度的把握水平，真正把案例指导工作运用到自己的司法工作中去。已经颁布的指导性案例涉及我们社会生活的各个方面，虽然覆盖面极为庞大，但是案例数却较少，案例发布的间隔时间也比较长，因此有待进一步提高指导性案例的数量。

[①] 曹磊、刘晓燕：《类案检索应用的困境与破解——以助力法官裁决及文书撰写为视角》，载《中国应用法学》2021年第5期。

四、现行案例数据库系统问题分析

检索平台是通过自动识别技术、人工标注录入等方式将裁判文书所包含的关键信息"移送"到网上,然而有些案例并没有进行除标准裁判文书格式要求外的编排,缺少可供识别的标签。加之案例发布渠道众多,在浩如烟海的案例中准确全面地找到目标案例并非易事。在检索过程中,经常会出现检索关键词过于宏大导致目标案例数量过多,或关键词过于限缩而出现未能获取目标案例的情形。检索的数据库不同,会出现用同样的关键词检索出范围、数量不同案例的情形。输入的关键词和案例文书中的词组高度匹配将会被确定为相似案例。然而,法律为求明确、安定及受限于文字与见识,在不断地概念化之下,会造成概念和用语的窄化、割裂。[①]

现行的案例数据库存在以下问题:一是检索平台在关键词检索技术层面仍然存在不足,对案例要素的专业化解构不深入,比如争议焦点的归纳不规范,导致检索结果与精准定位存在偏差。二是相同的关键词在不同平台检索的结果范围不统一,足以说明各类平台挂接的数据库不同。可以说,类案检索平台在实践中的应用仍有待进一步完善。

(一)类案检索工具不成熟

当前我国可以进行类案检索的平台较多,如中国裁判文书网、北大法宝、"法信"平台、审判案例数据库等。有些平台的案例资源没有经过科学有效的整合,导致类案检索结果过于多样,达不到统一法律适用之目的。例如,我们常用的某案例检索平台,可提供案件类型、案由、全文检索、法院名称、法律依据等多种检索途径。在查找类似案例时,常用的是案由检索和全文检索功能。在使用案由检索时,由于同一案由下有非常大数量的裁判文书,致使检索结果不够精准。这就还要辅以全文关键词检索。但全文检索的结果常常是,关键词较长或者输入条数较多时,检索结果常常为零,而使用较简短的关键词或者较少数量的关键词时,检索结果又非常多,包含大量不相似的无用信息,需要从中逐篇阅读并筛选出类似案例,这一过程要耗费较多的

---

① 曹磊、刘晓燕:《类案检索应用的困境与破解——以助力法官裁决及文书撰写为视角》,载《中国应用法学》2021 年第 5 期。

精力。

目前，类案检索平台较多、各具优势，检索平台也向智能类推的实践方向发展。"若将待决案件为法律关系清晰、裁判思路明确、法官多次处理的简单案件，实际上类案推送的意义不大，法官无须查阅系统推送的任何类案即可审结。相反，若待决案件为新类型案件或疑难复杂案件，那么现有的类案推送系统又常常无法满足法官需求"，出现了简单案件供过于求，疑难复杂案件供不应求的尴尬局面，这促使类案检索技术有待进一步提升。

（二）类案检索技术的体系不够完善

目前，类案识别是按照构建知识图谱、分解案件事实结构、比对要素标签的技术路径，对类案进行量化分析，搭建类案之间的形式逻辑。可以说，案件要素化、结构化、量化分析是智能化的前置程序。然而，运用于类案检索的技术短板导致类案识别结果偏离。

一是标签设置偏离。要素识别是通过对案件标签的精确化处理实现的。在数据转换阶段，对要素的识别准确率要求较高，提取的案件要素需要兼具法理性与逻辑性。为实现要素识别，需要事先将裁判文书标签化处理并嵌于一套法律思维的逻辑框架体系之中，搭建以案由为基础的庞大法律知识图谱，即分门别类—确认标签—嵌套匹配。

案件要素是对案件事实的抽取，也就是打上法律知识标签的数据，对案件进行要素化处理是构建知识图谱的基础。如果把知识图谱比作框架，案件要素就是装在框架中的内容，两者就是法律知识融合的过程。但在要素识别中事先设置的事实标签必然存在要素设置不合理、要素设置滞后、要素设置空白等问题。在设置数据标签和法律知识图谱的过程中，存在算法设计者司法认知不足、从事标签数据的人员不具备法学背景等问题，导致数据的法律性不足。同时，存在新类型案件要素化滞后等问题。随着社会关系的进一步发展，新类型法律关系不断涌现，新类案裁判文书也不在少数，对于该类案件文书的识别，因为要素化识别的前置要求而存在固有的滞后性。对于要素前置以法律关系为要素标签图谱的识别模式，这部分内容存在新内容识别要素空白及法律知识图谱空白的问题。特别是新类型案件，案件事实在之前未有所闻，类案检索发挥功能更为有限。例如，冷冻胚胎继承权纠纷案、代孕子女抚养权案，这在生物技术实现之前实属空白。此外，还存在法律本身是抽象的，要素的设置需要围绕事实和法律条文来进行，而事实本身很难被科学地标签化。例如，两片树叶从树叶这一类别来说是相同的，但如果谈及轮廓、叶脉又可能是不同的，对事实的判断往往带有个人因素，因此事实认定是裁判者的裁量范畴。

二是算法算力偏离。可以从两个层面理解：一方面是数据提取困难。困于算法和算力，通过人工智能对上网裁判文书信息逻辑层面的深层次挖掘尚且不足、大量的裁判文书还未实现高质量的信息化处理，仍存在大量的非结构化数据及复杂结构的数据没有进行深度处理，以及一些冗余数据没有被排除。这是由于案件事实和法律适用因复杂的人为因素而变化多元，文书书写并不等同于法律的精准复刻，裁判的作出也不等同于简单的三段论，[①] 以及法律表述与日常用语的复杂多样。另一方面，目前的类案检索要素识别方式主要是结构化识别，集中针对案件事实、法律的特定词汇的识别归纳，而欠缺对类案要素进行层次化归纳，复杂事实的逻辑概括、裁判思路的提取是要素识别仍然是类案检索算法面临的一大难题。

为了方便理解，我们举个例子，一份判决书的主体段落结构包括当事人信息、诉辩意见、证据出示、查明事实、本院认为以及判项，我们可以根据不同结构提取不同的事实，在当事人信息部分提取当事人姓名，在诉辩意见部分提取被诉侵权行为，在判项中提取适用法条，这就是结构化识别。而技术欠缺的是对案件进行深层归纳：一方面是从段落到语句，如在案件事实认定段落，在盗窃前识别出教唆一词，自动关联至盗窃罪的加重情形标签；另一方面是从事实到情形，我们很容易根据案件事实区分买卖合同还是借款合同，但目前的算法难以支持不同案件个性化的类案识别需求，例如，根据事先设置的标签 A 来识别文书中的事实 a 和 A 是否一致，但并不能判断事实 b+c 是否等于 A。例如，甲持器械对乙实施暴力劫取财产，是典型的抢劫行为。那么，甲在与乙吃饭时用迷药迷晕乙并劫取财产，是否属于抢劫行为。在结构化识别下，器械 + 暴力 + 劫取财产 = 抢劫，那么在我们输入第二种情形时，是否可以推导出迷药 + 劫取财产 = 抢劫呢？目前，相关个性化识别技术仍需推进。裁判思路识别方面，不能简洁明了地概括文书中的法律适用依据和审理规则，不论是对法官参考还是调研而言仍需花费大量精力进行人工

[①] 邹碧华：《审判要件九步法》，法律出版社 2014 年版，第 163 页。

梳理。

尤其是自 2016 年 8 月 22 日，最高人民法院印发《关于在人民法院工作中培育和践行社会主义核心价值观的若干意见》并每年发布 10 个典型案例以来，深化了社会主义核心价值观对司法裁判的导引，以期实现案例在指导、评价、引领公民行为方式方面的独有价值。基于此，在裁判文书中增加价值判断、价值观论述内容的文书也不在少数，对算法的逻辑识别提出了更高的要求。

三是数据分析偏离推送。在数据采集阶段文书偏离及数据转换阶段的要素偏离之后，数据分析阶段所要实现的类案推送已经出现了不可避免的基础偏离。在基础数据库已经偏离的前提下，数据分析阶段还存在推送的偏离。在我国成文法背景下，法源所要解决的是法官去哪里寻找法律大前提的问题，而裁判文书本身并不具备法源的效力。类案检索也就因此出现参照意义不清晰、约束力不足的问题。

在实践中，法官将类案作为司法裁判参考的主要原因分为三种，分别源于类案的制度性权威、事实性权威与说服性权威。其中，类案的制度性权威来自于裁判活动的制度性框架，在我国目前"法制定与法适用"相区分的二元框架下，具备制度性权威的案例仅指具备规范指引的最高人民法院的指导性案例，其法源地位在学界讨论较多，[1]加之指导性案例已成为司法裁判中基于附属的制度性权威并具有弱规范拘束力的裁判依据，应具备"准法源"的地位，[2]具有来自外部制度的弱规范约束力，实践中应当参照适用；类案的事实性权威来自特定司法机关在司法系统中事实上所处的地位，也就是下级法院在综合考量审级机制、上诉制度、错案追究制度、法官考评机制等的情况下，因内部制度而选择对上级法院发布的参阅案例、其他案例进行参照，这种参照不具备立法机关层级的制度约束力，但具有法院系统内部事实上的约束力；类案的说服性权威来自法官自己的选择，部分法官会因赞同其他辖区法院或下级法院的相关判决说理而在裁判时参照运用，对该类案件的参照适用是法

---

[1] 学者论证的主要路径有两种：一是法官是否将其作为裁判依据；二是法律是否认可其作为裁判依据。相较而言，前者基于司法立场，从司法上对指导性案例的实际运用进行判断；后者则是基于立法立场，以法律是否许可为依据。

[2] 《人民法院组织法》第 18 条规定："最高人民法院可以对属于审判工作中具体应用法律的问题进行解释。最高人民法院可以发布指导性案例。"

官自由裁量的空间，非制度或事实强加。据此，对类案进行参照或参考的效力来源呈现层级化分布，事实上形成了"最高人民法院指导性案例—上级法院在本辖区发布的参阅案例、同类案例—同级别法院发布的同类案例"的三层参照效力。但在类案检索的推送参阅过程中，法官群体出现了优先参阅本院裁判和优先参阅上级法院裁判两类，分别是由于不同法院之间统一法律适用的阶段性目标不同，前者是为了统一本院内的法律适用，后者则是为了统一地区内的法律适用。但对裁判文书作为参照对象的规范不足就使得从类案推送到适用的阶段中因约束力不明确而出现偏离。

目前的类案推送尚不能完全根据法官的使用需求，分别提供不同类别的深度检索服务，实现精准对应需求推送类案。以案由、争议事实等为标签进行检索后，搜索结果仍然是整段文书，且由于推送精准度不足，法官还需根据自身需求对文书进行再次解析，筛选准确可用信息。例如，需参考以服装材质瑕疵认定销售者欺诈的裁判思路，法官需要用"服装材质""欺诈"为标签进行初步检索，对检索后的整篇文书，法官还需要进一步对文书中蕴含的裁判经验和思路进行梳理。

（三）类案检索结果不够精准

1. 识别结果不精确

一是识别结果有误。例如，适用某检索平台检索"不当得利纠纷"案例时，该平台对起诉书记载的内容进行识别后推送的案例与不当得利纠纷并无太大关联。究其原因，该平台虽然可对扫描后上传到电脑的文书进行OCR识别和关键词匹配，但OCR识别和关键词匹配的样本为起诉书，由于起诉书记载的内容无"不当得利纠纷"等关键词，故该平台未推送与不当得利纠纷直接相关的案例，而推送的是民间借贷、买卖合同等纠纷的案例。二是识别结果无生效与否的提示功能。例如，有的检索平台推送的文书未标明是否生效。未生效的裁判文书由于不具备参照（参考）价值应排除于识别结果之外。如果推送的文书是否生效从识别结果来看无从知晓，这些文书不仅对正在审理的案件无实质价值，也增加了法官筛选类案的难度，毕竟它们大量存在于识别结果之中。三是类案识别时可供参照（参考）的案例较少，不足以应对日益增长的新型、疑难、复杂案件。

2. 类案级别不清晰

目前，部分检索平台未将推送的文书按指导性案例、公报案例、典型案例、参阅案例、经典案例、普通案例等参照（参考）级别分类。类案识别结果按参照（参考）级别分类符合类案检索机制的指导精神和运行逻辑。首先，根据《最高人民法院关于案例指导工作的规定》第7条"最高人民法院发布的指导性案例，各级人民法院审判类似案例时应当参照"，《最高人民法院司法责任制实施意见（试行）》第39条"承办法官在审理案件时，均应依托办案平台、档案系统、中国裁判文书网、'法信'、智审等，对本院已审结或正在审理的类案和关联案件进行全面检索"以及第40条"拟作出的裁判结果与本院同类生效案件裁判尺度一致的""拟作出的裁判结果将改变本院同类生效案件裁判尺度的""发现本院同类生效案件裁判尺度存在重大差异的"等规定，对最高人民法院发布的指导性案例进行检索，符合最高人民法院有关类案检索机制的指导精神。其次，《最高人民法院公报》上选编的公报案例、最高人民法院每年不定期发布的典型案例以及地方高院发布的指导性案例，例如：重庆市高级人民法院在《案例指导与参考》上刊载的案例，对各级法院统一裁判尺度、体现司法公正具有十分重要的参考价值。各级法院在进行类案检索时，识别出上述具有普遍参考价值的案例，并按参照（参考）级别逐一比对，才符合类案检索的运行逻辑。

3. 识别方法不专业

如何准确地识别出具有参照（参考）价值的类案，关键是弄清什么是类案。2015年《〈最高人民法院关于案例指导工作的规定〉实施细则》第9条规定："各级人民法院正在审理的案件，在基本案情和法律适用方面，与最高人民法院发布的指导性案例相类似的，应当参照相关指导性案例的裁判要点作出裁判。"《〈最高人民法院关于案例指导工作的规定〉实施细则》规定了参照指导性案例的两个比较点：基本案情和法律适用。对此，理论界也提出了一些观点：一是主要事实特征说。该学说认为："如果指导性案例与待决案件的主要事实特征相同，而不同的事实特征并不重要，不足以改变裁判的方向或影响裁判的结果，那么，先例与待决案件就具有相同性或类似性。"二是关键事实说。该学说认为："我们很难确定一个具有可操作性的确定基本案情的标准。案件的'关键事实'更具有可操作性。案件的'关键事实'，就是与案件争议点直接相关的案件事实。"三是法律关系说。该学说认为："待决案件与指导性案例之间的对比要点宜以案件法律关系为框架体系，形成以具体行为、法律关系主体、客体以及内容（权利与义务）为要点的相似性对比标准。"四是综合分析说。该学说认为："类似案例应当具备关键事实类似、具体的法律关系类似、案件的争议点类似、案件所争议的法律问题类似等几个特点。"我国目前的案例检索平台识别类案时仍存在一些不够专业的地方：识别方法机械化、缺乏针对性。首先，有的检索平台提供的案由、案件类型等可供筛选的信息项绝大多数与类案识别标准无关。无论是根据快捷检索窗口提供的单一信息项筛选，还是高级检索平台提供的多信息项组合筛选，都未从类案的区别标准和识别特点进行专业化设计。其次，有的检索平台将起诉书记载的内容与数据库的文书进行匹配的要素也几乎与基本案情、法律适用、主要事实特征、争议焦点、关键事实等类案识别本应关注的要素无关。机器并未深度学习类案识别的特点和比较点。

4. 智推效果不明显

类案识别与人工智能深度融合是智慧法院建设的主要内容，两者同等重要，缺一不可。类案识别有助于统一裁判尺度、落实司法责任制、增强司法公信力；人工智能可以提高类案的识别效果、缓解法官的办案压力。然而，我国现有的案例检索平台在发挥人工智能的内涵和价值方面仍有待加强。

第九章　类案运用的应然路径

类案与关联案件检索机制在诉讼主体对司法案例的自发性运用及指导性案例的引导启示中得以孕育，在现代信息技术与司法审判深度融合中获得发展，作为一项以理性思维为基础的社会实践，虽然具有具体而生动的生发实践和积极而实在的运行效用，但其只有在司法审判与现代信息技术深度融合背景下以及中国司法的现实需求与现实条件的变化中，不断调整与完善，才能把握类案与关联案件检索机制的生成逻辑与发展基础，矫正适用理念、明晰检索规则、补强技术短板。

一、明确类案识别的规范标准

（一）明确类案识别应当参照（参考）的案例

创立类案检索机制是为了统一裁判尺度、落实司法责任制、增强司法公信力，这必然要求类案识别选取的参照（参考）案例具有指导性、权威性和评价性。指导性表现在：案例的基本案情、法律适用、裁判要旨、争议焦点、法律关系、构成要件、裁判理由、裁判结果等内容明确、对某法律问题如何裁判具有代表性、指引性。权威性表现在：案例的发布主体级别较高；案例的发布程序显示正义；案例的裁判结果终局生效。评价性表现在：案例的裁判结果可否起到统一裁判尺度、落实司法责任制、增强司法公信力的作用。由于最高人民法院发布的指导性案例、公报案例、典型案例、经典案例以及地方高级人民法院发布的参阅案例、典型案例、经典案例的裁判文书基本符合上述特点,规范性文件宜采列举方式规定类案识别应当参照(参考)上述案例。

(二)明确类案识别的比较点

虽然《〈最高人民法院关于案例指导工作的规定〉实施细则》第9条将"基本案情"和"法律适用"作为判断指导性案例类案的两个比较点,但基本案情在类案识别操作层面上过于笼统,无法提高类案识别结果的精确性。实际上,类案识别真正发挥作用是法官发现正在审理的案件特别是某新型、疑难、复杂案件在法律适用上存在模糊甚至空白、存在拟作出的裁判结果可能产生争议的情形。世上不可能有两个完全相同的案件,但总会找到两个案件间的关联点。法官在适用法律时总会融入某个法律解释方法,总会在小前提、大前提以及裁判结果间来回证成。由于基本法律关系和犯罪构成是研究民事、行政以及刑事案件的基本框架,也是法官在审理此类案件时必须考虑的基本问题,故规范性文件应将基本法律关系和犯罪构成作为类案检索的识别点。在基本确定小前提之后,法官需要将小前提细化为若干个类型化要素,并与大前提所涵盖的类型化要素一一比对,比对的过程实际上是寻找比较点的过程。上述方法体现了要素式审判的部分内容。要素式审判法的要义在于法院审判时,紧紧围绕案件的要素予以展开,非要素的部分从简从略。争点要素,是指某个小前提的类型化要素在与大前提的类型化要素比对时存在争议,且该争议足以影响案件的裁判结果,是法官必须考虑的重要问题,也是指导性案例、公报案例、典型案例的裁判文书通常单列的内容,它使类案识别更具针对性,因而规范性文件也应明确其为类案识别的比较点。

(三)明确类案识别的顺序

机器按一定顺序识别类案可使类案的识别过程和识别结果层次清晰。第一,明确类案识别参照的案例级别。根据案例在指导性、权威性、评价性等方面的表现程度将类案识别应当参照的案例分为不同的级别,从高到低大致为:最高人民法院发布的指导性案例、公报案例、典型案例、经典案例,地方高级人民法院发布的参阅案例、典型案例(经典案例)。第二,明确类案检索报告的案例排序。《〈最高人民法院关于案例指导工作的规定〉实施细则》第39条提出"制作类案与关联案件检索报告",类案检索报告是类案识别结果的总结和归纳。检索报告呈现的案例应和类案识别参照的案例在级别上相对应,即按最高人民法院发布的指导性案例、公报案例、典型案例、经典案例,地方高级人民法院发布的参阅案例、典型案例的先后排序。

二、明确类案识别的技术标准

德国哲学家莱布尼茨曾说,"世界上没有完全相同的两片树叶"。诚然,在司法实践中也并不存在两个完全相同的案件。我们无法否认,两个案件在任何一个方面的微小差异都有可能导致其判决结果的完全不同。"类案"的界定是类比推理在法律适用中要解决的核心问题,也是造成其适用困境的根源所在。①

明确以人工智能为依托的类案识别技术标准要始终坚持以满足用户体验为导向,结合大数据的基本特征、自然语言处理(NLP)的先进技术、计算机深度学习的主要特点以及类案识别的规范标准,从而实现真正意义上的类案智推系统。大数据的3V特征,是指其规模性(Volume)、多样性(Variety)和高速性(Velocity)。类案识别技术要实现人工智能首先要保证司法案例数据库的3V特征,即要有足够多的案例、文书在数据库的储存格式多样化、文书能够在一定的时间限制下得到及处理和识别。自然语言处理(NLP)主要研究任务包括词性标注、机器翻译、命名实体识别、机器问答、情感分析、自动文摘、句法分析和共指消解等。深度学习用于NLP领域的主要步骤可归结为如下三步:将原始文本作为输入;将分布式向量特征作为深度神经网络的输入;针对不同的应用需求,使用不同的深度学习模型,有监督的训练网络权重。在司法大数据基础上,应用系统性攻关案件要素提取、案情画像构建、案情语义匹配、个性化类案推送等关键技术,构建高效可靠的类案自动推送系统。目前,尚无全国统一的归法院内部共享的类案智推系统,且各地类案识别系统在案例库的规模、识别结果的准确性以及识别技术的智能化程度方面参差不齐。为确保类案识别技术在审判中统一设计、统一使用、统一反馈、统一监督,建议精细化设计全国统一的类案智推系统。该系统归各级法院内部使用,并整合具有参照价值的案例,对类案识别的比较点进行法律专业化和人工智能化设计。

---

① 沈逸舟:《浅析类比推理在诉讼中的实质效度》,载《法制博览》2021年第20期。

三、确立类案辩论的基本规则

类案检索机制的可操作性不足一定程度上成为推动类案检索工作的障碍，而当事人的参与将为此提供一条解决路径。当事人提供相反类案检索材料反驳对方观点的，将大大对冲当事人单方提交类案材料的选择性忽略风险；而双方就类案比对及适用充分发表意见，对法官发现裁判尺度不统一问题，强化类案检索的目标性和准确性，减轻法官工作量等亦有重要的帮助作用。

（一）确立类案辩论的程序

在司法活动中，活动参与人之间通过平等沟通与辩论，有助于实现意见融合、达成共识，①应当通过程序设置构建法官与当事人共同论证说理的辩论平台。该辩论较庭审程序中的"辩论"环节，含义更为广泛。

一是庭审中的辩论程序，即当事人之间的辩论。表现为当事人关于检索的启动、报告生成、结果运用等问题之不同意见的平等、充分表达，帮助法官形成内心确信。二是庭审后的评议程序，即法官之间的"论辩"环节。在无法形成内心确信时，合议庭结合当事人发表的意见，围绕是否参照类案、参照哪种观点进行评议。意见拟偏离类案观点，或合议庭达不成一致意见的，应报请法官会甚至审委会予以进一步辩论，进而实现最终裁判结论。如哈贝马斯所说，真理的要义不在于某个共识被达成这一状态，而在于，无论何时何地，当我们只有进入某个论辩的过程时，才能够达成一定条件下的共识，一个有证立根据的共识是一个建立在更好的论证力之上的共识。②

（二）确定类案辩论的焦点内容

采纳"书状先行"模式并不意味着松懈对言词原则的坚持，各方仍应在庭审中就类案比对及引述充分辩论。庭审辩论应围绕着类案是否具有可参照性这一核心主题展开。庭审辩论的效果关涉法院在裁判文书中如何回应当事人提交类案的问题。应当组织当事人围绕如下四个方面就案例比对及引述展

---

① 孙跃：《在多元与共识之间：论司法中的融合型法律思维》，载《华中科技大学学报（社会科学版）》2019 年第 2 期。

② ［德］罗伯特·阿列克西：《法律论证理论——作为法律证立理论的理性论辩理论》，舒国滢译，商务印书馆 2019 年版，第 141 页。

开辩论。

一是围绕案例的权威性和拘束力展开辩论。《〈最高人民法院关于案例指导工作的规定〉实施细则》明确了在基本案情和法律适用方面与指导性案例相似的，"应当参照"指导性案例作出裁判，实际上赋予了指导性案例准法源地位。在有限的指导性案例之外，尚有大量的裁判和案例资源，并不具备"应当参照"的效力级别，其"可参照性"因其作出裁判的时间、裁判法院、是否生效等因素而不同。而双方当事人就案例的权威性、拘束力充分辩论有利于明确案例的拘束力层级规则。笔者认为，除指导性案例之外，裁判伦理要求法官一般优先受到上级法院及本院裁判的拘束，而其他法院裁判的拘束力则应递减。而同样的争议焦点，一审未经上诉审理即生效的裁判文书，其可参照性一般次于经二审审查确认的裁判规则。

二是围绕提取的裁判要旨是否正确、恰当展开辩论。除已经编撰的案例外，大量裁判文书的裁判规则隐含在文书说理中，未被提取裁判要旨，但当事人必须对这些未经编撰的裁判文书提取裁判要旨方可作为类案材料提交。人趋利避害的本性将可能导致当事人在提取裁判要旨时忽略于己不利的因素，使其提取的裁判要旨并不符合裁判文书确立的裁判规则本意。双方当事人就此发表意见有利于明确待审查适用的类案规则是否恰当，这是类案材料审查的必要前提。

三是围绕裁判规则的适用条件是否相似展开辩论。裁判规则的适用条件是否相似，是指就适用该规则的基本事实、适用条件、构成要件等是否具有相似性，而不仅限于案情相似。例如，房屋买卖合同案件中涉及合同解除权行使期限的问题，提交的案例为某设备租赁合同纠纷案件，虽然两案的合同性质不同，但仍可因合同解除权行使期限的认定条件相似而认定具有相似性。

四是围绕是否应遵循该裁判规则展开辩论。当事人援引类案的目的是希图法院遵循该案的裁判规则，但并非所有的先例规则都应得到遵循，如时过境迁，该规则已不适用当前社会经济环境，法院则有权拒绝遵循该规则；或双方当事人提交的案例相冲突时，亦应听取当事人的意见。当然，简单而言，可以依据案例的拘束力层级规则对此进行审查，但事实上，除指导性案例具有准法源地位外，其余案例对法院裁判的拘束力均有限，仅依案例的拘束力层级解决案例冲突问题似乎并不能从实体上解决裁判规则冲突的问题，故仍需当事人从实体方面展开辩论。另外，当事人还可就是否有必要适用类案裁判规则展开辩论,对于已经有法律或司法解释明确规定的问题,因已有裁判依据,无须进行类案检索。

四、强化类案审判监督和管理

完善主审法官、合议庭办案责任制是司法责任制改革的重点任务,其核心是放权于主审法官及合议庭,实现"让审理者裁判,由裁判者负责"的改革目标。近年来,全国法院积极推进司法责任制改革,审判权责逐步明晰,新型办案机制已经形成,法官的办案主体地位日益凸显。但在改革中处理放权与监督的关系时也出现一些问题,主要由于未能正确认识和处理二者的关系,有的法院院庭长不愿监督、不敢监督、不会监督,监督逐渐弱化,产生审判质效下滑的风险。

《类案检索指导意见》严格遵循司法责任制改革精神,认真落实主审法官、合议庭办案责任制,充分发挥法官在办案工作中的主导性作用;坚持放权与监督并重的原则,在放权于主审法官及合议庭的同时,加强院庭长的监督管理,做到二者的有机结合,包括案例指导制度、院庭长监督管理制度、专业(主审)法官会议制度以及审判委员会制度等,以形成制度合力。同时,允许公诉机关、案件当事人及其辩护人、诉讼代理人在诉讼过程中提交类案支持自己的主张,并规定法官以适当方式进行回应,以规范裁判权行使,促进裁判尺度的统一。

(一)强化监督管理机制

建立健全类案适用监督机制是纠正司法审判活动中违反类案裁判的重要措施,也是落实司法责任制改革的基本保障。一方面是基于合议庭或者独任法官负有审慎裁判的义务。拟提交专业(主审)法官会议或者审判委员会讨论的案件,一般都是法律适用问题存在争议的案件,对这类案件以及缺乏明确裁判规则或者尚未形成统一裁判规则的案件,法官有责任对法律适用问题进行更加认真的研究,在类案检索的基础上作出更加慎重的裁判。另一方面是基于审判监督管理的需要。无论是为提交审判委员会讨论而提前检索,还是按照院庭长要求进行专门检索,都是为审判委员会、院庭长行使审判监督管理职权提供充分的决策参考。①

目前，类案检索监督在我国还处于探索阶段，没有具体的制度规范。例如，类案检索启动的主观性较强，特别是受工作任务量、司法辅助人员配备、法院信息化建设及应用水平等因素影响，对要求必须强制检索的案件，部分审判人员没有进行强制检索。我国现行制度对此类情况的监管还是空白，导致类案检索缺少强制执行的刚性约束力。对进行类案检索的案件，其检索质量如何？是否存在检索不认真、不全面，或者选择性、片面性地适用类案等问题，目前在监管层面还是空白，由此导致类案检索监管的缺失。对当事人以指导性案例作为控辩理由，要求参照指导性案例进行裁判的，如法官在裁判文书中未予回应，对此如何进行监管，当事人如何进行救济，在司法实践中还缺少相应机制。②为保障类案审判切实有效地运行，优化类案适用的监督保障，应当建立相应的激励与约束机制。

第一，建立类案适用激励机制。通过建立类案适用激励机制，鼓励审判人员多办案、办好案。一方面有利于激发办案人员的工作积极性，另一方面也能促进法官不断提高自身的职业素养，在裁判说理上更加充分透彻，提升案例质量。在具体操作方面，可将审判中积极精准适用类案的情形纳入考核范围，对办案突出的个人评优评先，使办案绩效与部门、人员的切身利益密切相连。此外，还可以对积极参与指导性案例等典型案例选编上报的人员进行奖励，确保案例指导制度得以认真贯彻执行。

第二，建立类案适用监督约束机制。一是要加强对强制类案检索案件的监管，增强类案检索强制执行力。对要求必须强制检索的，要通过技术手段研究开发相应的监管平台，并制定相关的监督管理办法强制检索。对实际未进行类案检索的，要采取相应措施及技术手段，及时发现并予以惩处，确保类案检索制度落到实处。二是要加强对类案检索质量的监管，切实发挥类案检索的作用。在类案检索中，容易出现检索不全面、选择性适用类案、故意隐瞒检索到类案的情形等问题，这不仅影响类案检索结果的运用，也容易滋生司法腐败。因此，应强化类案检索质量的监管，对已经进行类案检索的案

---

① 刘树德、胡继先：《〈关于统一法律适用加强类案检索的指导意见（试行）〉的理解与适用》，载《人民司法》2020年第9期。

② 王景林、吴宜霖：《类案检索制度在司法实践中的应用研究》，载《法制博览》2022年第2期。

件，要加强对检索结果是否全面，与待决案件是否具有符合性，是否可以作为案件裁判的依据等方面的监管，防止类案检索的滥用。三是要加强类案控辩回应的监管。对当事人以类案作为控辩理由的，应当在审判系统中进行标注，对审判人员是否进行回应予以重点监管，特别是当事人以指导性案例作为控辩理由的，加强对裁判文书是否进行回应的监管，如未参照当事人提供的指导性案例的，在裁判文书应阐述未参照的理由，以消除人民群众对类案不同判的偏见。只有不断完善类案检索的监督管理制度，才能让类案检索制度落到实处，真正为促进公正司法、维护司法权威、树立良好司法形象保驾护航。①

针对违反类案审判特别是案例指导制度的行为，应坚决落实错案追究责任制度，强化办案人员责任。对相关责任人员实施相应的惩处措施，提高类案适用监督的效率和质量。在保证司法人员独立行使职权的同时，对于案件审判结果公正，仅仅是未注意援引指导性案例的，可以由上级或本级法院的审判委员会予以提示和警示；若是存在类案特别是存在相关的指导性案例却没参考，导致判决错误，严重损害当事人合法权益，要给予办案人员相应的行政处分，并对错案依照法定程序进行处理，着力破解审判中监督不力、责任不实的难题。

（二）强化监督管理方式

一是对证据能否证明待证事实存疑。对该类案件可以"证据（A）+存疑法律事实（B）"为关键词进行检索，某一裁判文书中如果同时提到了证据A和事实B，就很可能会包含对A在B是否成立过程中证明力的认定。例如，在中国裁判文书网输入"借条""转账凭证"+"借贷关系"，就可以检索出同时有借条和转账凭证，导致借贷关系成立；仅有借条或转账凭证之一，借贷关系不成立；无借条和转账凭证，借贷关系不成立三种情形。

二是对已证事实能否推导出待证事实存疑。对该类案件可以"要素事实（A）+存疑法律事实（B）"为关键词进行检索，某一裁判文书中如果同时提到了事实A和B，就很可能会包含对是否A或满足什么条件的A包含在B的

---

① 王景林、吴宜霖：《类案检索制度在司法实践中的应用研究》，载《法制博览》2022年第2期。

构成要件中的认定。例如，判断某商品是否属于"知名商品"，以该商品确定的"装潢"等+"知名商品"为关键词，在"法信"就可以检索到相应的指导性案例。

三是对法条涵涉范围存疑。对该类案件可以"特征事实（A）+法律条文（B）"为关键词进行检索，某一裁判文书中如果同时提到了事实A和法条B，那么"特征事实"就是该案的具体坐标，"法律条文"则是运用提示。例如，明确"个人信息"是否包含在"隐私权"中，以"姓名""手机号"+"《最高人民法院关于审理利用信息网络侵害人身权益民事纠纷案件适用法律若干问题的规定》第十二条"为关键词，在中国裁判文书网就可以检索"庞某某与北京趣拿信息技术有限公司等隐私权纠纷案"。[①]

四是对法条含义存疑。对该类案件可以"法律条文"为关键词进行检索，查找适用了该法条的判例，通过判例展示法律条文在具体情境的实际运用。例如，以"《最高人民法院关于适用〈中华人民共和国民事诉讼法〉的解释》第二百四十七条"为关键词可检索到"山西省能源发展中心与山西江河中天实业有限公司、锦江之星旅馆有限公司太原府西街分公司返还原物纠纷案"。[②] 该案释明了重复起诉中的"当事人相同"，并不仅指当事人名称完全一致，还包括当事人通过继受诉讼标的权利义务关系，承受当事人地位后发生的当事人增减情况等。评查人员应通过以上四种途径或依据案件具体情况和自身专业判断，选取"关键词"后对被评查案件进行类案检索，以识别案件承办人检索到的"类案"在范围上是否有所不足。

（三）强化监督管理作用的发挥

一是类案引导依据证据认定事实。证据事实是人们基于证据所作出的关于案件的陈述，准确地说，系由对证据的描述出发经由合理推导而形成的对事实的陈述。[③] 而类案采用的证据规则，即论证了"推导"之所以"合理"，例如，对打印代书遗嘱的效力具备，在先类案确立了"涉及财产重要部分手写+代书（打）人、立遗嘱人、继承人、见证人均手写签名及个人信息+代

---

① 参见北京市第一中级人民法院（2017）京01民终509号民事判决书。
② 参见最高人民法院（2021）最高法民申15号民事裁定书。
③ 杨贝：《论案件事实的层次与建构》，载《法制与社会发展》2019年第3期。

书（打）人、见证人出庭作证"的证据支撑体系，①一审法院在仅有"纯打印遗嘱＋立遗嘱人手写签名＋见证人出庭作证"的证据下，即认定该代书遗嘱有效，②导致被二审发回重审。

二是类案限定法律事实构成要件。案件事实与要件事实是一对多的关系，通过事实推定的方式得出案件法律事实过程需要运用经验法则，而类案对事实构成要件的描述，提供了"群体经验"。例如，对缔约过失事实的成立，在先类案确立了"双方签订了书面预合同＋一方交纳了一定数额定金"的要素事实构成规则，③一审法院在仅有"双方磋商时间较长"的事实下，即推定一方缔约过失事实成立，④导致被二审改判。

三是类案厘清法律法条涵涉范围。所有的"法律规定"都是对相关现象的抽象概括，在司法过程中与具体案件相结合时，必然存在抽象和具体之间的紧张关系。⑤类案厘清法条外延，缓和了这种紧张，例如，在先类案将"职业打假人"排除出了"消费者"范围，⑥一审法院仍将"职业打假人"认定为"消费者"，并判令商家依据《食品安全法》向其赔偿，⑦导致被二审改判。

四是类案解释具体法律条文含义。法律文本具有语义模糊性，类案则对其提供了精确映射，例如，《最高人民法院关于审理人身损害赔偿案件适用法律若干问题的解释》第17条规定"被扶养人有数人的，年赔偿总额累计不超过上一年度城镇居民人均消费性支出额或者农村居民人均年生活消费支出额"，如果被害人对损害的发生也具有过错，赔偿需要分责，在先类案明示采用分责前的年赔偿总额作为与年人均消费支出比较的基数，⑧一审法院使用分责后的年赔偿总额与年人均消费支出作比较，⑨导致计算错误被二审改判。

---

① 参见北京市第三中级人民法院（2018）京03民终8682号民事判决书。
② 参见北京市怀柔区人民法院（2017）京0116民初5352号民事判决书。
③ 参见北京市第一中级人民法院（2020）京01民终3160号民事判决书。
④ 参见北京市怀柔区人民法院（2019）京0116民初2927号民事判决书。
⑤ 孙光宁：《法律解释方法在指导性案例中的运用及其完善》，载《中国法学》2018年第1期。
⑥ 参见北京市西城区人民法院（2018）京0102民初38400号民事判决书。
⑦ 参见北京市怀柔区人民法院（2019）京0116民初291号民事判决书。
⑧ 参见北京市通州区人民法院（2020）京0112民初14449号民事判决书。
⑨ 参见北京市怀柔区人民法院（2020）京0116民初1990号民事判决书。

第十章　类案检索的配套机制

类案检索制度的有效开展是中国司法进程中实现"类案同判"的一项大工程，需要诸多基础设施的建立和完善。从类案到类判是一个极为复杂的过程，兼具技术理性、经验理性和价值理性，需以类案检索的功能定位为出发点，将类案参照的形式逻辑与个案正义的价值判断相结合，并从以此为基点完善检索技术，制定兼具经验理性和价值理性的结果运用规则。《类案检索指导意见》第12条规定，各级人民法院应当积极推进类案检索工作，加强技术研发和应用培训，提升类案推送的智能化、精准化水平。各高级人民法院应当充分运用现代信息技术，建立审判案例数据库，为全国统一、权威的审判案例数据库建设奠定坚实基础。作为最微实务层面解决法律疑难的路径探索，中国司法改革进程中的类案检索制度所要求的案例数据库，自始至终都需要更人性化、更界面友好、更形式完美、更突破用户心智，更需要有一种从大至微、无处不在的革新气息。

一、完善案例资源供给

近年来，随着司法工作与互联网、大数据技术的融合发展，法律法规、裁判文书、法律观点、审判案例等法律检索平台不断涌现。目前，可供类案检索的平台既有官方平台，又有非官方平台。官方平台主要包括最高人民法院建设的中国裁判文书网、"法信"以及地方人民法院创建的检索平台，如北京市高级人民法院建立的"睿法官系统"、重庆市高级人民法院建立的"类案智能专审平台"、贵州省高级人民法院建立的"类案裁判标准数据库"、安徽省高级人民法院建立的"类案指引项目"、广西壮族自治区高级人民法院办案系统嵌入的"刑事案件智能研判系统""法律资源服务系统""法智罗盘操作系统"等。非官方平台有北大法宝、Alpha 案例库、Openlaw、威科先行法律信息库等。除了"法信"外，全国有很多检索平台，能够检索各类案例，但是有的收费，有的免费，案例资源并不完全相同，因此存在用不同的检索平台，检索出的案例存在较大差距的可能。但目前类案检索平台功能尚不完全匹配法官使用需求而导致实际使用率不高。类案检索的类案需求高但权威参考案例供给不足，自行检索需求大但检索技术尚不成熟。

首先，要建立健全全国类型案件检索、识别系统。近年来，中国裁判文书网、"法信"、北大法宝、"无讼"、威科先行、中国司法案例网、北京市高级人民法院的"睿法官系统"、上海法院的"刑事案件智能辅助办案系统"等不同主体创办的类案检索平台相继投入使用。不同平台对案例选择、数据收集有着各自不同的标准。进一步讲，文本内容的有效抽取，很大程度上依赖于算法对于自然语言的处理技术，不同平台的技术标准事实上并不统一，这就造成同一案件在不同平台匹配不同的类案，造成技术资源的浪费。与此同时，裁判文书作为典型的非结构化数据，在算法抽取文本内容时数据转化清洁性、有效性方面，也存在技术难题。质言之，清洁有效的数据是机器深度学习的前提，为实现案例精准、有效推送，应首先提升案例的质量、优化案例数据库。[①] 具体而言，一是推进全国法院历史裁判档案的电子化、数据化工作，以电子档案随案生成为基础，实现卷宗档案数字化、电子化的深度应用；打破各地法院案例资源的区域局限，建立和完善全国范围的司法案例平台。我国属于单一制国家结构，需要保持全国统一法律适用。随着互联网、数据库、人工智能技术的发展，在技术上突破了原有限制，建立全国范围内一体化、"一站式"的类型案件检索、识别系统已不是难题。建立面向司法人员与社会公众的复合型的类案检索平台，一方面，可以将在先案件作为一种司法经验，更好发挥对现有裁判的反哺与支撑作用；另一方面能够推进阳光司法，实现司法活动与社会公众之间的良性互动。因此，建立高效专业统一的检索平台，以确保指导性案例、权威案例、最新案例能够被收集到检索平台，进

[①] 曹磊、刘晓燕：《类案检索应用的困境与破解——以助力法官裁决及文书撰写为视角》，载《中国应用法学》2021 年第 5 期。

而发挥类案的统一裁判尺度功能。① 二是运用平台技术实现运用的记录和监督。由于我国人口众多，案件数量也相应较多。运用传统的人工和工具审查、检索、识别同类案件，对任何一个法官来说都是相当困难的事情。如果发现待决案件结果与多数相似案件的案例结果偏差较大，平台应及时提醒、记录并跟踪，必要时设置为专业法官会议的启动程序。目前，地方法院已建立类案偏离预警系统，实现类案同判数据监测，在形成类案模型的基础上，对待决案件的偏离程度进行监管。② 三是通过技术手段提升类案的"标签化""结构化"，这就要求类案识别系统能够将裁判精确的模型化，通过抓取重要内容要素，而后拆分标记进行数据加工后实现深度学习。除此之外，对案例的地域来源、审判流程、是否上诉、效力状况、是否改判等信息作出标示。设置推送权重，明确案例库中案例的权威性高低与质量差别，对推送结果进行排序。在法院层级管辖提取位置信息，实现自动定位、计算，在案件类型上自动关联二审、再审情况。

其次，要完善争点整理、表达的基本规范。一种秩序的有效性，不仅意味着社会行动过程的一种纯粹由习俗或利益立场决定的规则性，③ 必是以某种"规则"为基础的秩序。判决书是案例的运作载体，是案件平台架构的基础条件。而判决书是否能够发挥关键性作用，取决于其实际具有的结构及其内容。单纯从裁判文书的格式看，最高人民法院对各类文书都有明确的要求，裁判文书自形式上看是高度统一的。裁判文书在格式上并没有太多需要改进的地方，主要是用语表述上尽量使用法言法语，在法条的援引上应使用全称、注意法条书名号的用法等。录入数据库这一环节较为关键。以下两项工作很有必要：一是添加关键词。当前裁判文书录入时不单独录入关键词，所有的关键词都包含在裁判文书的内容之中。为了实现精准有效检索，有必要在录入

---

① 王亚明：《完善配套机制 强化类案检索效能》，载《人民法院报》2020年9月22日，第2版。

② 苏州两级法院正在建立同案同判数据监测平台，系统对海量裁判大数据进行情节特征的自动提取和判决结果的智能学习，建立起具体案件裁判模型，根据案件的情节特征和案件复杂度从案例库中自动匹配类似案例集合，并据此计算得出类案判决结果，为法官裁判提供参考，同时对于"同判度"较高的类案，如果法官制作的裁判文书判决结果与之发生重大偏离，系统予以自动预警，方便院庭长行使审判监督管理职权。参见《"同案不同判预警系统"助力智慧审判苏州模式》，载 https://mp.weixin.qq.com/s/lJxAZhTw1_nzG2vh6DhtoA，最后访问时间：2022年3月27日。

③ ［德］马克斯·韦伯：《经济与社会》，林荣远译，商务印书馆1997年版，第239页。

数据库时添加 3~5 个关键词。二是进行案件难易等级分类。前文已述，类案检索的功能有很多。对于法官而言，类案检索的功能主要用于辅助裁判决策与文书撰写。因此，法官无须从全数据中进行检索，法官需要的目标案例应当具有典型性、疑难性和代表性，最好能具备较高的权威性。

此外，裁判文书争点整理与表达规则应具有一定的技术规范：（1）封闭性表述。裁判文书争点不应以"什么""多少"等表述的开放性问题，而是以"是否""应当"等表述的封闭性问题。（2）具体性描述。裁判文书争点不是脱离案件具体情况的抽象问题，而应当是结合案件事实提出的本案要解决的具体问题。（3）统一句式逻辑。争点应是："主词＋系词＋宾词"逻辑结构：主词（陈述本案的事实要素或特征）；系词（是否、应否、能否等疑问词）；宾词（具体法律规则）。"主词＋系词＋宾词"逻辑结构有利于保证裁判结果可预测、可评估和"必然得出"的可信性。

整理后的争点表述格式，① 如："双方签订《协议书》第 3 条约定'有借款及利息，则以上过户抵押给乙方的房屋永久归乙方所有'是否违法中华人民共和国担保法第四十条关于禁止约定流押条款的规定。"

二、建立类案检索引导机制

当事人提交类案检索材料制度应作为类案检索机制的重要组成部分，与现有的类案检索机制融合起来，形成完整的类案检索和引述制度。

第一，明确当事人提交类案检索报告的规范化模板。目前，北京、上海、重庆一些法院在探索类案强制检索机制的过程中，制定了各种不同的类案检索报告模板，便于法官简练、明确、规范地提交给专业法官会议或审判委员会，以对裁判尺度不统一问题进行讨论。但在实践中，当事人提交类案检索材料的方式多种多样，有仅在诉辩意见中提及的，有直接提交裁判文书复印件或网页打印件的，也有以自己的方式编撰类案检索材料提交给法庭的。明确当事人提交类案检索报告的规范化模板，将有利于诉讼主体高效把握类案裁判要旨，也为法官验证案例真实性和撰写类案检索报告节省精力。

第二，建立类案比对及引述典型案例发布机制。裁判规则存在于鲜活的

---

① 参见黄湧：《民事审判整点归纳技术分析与综合运用》，法律出版社 2016 年版，第 119 页。

案例中，而只有反复引述和适用裁判规则，这些规则才真正被认可和确立，成为统一裁判尺度的一部分。在尚无条件以成文法形式明确类案比对规则的情况下，建立类案比对及引述典型案例发布机制，可供需进行类案比对及引述的案件作为程序性裁判规则适用，从而不断强化及修正类案比对及引述规则，为制定类案比对及适用的成文规定奠定基础。

第三，进一步优化类案检索平台，增加对当事人提交类案的验证技术。现有的类案检索平台既有最高人民法院的中国裁判文书网、"法信"、中国司法案例网等，又有"无讼"、北大法宝等商用平台，当事人可以自由检索，但法官面对当事人提交的源于不同平台的类案检索材料，其载明案例的真实性、可靠性、完整性却无法验证。优化统一类案检索平台，或增加不同平台间的交叉验证功能，将节约诉讼主体核验对方提交的类案检索材料的精力，提高诉讼效率。

第四，为减少类案检索的工作量和压力，可考虑在类案检索平台中对曾被引述的案件进行标注，并载明引述该案件的裁判文书所提取的裁判要旨，以指引当事人和法官更快发现相关问题的裁判共识，并规范和提高裁判要旨的提取水平。

此外，要对类案检索进行提示说明。首先是案例的定位。案例不属于证据，不是我国正式的法律渊源，不具有法律上的拘束力，不得作为裁判依据予以引用。其次是筛选及要求。当事人或其代理人应当根据案例效力层级高低、生效时间、与在审案件关联性强弱等因素，对检索到的先例进行筛选排序。针对在审案件的每一个争议焦点，当事人或其代理人提交的案例原则上不应超过三个。最后是方式和途径。在多元纠纷化解、立案、庭审等节点，通过《温馨提示》《告知书》等形式，① 引导当事人主动提交类似案例，提前了解类案已经存在的司法裁判标准，明确己方权利义务范围，合理衡量诉讼风险。

---

① 任慧娟：《珠海横琴试行参考类似案例辩论制度》，载《人民法院报》2015年8月26日；伊宵鸿：《深圳南山法院在全市法院邀请当事人提供类似案例》，载《深圳晚报》2018年5月17日。

三、强化适用案例技术培训

类案检索制度的负责主体是"承办法官"。这表明,类案检索已成为法官必备能力之一,这无疑是对法官能力提出了更高的要求。这些要求表现在:第一,法官应当熟悉权威性的案例数据库,比如中国裁判文书网、北大法宝的司法案例库、"无讼"案例等数据库;第二,法官应当具备相当的案例检索能力,掌握关键词检索、法条关联案例检索、案例关联检索等检索方法,做到有方可循;第三,法官应掌握类比法律推理方法,学会如何对待决案件和检索结果进行相似性识别和比对,以确定是否属于类案;第四,法官应当能够制作案例检索报告,为了不过分增加工作压力,对于不同类型案件,案例检索报告的完整性、复杂性应当有所区别,做到有据可循;第五,法官应当增强裁判说理能力,能够对是否为类案,是否类判,为何类判,以及为何不类判作出回应,做到有理可说。

实践中,对于法官如何运用类比法律推理,如何制作案例检索报告,如何进行裁判说理等问题,并无详细操作规定。有些地方法院的规定对最高人民法院的指导意见进行细化,如《江苏省高级人民法院关于建立类案强制检索报告制度的规定(试行)》对"类案检索"的定义进行说明,细化强制检索范围,明确检索顺序,对类案检索工作的考核等提出了具体要求。我国的类案检索制度取得了长足进步,并伴随司法改革、法治国家建设的进程逐步完善。但是该制度如何落到实处以及对法官提出的新要求如何达成,需要实务界和学术界的共同努力,把类案检索制度落到实处,实现其应有的法律和社会效果。

(一)强化案例检索技术的应用

一是全文检索技术。全文检索作为一种新型数据管理技术,能对超大文本、语言、图像、活动影像等非结构化数据进行综合管理,从而使用户能在海量的信息中快速、准确、全面地找到需要的案例。全文检索大体分两个过程,创建索引和搜索索引。创建索引指对纳入全文数据库的所有案例中的所有字、词进行提取、语言处理的过程。搜索索引即为根据用户的查询请求,搜索创建的索引,然后返回结果的过程。在全文检索系统下,用户可以用更加自然的检索语言进行检索,如通过案由、法律关系、争议焦点、请求权基础、关键词等进行搜索,从而大大降低了用户选择检索词的难度,提高了检索结果的全面性、准确性。

二是布尔逻辑检索技术。布尔逻辑检索是通过布尔逻辑运算符连接各个检索词,构成逻辑检索式,由计算机进行相应的逻辑运算以找出所需信息的检索方式。这种检索方式通过"AND""NOT""OR""With""Near"等运算符连接检索关键词,形成了一套独特的复合的搜寻方式。如"With"用于表示同时出现在同一文献的一个字段的两个词,"Near"则用于表示不仅在同一字段里,还须在同一句中。"Near"后还可跟一个常数,"A Near# B"表示检索 A 和 B 中隔有 0 ~ # 个词的案例。不仅可以检索出同时包含两个关键词的案例,还可限定这两个关键词在案例中出现的位置,从而进一步提高检索结果的相关度。添加了布尔逻辑检索技术后,类案检索系统有了两个或多个检索词组合查询的能力,也意味着用户可以自动限制检索范围,能大大提高检索的精确性和检索效率。

三是智能搜索技术。当用户去查询有关某一事实或问题的判决意见时,必须力图构架出检索要求,包括法官可能使用的,用来表达概念的词或短语。由于语言的博大精深,对同一事物、同一问题可能有多种不同的表述方式,甚至还有习惯用语、专业术语、法律用语的区分。若用户在检索时并未能选择到大多数法官使用的表达,则其无法全面检索出这类问题的相关判决,甚至会出现没有检索结果的情况。若类案检索系统引入智能搜索功能,系统则可根据用户使用的关键词的含义并结合用户的检索历史,向用户推荐相关检索词,帮助用户选择到更优的检索词,提高检索效率。智能搜索功能主要包含语义理解功能、访问登记功能、兴趣识别功能、信息加工功能等模块,在具体检索过程中,语义理解模块将依据数据库提供的索引,对用户输入的搜索词进行分析、推理,使系统识别不再停留在文字层面,而能深入到语义层面;访问登记模块将记录用户访问过的案例;兴趣识别模块则会统计用户搜索及访问的案例类型及其数量,计算出用户的兴趣偏好;信息加工模块则根据用户此次输入的搜索语,并结合该用户的搜索历史及兴趣偏好,在检索页面显示"当前检索词的相似词""当前检索词的相关词",从而向用户推荐检索词的同义词、近义词、与检索词相关的扩展词以及其他用户检索使用过的词,帮助用户寻找准确的检索词,避免出现检索不全、检索不到的情况。智能搜索功能完成了对用户进行交互式的导航,从而实现了对案例信息的深度检索。

（二）强化司法推理的规范应用

司法推理作为裁判技艺的一部分，是以法官的知识学习、专业素养以及技能培训为基础，属于应用型适法技巧。类案的价值在于补强司法推理，法官欲参考类案判决，应当在规范程序的基础上，将类案的裁判思路引入说理过程。① 类案运用在司法推理中的具体类型分为漏洞补充型、解释补强型、价值矫正型三类。类案运用三种方法的区分基础，是依据待决案件参照先决案件的某类规则作出裁判，若参照先决案件规则为漏洞补充型，即为漏洞补充型类案运用，另两种方法逐此类推。

1. 漏洞补充型

【案例 1】华晟学校与明德公司股东知情权纠纷案②

明德公司是华晟学校出资人，其向华晟学校发出通知，要求查阅财务会计报告及会计账簿等材料。华晟学校以明德公司大股东朱某参与学校经营管理为由，认为明德公司没有必要重复查阅上述资料。故明德公司向法院起诉请求，判令华晟学校提供学校章程、会议决议、会计账簿等资料供其查阅。

以案例 1 为例，由于法律对学校的出资人是否可以查阅学校财务、管理资料无相关规定，需要法官补强相关规则。

（1）检索类似案件：法官为寻找支援可进行类案检索，发现上海佳华企业发展有限公司诉上海佳华教育进修学院股东知情权纠纷案（简称佳华案），佳华公司作为佳华学院的出资人，起诉要求学院提供财务、董事会和监事会决议等材料供其查阅。③

（2）参照类案说理：在佳华案中法院认为，原《民法总则》规定公民、法人的合法民事权益受法律保护。《民办教育促进法》亦规定国家保障民办学校举办者的合法权益。对于民事主体的合法权益，原《侵权责任法》列举了股权等财产权益；《公司法》规定股东享有知情权；《合伙企业法》规定合伙人对合伙企业享有财务资料的查阅权。前述权利均属于法律应保护的合法权

---

① 孙盈、赵桐、祝兴栋：《类案在司法推理中的规范化运用研究》，载刘贵祥主编：《审判体系和审判能力现代化与行政法律适用问题研究——全国法院第 32 届学术讨论会获奖论文集》，人民法院出版社 2021 年版。

② 参加天津市第一中级人民法院（2019）津 01 民终 5927 号民事判决书。

③ 上海佳华企业发展有限公司诉上海佳华教育进修学院股东知情权纠纷案，载《最高人民法院公报》2019 年第 2 期。

益，从法律体系加以解释，举办者作为民办学校的出资人，享有的合法权益应当包括了解和掌握学校办学和管理活动等重要信息的权利，该权利是举办者依法取得合理回报、参与重大决策和选择管理者等权利的重要基础。

（3）归纳裁判规则：佳华案可归纳出的裁判规则是，国家保障民办学校举办者包括知情权在内的合法权益。学校的出资人，享有了解和掌握学校办学和管理活动等重要信息的权利。

（4）演绎个案裁判：在案例一援引上述裁判规则，可得出结论，明德公司作为华晟学校的出资人，有权查阅该学校的章程、会议决议、会计账簿等资料。

在这一过程中，法官需要通过"归纳—演绎"的推理方法，先从类案裁判中归纳裁判规则，再将该规则作为支援演绎待决案件，进而形成正当理由。

2. 解释补强型

【案例2】毛女士与B汽车公司生命权、健康权、身体权纠纷案[①]

毛女士于2014年6月在汽车公司店内购车过程中，掉入B公司展厅内举升机升起后留下的深坑，被摔伤致残，毛女士对B公司提起违反安全保障义务责任纠纷，法院判决B公司对毛女士进行损害赔偿，其中包含被扶养人（毛女士的女儿）的生活费。2016年4月，毛女士的第二个孩子出生，其再次起诉B公司称，其次子亦为其被扶养人，故要求次子的生活费。

在案例2中，需要解释侵权行为发生后出生的子女，是否属于法律规定的赔偿范围"被扶养人生活费"中的"被扶养人"。

（1）检索类似案件：为参照类案正当理由，检索到胡女士与番禺区中心医院医疗损害责任纠纷案（以下简称中心医院案）。[②]该案中，胡女士主张其因2008年9月在番禺区中心医院处手术，导致其腰部受伤无法对意外怀孕终止妊娠，只能于2014年9月生下小孩董某，要求番禺区中心医院向其支付董某的抚养费。争议焦点在于，人身损害侵权案件中，应以何时为准确定被扶养人的范围。

（2）参照解释说理：在中心医院案中，法院认为，第一，原《民法总则》规定，侵害公民身体造成死亡的，支付被扶养人必要的生活费以"死者生前"

---

① 参见北京市高级人民法院（2018）京民再15号民事判决书。
② 参见广东省广州市中级人民法院（2019）粤01民终13540号民事判决书。

这一时间为限。据此,以受害人遭受侵害事实的时间来确定被扶养人的范围符合法律的基本精神。第二,如缺乏时间点予以标记,侵权人将面临责任范围无限扩大的可能,从公平分配损失和风险的角度而言,不符合侵权责任法律制度的立法意旨。第三,如把侵害事实以后出生的子女列入被扶养人的范围,将令侵权人的负债处于一种长期不确定的状态,不利于法律秩序的稳定。第四,从比较法的角度考察,以受害人遭受损害为时间点限制被扶养人的范围在国际上存在立法先例,符合损害赔偿的一般法理。

(3)解释法律规定:中心医院案对于原《侵权责任法》所指被扶养人的解释为,以受害人遭受侵害事实的时间来确定被扶养人的范围。侵害事实发生后才怀孕出生的子女,不应列入被扶养人的范围。

(4)演绎个案裁判:参照中心医院案的解释方法,案例2应认为,毛女士在B公司侵权行为发生后怀孕生下的次子,不属于法律规定的赔偿范围中的"被扶养人"。B公司无须对毛女士次子的生活费予以赔偿。

在这一过程中,法官需要参照类案的解释方法,对支援的含义予以明确,在演绎个案裁判时,补强正当理由。

3. 价值矫正型

【案例3】姚某与上京公司买卖合同纠纷案①

姚某在上京公司处购买薏米粉16瓶,实际支付1160元;6天后,从该处购买相同食品16瓶;又4天后,再次购买该食品16瓶。姚某起诉主张该食品在配料表中标注含有不能作为食品原料的亚麻籽不符合食品安全标准,要求上京公司赔偿其购买全部食品价格的十倍金额,共计3万余元。

在案例3中,上京公司经营明知是不符合食品安全标准的食品,应支付惩罚性赔偿;但姚某明知该食品存在食品安全问题,故意多次、大量购买,欲通过索赔牟利,该行为亦不应得到纵容鼓励。此时需要进行价值衡量。

(1)检索类似案件:为参照类案的反驳,检索到张某诉上蔬公司买卖合同纠纷案(以下简称上蔬公司案)。②张某在上蔬公司购买6枚咸鸭蛋,单价2.2元,通过银行卡刷卡支付6次,开具购物小票6张。该批咸鸭蛋已过保质期1天。次日,张某以同样方式又在该店购买了相同批次的40枚过期咸鸭

---

① 参见北京市第二中级人民法院(2017)京02民终7854号民事判决书。
② 参见上海市第一中级人民法院(2016)沪01民终10490号民事判决书。

蛋。张某起诉要求上蔬公司按照每枚咸鸭蛋最低赔偿 1000 元计算，共赔偿 4.6 万元。

（2）参照价值衡量：在上蔬公司案中法院认为，我国食品安全法惩罚性赔偿之规定，是出于更好地规范食品生产流通环节、保障公众身体健康和生命安全之目的，而对生产经营不符合食品安全标准之食品的生产者、经营者课以重责。购买者以食品不符合食品安全标准为由主张惩罚性赔偿，系行使法律赋予之权利，然通过民事诉讼主张权利，亦应遵循民事诉讼之诚信原则。张某于 2 日内分 46 次结算购买 46 枚咸鸭蛋，据此主张惩罚性赔偿金 4.6 万元，与食品安全法的惩罚性赔偿制度之立法初衷不符，亦有悖于民事诉讼的诚信原则。

（3）反驳矫正主张：该案中，法院以诚信原则作为反驳，矫正了以每枚咸鸭蛋赔付 1000 元的方式计算赔偿金带来的不公，以张某购买 46 枚咸鸭蛋总货款 101.2 元之十倍计算惩罚性赔偿金为 1012 元。

（4）矫正个案裁判：援引上蔬公司案中的价值论证，案例 3 仅支持其第一次购买的食品价款十倍的赔偿金，对后续购买的部分不予支持。

区别于"规则导向"的形式逻辑思考方式，价值衡量在本质上是一种"价值导向"的理性思考方式，使法律的形式正义与个案的实质正义得到共同实现。①

此外，与案例运用相配套的是注重司法知识与实践理性的职业化、经验化、务实化的法学教育与培训模式。② 当前存在案例应用传统缺失、案例应用裁判思维习惯欠缺等问题，均需要经过系统的教育与培训，形成一种以学与术并重为基本定位、以诉讼程序问题与证据认定问题为培训内容等实践性的培训课程。

比较三种类案运用方法后，我们不禁引出一个问题，类案规则的意义在于，在没有法律明文规定或规定模糊的情况下可以参照适用。鉴于我国属于成文法国家，法官仅能在法律规定的范围内适用法律，而不能超越自由裁量

---

① 孙盈、赵桐、祝兴栋：《类案在司法推理中的规范化运用研究》，载北京市第二中级人民法院网，https://bj2zy.chinacourt.gov.cn/article/detail/2021/09/id/6254564.shtml，最后访问时间：2022 年 2 月 21 日。

② 参见［美］米尔伊安·R. 达玛什卡：《司法和国家权力的多种面孔——比较视野中的法律程序》，郑戈译，中国政法大学出版社 2004 年版，第 33 页。

权的边界。因此，对法律的解释若超出一定界限将被视为"法官造法"。简言之，法官可以创设规则，但必须有边界。在民事法领域中，因有"不得以法律不备而拒绝正义"的原则，司法造法通常能够得到立法者的概括授权与认可。① 我们认为法律续造在一般意义范围内应当被认可，才能更好地践行法律规范。

四、构建考核保障机制

类案人工智能在司法应用中仍未得到广泛认同，根本原因在于法官对类案智能系统风险存有顾虑，主要为：在案多人少背景下，检索结果甄选费时加重审判负担；未参照类案结论可能会引发舆论风险和信访危机，参照检索结果也面临参照先例被改判是否会导致错案责任追究，这些都是造成法官运用检索机制意愿不高的现实障碍。

（一）建立同类案件由专人审理的机制

通常情况下，人人都有荣誉感和成就感，都有维护、持续实施和遵循自己先前作出行为的倾向，而且同一人（或合议庭）对同类案件作出相反判决被他人发现后会陷入自相矛盾之境，难于自圆其说和推脱责任，故同一人（或合议庭）对同类案件作出相反判决的可能性较小。此外，同类案件由专人审理，专门人员经常接触同类案件，重复相同的工作，也有助于整体提高专门人员的专业化技能。

在司法实践中，一般由法院立案庭法官负责分配案件给各业务庭法官承办。由于立案庭法官对所有类型的案件难以完全厘清、把握，应赋予各业务庭负责人调整分配案件的职责，即根据本庭各法官熟悉类型案件审判业务的情况，对具体案件承办法官进行调配，从而实现类案件由专人（合议庭）审理的机制，有助于减少同一法院"类案不同判"现象的发生。

（二）建立检索能力考核机制，提高法官的类案经验

司法技术和方法的习得主要依靠的是实践中的经验性积累，而非单纯的

---

① 刘文仕：《刑法类推与司法造法》，我国台湾地区学林文化事业有限公司2001年版，第2页。

理论学习，即实践理性才是法官等法律实务工作者培训的核心。[①] 类案检索及报告撰写融合了多重思维，能够快速提高法官及法官助理的办案能力。将检索能力作为司法能力的一个方面进行考核，在法官评先评优和法官助理入额时作为加分项目，有助于提高类案经验的积累，使其快速融入不断发展变化的办案环境。

（三）建立检索差错和结论偏离责任豁免制度

经检索的类案未必就是法律效果、社会效果最佳的裁决方案，且案例数据不完整、检索方法不当、法官认识偏差等客观上会导致检索差错甚至使待决案件裁判尺度偏离。如果对法官参照类案或者偏离类案导致的裁决不当进行追责，将严重挫伤法官的积极性。应当明确此类情形的法官责任豁免制度。

（四）形成检索报告集中归档制度

承办法官在案件审结后及时将该案件对应的类案检索报告、类案检索表归档，并在归档时注明检索人、检索时间，以及检索结论的参照使用和参考使用情况。

同时，为促进检索结论的系统化运用，由专人对归档数据进行管理，并定期归纳整理。已制作的类案检索说明及报告，作为个案裁判处理的知识成果，会随着类案增加，相应的裁判规则会越发清晰，成为成熟的处理规则，由此成为指导同类案件的裁判规则。将这些司法裁判过程中形成的智力成果汇集、整理，不仅能发挥个案检索成果的效能，还能为后续案件处理避免重复劳动，有利于提升司法效率、节约司法资源。相信，国外的判例制度及由此衍生的钥匙码方法及体系，并不一定就是最好的。在中国，探索一种全新的类案检索制度及案例知识编码形式，没有框架，没有止境。任何一种可能的进步，无论要走多少弯路，都是值得向前进的。[②]

每一次生动的个案诉讼实践，都是对制定法作为抽象规则的贯彻和丰富。作为提升案例运用效果的一把钥匙，[③] 案例的运用并非要求法官机械地依据在先案例的裁判规则进行裁判，而是通过"借脑"，在促进"类似案件类似处

---

① 吕忠梅：《论法律的实践理性与法官培训模式选择》，载《探索与争鸣》2006年第11期。
② 陈枝辉：《类案检索，法律人准备好了吗？》，载微信公众号"无讼学院"，2020年8月1日。
③ 张骐：《论类似案件的判断》，载《中外法学》2014年第2期。

理"的同时,可以更好地针对个案作出法官自己独立的判断。最终经由"案件⇔案例⇔指导性案例⇔法"环节的互动生成,形成一种新型司法判决质量控制机制。希望通过找到恰当、有效的规则指引其路径及规则,使类案运用能够进入规范化、有序化、可持续的发展路径。

附录：参考文件

附录：参考文件

最高人民法院
关于统一法律适用加强类案检索的指导意见（试行）

2020年7月15日　　　法发〔2020〕24号

为统一法律适用，提升司法公信力，结合审判工作实际，就人民法院类案检索工作提出如下意见。

一、本意见所称类案，是指与待决案件在基本事实、争议焦点、法律适用问题等方面具有相似性，且已经人民法院裁判生效的案件。

二、人民法院办理案件具有下列情形之一，应当进行类案检索：

（一）拟提交专业（主审）法官会议或者审判委员会讨论的；

（二）缺乏明确裁判规则或者尚未形成统一裁判规则的；

（三）院长、庭长根据审判监督管理权限要求进行类案检索的；

（四）其他需要进行类案检索的。

三、承办法官依托中国裁判文书网、审判案例数据库等进行类案检索，并对检索的真实性、准确性负责。

四、类案检索范围一般包括：

（一）最高人民法院发布的指导性案例；

（二）最高人民法院发布的典型案例及裁判生效的案件；

（三）本省（自治区、直辖市）高级人民法院发布的参考性案例及裁判生效的案件；

（四）上一级人民法院及本院裁判生效的案件。

除指导性案例以外，优先检索近三年的案例或者案件；已经在前一顺位中检索到类案的，可以不再进行检索。

五、类案检索可以采用关键词检索、法条关联案件检索、案例关联检索等方法。

六、承办法官应当将待决案件与检索结果进行相似性识别和比对，确定是否属于类案。

七、对本意见规定的应当进行类案检索的案件，承办法官应当在合议庭评议、专业（主审）法官会议讨论及审理报告中对类案检索情况予以说明，或者制作专门的类案检索报告，并随案归档备查。

八、类案检索说明或者报告应当客观、全面、准确，包括检索主体、时间、平台、方法、结果，类案裁判要点以及待决案件争议焦点等内容，并对是否参照或者参考类案等结果运用情况予以分析说明。

九、检索到的类案为指导性案例的，人民法院应当参照作出裁判，但与新的法律、行政法规、司法解释相冲突或者为新的指导性案例所取代的除外。

检索到其他类案的，人民法院可以作为作出裁判的参考。

十、公诉机关、案件当事人及其辩护人、诉讼代理人等提交指导性案例作为控（诉）辩理由的，人民法院应当在裁判文书说理中回应是否参照并说明理由；提交其他类案作为控（诉）辩理由的，人民法院可以通过释明等方式予以回应。

十一、检索到的类案存在法律适用不一致的，人民法院可以综合法院层级、裁判时间、是否经审判委员会讨论等因素，依照《最高人民法院关于建立法律适用分歧解决机制的实施办法》等规定，通过法律适用分歧解决机制予以解决。

十二、各级人民法院应当积极推进类案检索工作，加强技术研发和应用培训，提升类案推送的智能化、精准化水平。

各高级人民法院应当充分运用现代信息技术，建立审判案例数据库，为全国统一、权威的审判案例数据库建设奠定坚实基础。

十三、各级人民法院应当定期归纳整理类案检索情况，通过一定形式在本院或者辖区法院公开，供法官办案参考，并报上一级人民法院审判管理部门备案。

十四、本意见自 2020 年 7 月 31 日起试行。

附录：参考文件

最高人民法院
关于完善统一法律适用标准工作机制的意见

2020 年 9 月 14 日　　　　　法发〔2020〕35 号

为统一法律适用标准，保证公正司法，提高司法公信力，加快推进审判体系和审判能力现代化，结合人民法院工作实际，制定本意见。

一、统一法律适用标准的意义和应当坚持的原则

1. 充分认识统一法律适用标准的意义。在审判工作中统一法律适用标准，是建设和完善中国特色社会主义法治体系的内在要求，是人民法院依法独立公正行使审判权的基本职责，是维护国家法制统一尊严权威的重要保证，是提升司法质量、效率和公信力的必然要求，事关审判权依法正确行使，事关当事人合法权益保障，事关社会公平正义的实现。各级人民法院要把统一法律适用标准作为全面落实司法责任制、深化司法体制综合配套改革、加快推进执法司法制约监督体系改革和建设的重要内容，通过完善审判工作制度、管理体制和权力运行机制，规范司法行为，统一裁判标准，确保司法公正高效权威，努力让人民群众在每一个司法案件中感受到公平正义。

2. 牢牢把握统一法律适用标准应当坚持的原则。坚持党对司法工作的绝对领导。坚持以习近平新时代中国特色社会主义思想为指导，深入贯彻习近平总书记全面依法治国新理念新思想新战略，全面贯彻落实党的十九大和十九届二中、三中、四中全会精神，增强"四个意识"、坚定"四个自信"、做到"两个维护"，坚持党的领导、人民当家作主、依法治国有机统一，贯彻中国特色社会主义法治理论，坚定不移走中国特色社会主义法治道路，确保党中央决策部署在审判执行工作中不折不扣贯彻落实。

坚持以人民为中心的发展思想。践行司法为民宗旨，依法维护人民权益、化解矛盾纠纷、促进社会和谐稳定。积极运用司法手段推动保障和改善民生，着力解决人民群众最关切的公共安全、权益保障、公平正义问题，满足人民群众日益增长的司法需求。坚持依法治国和以德治国相结合，兼顾国法天理人情，发挥裁判规范引领作用，弘扬社会主义核心价值观，不断增强人民群众对公平正义的获得感。

坚持宪法法律至上。始终忠于宪法和法律，依法独立行使审判权。坚持法律面前人人平等，坚决排除对司法活动的干预。坚持以事实为根据、以法律为准绳，遵守法定程序，遵循证据规则，正确适用法律，严格规范行使自由裁量权，确保法律统一正确实施，切实维护国家法制统一尊严权威。

坚持服务经济社会发展大局。充分发挥审判职能，履行好维护国家政治安全、确保社会大局稳定、促进社会公平正义、保障人民安居乐业的职责使命，服务常态化疫情防控和经济社会发展，促进经济行稳致远、社会安定和谐。全面贯彻新发展理念，服务经济高质量发展；依法平等保护各类市场主体合法权益，加大产权和知识产权司法保护力度，营造稳定公平透明、可预期的法治化营商环境；贯彻绿色发展理念，加强生态环境司法保护，努力实现政治效果、法律效果和社会效果有机统一。

二、加强司法解释和案例指导工作

3.发挥司法解释统一法律适用标准的重要作用。司法解释是中国特色社会主义司法制度的重要组成部分，是最高人民法院的一项重要职责。对审判工作中具体应用法律问题，特别是对法律规定不够具体明确而使理解执行出现困难、情况变化导致案件处理依据存在不同理解、某一类具体案件裁判尺度不统一等问题，最高人民法院应当加强调查研究，严格依照法律规定及时制定司法解释。涉及人民群众切身利益或重大疑难问题的司法解释，应当向社会公开征求意见。进一步规范司法解释制定程序，健全调研、立项、起草、论证、审核、发布、清理和废止机制，完善归口管理和报备审查机制。

4.加强指导性案例工作。最高人民法院发布的指导性案例，对全国法院审判、执行工作具有指导作用，是总结审判经验、统一法律适用标准、提高审判质量、维护司法公正的重要措施。各级人民法院应当从已经发生法律效力的裁判中，推荐具有统一法律适用标准和确立规则意义的典型案例，经最高人民法院审判委员会讨论确定，统一发布。指导性案例不直接作为裁判依据援引，但对正在审理的类似案件具有参照效力。进一步健全指导性案例报送、筛选、发布、编纂、评估、应用和清理机制，完善将最高人民法院裁判转化为指导性案例工作机制,增强案例指导工作的规范性、针对性、时效性。

5.发挥司法指导性文件和典型案例的指导作用。司法指导性文件、典型案例对于正确适用法律、统一裁判标准、实现裁判法律效果和社会效果统一具有指导和调节作用。围绕贯彻落实党和国家政策与经济社会发展需要,最高人民法院及时出台司法指导性文件,为新形势下人民法院工作提供业务指导和政策指引。针对经济社会活动中具有典型意义及较大影响的法律问题,或者人民群众广泛关注的热点问题,及时发布典型案例,树立正确价值导向,传播正确司法理念,规范司法裁判活动。

三、建立健全最高人民法院法律适用问题解决机制

6.建立全国法院法律适用问题专门平台。最高人民法院建立重大法律适用问题发现与解决机制,加快形成上下贯通、内外结合、系统完备、规范高效的法律适用问题解决体系,及时组织研究和解决各地存在的法律适用标准不统一问题。充分发挥专家学者在统一法律适用标准中的咨询作用,积极开展专家咨询论证工作,通过组织召开统一法律适用标准问题研讨会等方式,搭建人大代表、政协委员、专家学者、行业代表等社会各界广泛参与的平台,总结归纳分歧问题,研究提出参考意见,为审判委员会统一法律适用标准提供高质量的辅助和参考。

7.健全法律适用分歧解决机制。审判委员会是最高人民法院法律适用分歧解决工作的集体领导和决策机构,最高人民法院各业务部门、审判管理办公室和中国应用法学研究所根据法律适用分歧解决工作需要,为审判委员会决策提供服务和决策参考。进一步优化法律适用分歧的申请、立项、审查和研究工作机制,对于最高人民法院生效裁判之间存在法律适用分歧或者在审案件作出的裁判结果可能与生效裁判确定的法律适用标准存在分歧的,应当依照《最高人民法院关于建立法律适用分歧解决机制的实施办法》提请解决。

四、完善高级人民法院统一法律适用标准工作机制

8.规范高级人民法院审判指导工作。各高级人民法院可以通过发布办案指导文件和参考性案例等方式总结审判经验、统一裁判标准。各高级人民法院发布的办案指导文件、参考性案例应当符合宪法、法律规定,不得与司法解释、指导性案例相冲突。各高级人民法院应当建立办案指导文件、参考性案例长效工作机制,定期组织清理,及时报送最高人民法院备案,切实解决不同地区法律适用、办案标准的不合理差异问题。

9. 建立高级人民法院法律适用分歧解决机制。各高级人民法院应当参照最高人民法院做法，建立本辖区法律适用分歧解决机制，研究解决本院及辖区内法院案件审理中的法律适用分歧。各中级、基层人民法院发现法律适用标准不统一问题，经研究无法达成一致意见的，应当层报高级人民法院，超出高级人民法院辖区范围的，应当及时报送最高人民法院研究解决。

五、强化审判组织统一法律适用标准的法定职责

10. 强化独任法官、合议庭正确适用法律职责。各级人民法院应当全面落实司法责任制，充分发挥独任法官、合议庭等审判组织在统一法律适用标准中的基础作用。独任法官、合议庭应当严格遵守司法程序，遵循证据规则，正确运用法律解释方法，最大限度降低裁量风险，避免法律适用分歧。发现将要作出的裁判与其他同类案件裁判不一致的，应当及时提请专业法官会议研究。合议庭应当将统一法律适用标准情况纳入案件评议内容，健全完善评议规则，确保合议庭成员平等行权、集思广益、民主决策、共同负责。

11. 发挥审判委员会统一法律适用标准职责。完善审判委员会议事规则和议事程序，充分发挥民主集中制优势，强化审判委员会统一法律适用标准的重要作用。审判委员会应当着重对下列案件，加强法律适用标准问题的研究总结：（1）涉及法律适用标准问题的重大、疑难、复杂案件；（2）存在法律适用分歧的案件；（3）独任法官、合议庭在法律适用标准问题上与专业法官会议咨询意见不一致的案件；（4）拟作出裁判与本院或者上级法院同类案件裁判可能发生冲突的案件。审判委员会应当及时总结提炼相关案件的法律适用标准，确保本院及辖区内法院审理同类案件时裁判标准统一。

六、落实院庭长统一法律适用标准的监督管理职责

12. 明确和压实院庭长监督管理职责。院庭长应当按照审判监督管理权限，加强审判管理和业务指导，确保法律适用标准统一。通过主持或参加专业法官会议，推动专业法官会议在统一法律适用标准上充分发挥专业咨询作用，定期组织研究独任法官、合议庭审理意见与专业法官会议咨询意见、审判委员会决定不一致的案件，为统一法律适用标准总结经验。及时指导法官对审理意见长期与专业法官会议咨询意见、审判委员会决定意见不一致的案件进行分析，促进法官提高统一法律适用标准能力，防止裁判不公和司法不廉。推动院庭长审判监督管理职责与审判组织审判职能、专业法官会议咨询职能、审判委员会决策职能有机衔接、有效运行，形成统一法律适用标准的制度机制体系。

13. 加强对"四类案件"的监督管理。院庭长应当对《最高人民法院关于完善人民法院司法责任制的若干意见》规定的"四类案件"加强监督管理，及时发现已决或待决案件中存在的法律适用标准不统一问题，依照程序采取改变审判组织形式、增加合议庭成员、召集专业法官会议、建议或决定将案件提交审判委员会讨论等举措，及时解决法律适用分歧。院庭长可以担任审判长或承办人审理"四类案件"，依照职权主持或者参加审判委员会讨论决定"四类案件"，在审判组织中促进实现法律适用标准统一。

七、充分发挥审判管理在统一法律适用标准上的作用

14. 加强和规范审判管理工作。各级人民法院应当完善审判管理机制，构建全面覆盖、科学规范、监管有效的审判管理制度体系。审判管理部门在履行流程管理、质量评查等审判管理职责时，对于发现的重大法律适用问题应当及时汇总报告，积极辅助审判委员会、院庭长研究解决统一法律适用标准问题。

15. 将统一法律适用标准作为审判管理的重点。各级人民法院应当加强审判质量管理，完善评查方法和评查标准，将统一法律适用标准情况纳入案件质量评查指标体系。对于可能存在背离法律、司法解释、指导性案例所确定裁判规则等情形的，承办法官应当向案件评查委员会说明理由。对信访申诉、长期未结、二审改判、发回重审、指令再审、抗诉再审案件的审判管理中发现法律适用标准不统一问题的，应当及时提请院庭长和审判委员会研究解决。

八、充分发挥审级制度和审判监督程序统一法律适用标准的作用

16. 发挥审级监督体系作用。强化最高人民法院统一裁判尺度、监督公正司法的职能。加强上级法院对下级法院的审级监督指导，建立健全改判、发回重审、指令再审案件的跟踪督办、异议反馈制度，完善分析研判和定期通报机制。充分发挥二审程序解决法律争议的作用，在二审程序中依法对法律适用问题进行审查，对属于当事人意思自治范围内的法律适用问题，应当充分尊重当事人的选择；对影响司法公正的法律适用标准不统一问题，应当根据当事人诉求或者依职权予以纠正。

17. 充分发挥审判监督程序依法纠错作用。生效案件存在法律适用标准不统一问题的，应当正确处理审判监督程序与司法裁判稳定性的关系，区分案件情况，根据当事人请求或者依法启动院长发现程序，对法律适用确有错误的案件提起再审。人民检察院提出检察建议、抗诉等法律监督行为,涉及法律适用标准不统一问题的,应当依法处理,必要时提请审判委员会讨论决定。

九、完善类案和新类型案件强制检索报告工作机制

18. 规范和完善类案检索工作。按照《最高人民法院关于统一法律适用加强类案检索的指导意见(试行)》要求,承办法官应当做好类案检索和分析。对于拟提交专业法官会议或者审判委员会讨论决定的案件、缺乏明确裁判规则或者尚未形成统一裁判规则的案件、院庭长根据审判监督管理权限要求进行类案检索的案件,应当进行类案检索。对于应当类案检索的案件,承办法官应当在合议庭评议、专业法官会议讨论及审理报告中对类案检索情况予以说明,或者制作类案检索报告,并随案流转归档备查。

19. 规范类案检索结果运用。法官在类案检索时,检索到的类案为指导性案例的,应当参照作出裁判,但与新的法律、行政法规、司法解释相冲突或者为新的指导性案例所取代的除外;检索到其他类案的,可以作为裁判的参考;检索到的类案存在法律适用标准不统一的,可以综合法院层级、裁判时间、是否经审判委员会讨论决定等因素,依照法律适用分歧解决机制予以解决。各级人民法院应当定期归纳整理类案检索情况,通过一定形式在本院或者辖区内法院公开,供法官办案参考。

十、强化对统一法律适用标准的科技支撑和人才保障

20. 加强统一法律适用标准的技术支撑。各级人民法院应当深化智慧法院建设,为统一法律适用标准提供信息化保障。最高人民法院加快建设以司法大数据管理和服务平台为基础的智慧数据中台,完善类案智能化推送和审判支持系统,加强类案同判规则数据库和优秀案例分析数据库建设,为审判人员办案提供裁判规则和参考案例,为院庭长监督管理提供同类案件大数据报告,为审判委员会讨论决定案件提供决策参考。各级人民法院应当充分利用中国裁判文书网、"法信"、中国应用法学数字化服务系统等平台,加强案例分析与应用,提高法官熟练运用信息化手段开展类案检索和案例研究的能力。

21. 加强对审判人员法律适用能力的培养。各级人民法院应当加大对审判人员政治素质和业务能力的培训力度,强化与统一法律适用标准相关的法律解释、案例分析、类案检索、科技应用等方面能力的培养,全面提高审判人员统一法律适用标准的意识和能力。

最高人民法院
印发《关于在审判执行工作中切实规范自由裁量权行使保障法律统一适用的指导意见》的通知

2012年12月28日　　　法发〔2012〕7号

各省、自治区、直辖市高级人民法院,解放军军事法院,新疆维吾尔自治区高级人民法院生产建设兵团分院:

现将最高人民法院《关于在审判执行工作中切实规范自由裁量权行使保障法律统一适用的指导意见》印发给你们,请认真贯彻落实。

关于在审判执行工作中切实规范自由裁量权行使保障法律统一适用的指导意见

中国特色社会主义法律体系如期形成,标志着依法治国基本方略的贯彻实施进入了一个新阶段,人民法院依法履行职责、维护法制统一、建设社会主义法治国家的责任更加重大。我国正处在重要的社会转型期,审判工作中不断出现新情况、新问题;加之,我国地域辽阔、人口众多、民族多样性等诸多因素,造成经济社会发展不平衡。这就要求人民法院在强化法律统一适用的同时,正确运用司法政策,规范行使自由裁量权,充分发挥自由裁量权在保障法律正确实施,维护当事人合法权益,维护司法公正,提升司法公信力等方面的积极作用。现就人民法院在审判执行工作中切实规范自由裁量权行使,保障法律统一适用的若干问题,提出以下指导意见:

一、正确认识自由裁量权。自由裁量权是人民法院在审理案件过程中,根据法律规定和立法精神,秉持正确司法理念,运用科学方法,对案件事实认定、法律适用以及程序处理等问题进行分析和判断,并最终作出依法有据、公平公正、合情合理裁判的权力。

二、自由裁量权的行使条件。人民法院在审理案件过程中，对下列情形依法行使自由裁量权：（一）法律规定由人民法院根据案件具体情况进行裁量的；（二）法律规定由人民法院从几种法定情形中选择其一进行裁量，或者在法定的范围、幅度内进行裁量的；（三）根据案件具体情况需要对法律精神、规则或者条文进行阐释的；（四）根据案件具体情况需要对证据规则进行阐释或者对案件涉及的争议事实进行裁量认定的；（五）根据案件具体情况需要行使自由裁量权的其他情形。

三、自由裁量权的行使原则。（一）合法原则。要严格依据法律规定，遵循法定程序和正确裁判方法，符合法律、法规和司法解释的精神以及基本法理的要求，行使自由裁量权。不能违反法律明确、具体的规定。（二）合理原则。要从维护社会公平正义的价值观出发，充分考虑公共政策、社会主流价值观念、社会发展的阶段性、社会公众的认同度等因素，坚持正确的裁判理念，努力增强行使自由裁量权的确定性和可预测性，确保裁判结果符合社会发展方向。（三）公正原则。要秉持司法良知，恪守职业道德，坚持实体公正与程序公正并重。坚持法律面前人人平等，排除干扰，保持中立，避免偏颇。注重裁量结果与社会公众对公平正义普遍理解的契合性，确保裁判结果符合司法公平正义的要求。（四）审慎原则。要严把案件事实关、程序关和法律适用关，在充分理解法律精神、依法认定案件事实的基础上，审慎衡量、仔细求证，同时注意司法行为的适当性和必要性，努力实现办案的法律效果和社会效果的有机统一。

四、正确运用证据规则。行使自由裁量权，要正确运用证据规则，从保护当事人合法权益、有利查明事实和程序正当的角度，合理分配举证责任，全面、客观、准确认定证据的证明力，严格依证据认定案件事实，努力实现法律事实与客观事实的统一。

五、正确运用法律适用方法。行使自由裁量权，要处理好上位法与下位法、新法与旧法、特别法与一般法的关系，正确选择所应适用的法律；难以确定如何适用法律的，应按照立法法的规定报请有关机关裁决，以维护社会主义法制的统一。对同一事项同一法律存在一般规定和特别规定的，应优先适用特别规定。要正确把握法律、法规和司法解释中除明确列举之外的概括性条款规定，确保适用结果符合立法原意。

六、正确运用法律解释方法。行使自由裁量权,要结合立法宗旨和立法原意、法律原则、国家政策、司法政策等因素,综合运用各种解释方法,对法律条文作出最能实现社会公平正义、最具现实合理性的解释。

七、正确运用利益衡量方法。行使自由裁量权,要综合考量案件所涉各种利益关系,对相互冲突的权利或利益进行权衡与取舍,正确处理好公共利益与个人利益、人身利益与财产利益、生存利益与商业利益的关系,保护合法利益,抑制非法利益,努力实现利益最大化、损害最小化。

八、强化诉讼程序规范。行使自由裁量权,要严格依照程序法的规定,充分保障各方当事人的诉讼权利。要充分尊重当事人的处分权,依法保障当事人的辩论权,对可能影响当事人实体性权利或程序性权利的自由裁量事项,应将其作为案件争议焦点,充分听取当事人的意见;要完善相对独立的量刑程序,将量刑纳入庭审过程;要充分保障当事人的知情权,并根据当事人的要求,向当事人释明行使自由裁量权的依据、考量因素等事项。

九、强化审判组织规范。要进一步强化合议庭审判职责,确保全体成员对案件审理、评议、裁判过程的平等参与,充分发挥自由裁量权行使的集体把关机制。自由裁量权的行使涉及对法律条文的阐释、对不确定概念的理解、对证据规则的把握以及其他可能影响当事人重大实体性权利或程序性权利事项,且有重大争议的,可报请审判委员会讨论决定,确保法律适用的统一。

十、强化裁判文书规范。要加强裁判文书中对案件事实认定理由的论证,使当事人和社会公众知悉法院对证据材料的认定及采信理由。要公开援引和适用的法律条文,并结合案件事实阐明法律适用的理由,充分论述自由裁量结果的正当性和合理性,提高司法裁判的公信力和权威性。

十一、强化审判管理。要加强院长、庭长对审判活动的管理。要将自由裁量权的行使纳入案件质量评查范围,建立健全长效机制,完善评查标准。对自由裁量内容不合法、违反法定程序、结果显失公正以及其他不当行使自由裁量权的情形,要结合审判质量考核的相关规定予以处理;裁判确有错误,符合再审条件的,要按照审判监督程序进行再审。

十二、合理规范审级监督。要正确处理依法改判与维护司法裁判稳定性的关系,不断总结和规范二审、再审纠错原则,努力实现裁判标准的统一。下级人民法院依法正当行使自由裁量权作出的裁判结果,上级人民法院应当依法予以维持;下级人民法院行使自由裁量权明显不当的,上级人民法院可以予以撤销或变更；原审人民法院行使自由裁量权显著不当的，要按照审判监督程序予以撤销或变更。

十三、加强司法解释。最高人民法院要针对审判实践中的新情况、新问题，及时开展有针对性的司法调研。通过司法解释或司法政策，细化立法中的原则性条款和幅度过宽条款，规范选择性条款和授权条款，统一法律适用标准。要进一步提高司法解释和司法政策的质量，及时清理已过时或与新法产生冲突的司法解释，避免引起歧义或规则冲突。

十四、加强案例指导。各级人民法院要及时收集、整理涉及自由裁量权行使的典型案例，逐级上报最高人民法院。最高人民法院在公布的指导性案例中，要有针对性地筛选出在诉讼程序展开、案件事实认定和法律适用中涉及自由裁量事项的案例，对考量因素和裁量标准进行类型化。上级人民法院要及时掌握辖区内自由裁量权的行使情况，不断总结审判经验，提高自由裁量权行使的质量。

十五、不断统一裁判标准。各级人民法院内部对同一类型案件行使自由裁量权的，要严格、准确适用法律、司法解释，参照指导性案例，努力做到类似案件类似处理。下级人民法院对所审理的案件，认为存在需要统一裁量标准的，要书面报告上级人民法院。在案件审理中，发现不同人民法院对同类案件的处理存在明显不同裁量标准的，要及时将情况逐级上报共同的上级人民法院予以协调解决。自由裁量权的行使涉及具有普遍法律适用意义的新型、疑难问题的，要逐级书面报告最高人民法院。

十六、加强法官职业保障。要严格执行宪法、法官法的规定，增强法官职业荣誉感，保障法官正当行使自由裁量权。要大力建设学习型法院，全面提升司法能力。要加强法制宣传，引导社会和公众正确认识自由裁量权在司法审判中的必要性、正当性，不断提高社会公众对依法行使自由裁量权的认同程度。

十七、防止权力滥用。要进一步拓展司法公开的广度和深度，自觉接受人大、政协、检察机关和社会各界的监督。要深入开展廉洁司法教育，建立健全执法过错责任追究和防止利益冲突等制度规定，积极推进人民法院廉政风险防控机制建设，切实加强对自由裁量权行使的监督，对滥用自由裁量权并构成违纪违法的人员，要依据有关法律法规及纪律规定进行严肃处理。

北京市高级人民法院
关于类案及关联案件检索实施办法（试行）

（2020年9月修订）

为进一步规范法官裁量权行使，促进法律适用统一，落实司法责任制，提升司法公信力，根据《最高人民法院关于落实司法责任制完善审判监督管理机制的意见（试行）》《最高人民法院关于进一步全面落实司法责任制的实施意见》《最高人民法院关于深化人民法院司法体制综合配套改革的意见——人民法院第五个五年改革纲要（2019—2023年）》等相关规定，结合北京法院类案及关联案件检索实际，制定本办法。

第一条 审理中的案件与其他审理中或者已经审结的案件，在基本案情和法律适用方面相类似的，属于同类案件。在确定类案时，可以结合法律关系、主要事实、争议问题、适用法律等要素综合判断。

审理中的案件与其他审理中或者已经审结的案件，在案件事实或裁判结果等方面存在关联性的，属于关联案件。在判断关联案件时，可以考虑诉讼参与人、诉讼标的物等要素。

第二条 具有下列情形之一的，应当进行类案检索：

（一）涉及群体性纠纷，可能影响社会稳定的；

（二）合议庭成员意见分歧较大的；

（三）与本院或上级法院的类案判决以及裁判规则可能发生冲突的；

（四）拟提交专业法官会议、审判委员会讨论的；

（五）报送参阅案例、指导性案例、制定统一法律适用类业务规范文件的；

（六）新类型、疑难、复杂、社会影响重大等其他具有促进法律适用统一意义的案件。

除前述列举情形外，法官在案件审理过程中可以积极开展类案检索工作，各单位可以根据案件审理需要确定应当检索的案件类型。

关联案件应当进行检索。

第三条 法官可以依托中国裁判文书网、法信、办案系统、专业检索网站等平台，通过案由、当事人、关键词、争议焦点、适用法律等要素对类案及关联案件进行检索。

检索范围一般包括：（一）最高人民法院发布的指导性案例；（二）最高人民法院发布的典型案例及裁判生效的案件；（三）市高级法院发布的参阅案例及裁判生效的案件；（四）所在辖区中院及本院裁判生效的案件。除指导性案例以外，优先检索近三年的案例或者案件；已经在前一顺位中检索到类案的，可以不再进行检索。

第四条 类案及关联案件检索时应当制作检索报告，检索报告应当包含检索要点、检索平台、检索路径、检索日期、检索结果、结果分析、拟作出的判决结果等内容。

检索报告应当在合议庭合议、专业法官会议及审判委员会讨论时提交。

第五条 经类案及关联案件检索，有下列情形的，法官应当根据情况作出如下处理：

（一）拟作出的裁判结果将与本院同类生效案件裁判尺度有明显差异或有冲突的，应当报告庭长，按照程序提交专业法官会议、审判委员会解决；

（二）发现全市法院同类生效案件裁判尺度存在明显差异或存在冲突的，应当上报上级法院，启动统一法律适用机制；

（三）对于没有同类生效案件，拟作出的裁判结果将形成新的裁判参考标准的，应当提交专业法官会议讨论，必要时按照程序提交审判委员会解决；

（四）统一法律适用的案例、裁判规则、业务文件等，原则上应当与类案检索结果一致，不一致的应当在专业法官会议、审判委员会讨论时说明；

（五）无法形成确定检索结果的，在合议庭合议、专业法官会议及审判委员会讨论时说明。

第六条 通过法官检索或者当事人提供线索，发现审理中的案件需要与其他审理中的类案或关联案件的裁判尺度进行统一的，或者需要以其他审理中的案件裁判结果作为事实认定或法律适用前提的，应当按照程序通过专业法官会议或审判委员会与办理相关案件的法官研究裁判标准。

本院无法协调的，院庭长经研究后认为有必要的，可以向上级法院、市高级法院相关业务部门请求协调处理。

第七条 当事人、诉讼代理人提供类案及关联案件检索报告的，法官应当综合所提交案件与审理中的案件是否属于类案及关联案件、是否具有参考价值、审理法院是否具有审级监督关系、检索报告是否全面准确等因素决定是否在审理中的案件中参考，可以在合议笔录或工作记录中载明，必要时在庭审、裁判文书中就检索结果明确的法律理由、所适用的法律条文进行回应。

法官认为有必要的，可以释明当事人、诉讼代理人提交类案及关联案件检索报告。

第八条 各法院定期对类案及关联案件检索工作进行梳理，通过典型案例、检索报告、裁判指引等方式总结审判经验，统一裁判标准。

各法院经本院专业法官会议或审判委员会讨论形成的类案裁判规则，应当征求市高级法院相关统一法律适用责任部门意见并报备。

第九条 各法院专业法官会议或审判委员会对于类案裁判规则无法形成统一意见的，应当报请市高级法院相关统一法律适用责任部门解决。上报的内容包括法律适用不统一的具体问题、相关案例、检索报告、专业法官会议或审判委员会研究记录、法律适用意见建议等。

市高级法院相关统一法律适用责任部门可以通过专业法官会议、统一法律适用研讨会等方式研究解决，无法解决的，可以按照程序提请市高级法院审判委员会研究解决。

第十条 各法院在类案及关联案件检索中应当注重信息化建设，以裁判文书公开、电子卷宗随案同步生成和深度运用工作为依托，加强基本案例数据库和类案裁判标准库建设，逐步建立全市统一的类案及关联案件检索报告发布平台，完善对案例的深度加工分析，探索实现类案及关联案件精准智能推送。

第十一条 各法院应当积极构建当事人及诉讼代理人参与类案及关联案件检索机制，加强与律协及其相关专业委员会沟通，采用培训、研讨、座谈等形式，就开展类案及关联案件检索实践操作、存在问题等进行交流，充分发挥法律职业共同体解决类案裁判尺度统一问题的作用。

第十二条 各法院在专业法官会议、审判委员会等工作管理中，在案件、文书评优中，可以将类案及关联案件检索情况作为考量因素予以考虑。

第十三条 本办法由北京市高级人民法院负责解释。

第十四条 本办法自下发之日起试行。本办法如与新颁布的法律、司法解释、最高人民法院司法政策不一致的，以法律、司法解释、最高人民法院司法政策的规定为准。

湖南省高级人民法院
关于规范法官裁量权行使 保障裁判尺度统一的实施意见（试行）

2020年8月20日　　　　　湘高法发〔2020〕18号

为贯彻落实《最高人民法院关于统一法律适用加强类案检索的指导意见（试行）》，规范法官裁量权行使，保障裁判尺度统一，结合湖南实际，制定本实施意见。

第一条 规范法官裁量权行使应当在准确认定事实的基础上，保障法律适用、裁判标准尺度统一，实现个案公正，提升司法公信，树立司法权威。

第二条 规范法官裁量权行使应当确保规范法官权力行使、实现审级监督与保障依法独立行使审判权相统一，确保案件程序公正与实体公正相统一，确保案件政治效果、法律效果、社会效果相统一。

第三条 承办法官、合议庭应注重通过下列途径发现待决案件是否存在裁判尺度不统一问题：

（一）当事人及其诉讼代理人、辩护人提出；

（二）检察机关提出；

（三）通过强化庭前会议、开庭审理、询问等功能，整理案件争议焦点、听取诉辩双方意见发现；

（四）关联案件查询、类案检索发现；

（五）对案件负有审判监督职责的院、庭长提出；

（六）其他途径。

院、庭长应当通过参加专业（主审）法官会议或者审判委员会、处理各类信访投诉等方式，及时发现并处理裁判尺度不统一的问题。

第四条 关联案件是指待决案件与本院的其他案件、其他法院的案件在当事人、案件事实等关键要素方面存在关联关系的案件。关联案件包括但不限于下列情形：

（一）其他案件当事人与待决案件所涉事实或所涉法律关系有密切联系的案件；

（二）待决案件处理结果对其他案件当事人的利益有直接影响的案件；

（三）本案必须以其他案件审理结果为依据的案件；

（四）其他存在关联关系，需要统一裁判尺度的案件。

第五条　承办法官审理个案，具有下列情形之一的，应当通过数字法院应用系统、中国裁判文书网等平台，以当事人、案由等为要素对关联案件进行查询：

（一）刑事案件中，本案证人与另案被告人相同，指控罪名相同或者存在关联关系的；

（二）民事行政案件中，本案一方当事人与另案原告、被告、第三人相同，案由相同或者存在关联关系的；

（三）案件性质不同但所涉基本事实相同的。

第六条　发现关联案件后，审理待决案件承办法官应及时与审理关联案件的承办法官进行协调。待决案件承办法官与关联案件承办法官协调存在困难的，待决案件承办法官应报告院、庭长，由院、庭长依职权协调。待决案件与关联案件分属于没有上下级关系法院审理的，待决案件法院应报告与关联案件法院共同的上级法院，由共同的上级法院协调，确保关联案件裁判尺度统一。

第七条　待决案件的关联案件已审结，当事人及其诉讼代理人、辩护人、检察机关对待决案件裁判尺度提出异议的，应当对待决案件依法审理，对确有错误的关联案件依法通过审判监督程序处理。

第八条　类案，是指与待决案件在基本事实、争议焦点、法律适用问题等方面具有相似性，且已生效的案件。

第九条　承办法官审理个案，具有下列情形之一的，应当对类案进行检索：

（一）当事人及其诉讼代理人、辩护人、检察机关对裁判尺度提出异议，且已提交相关案例作为诉辩理由的；

（二）拟提交专业（主审）法官会议或者审判委员会讨论的；

（三）缺乏明确裁判规则或者尚未形成统一裁判规则的；

（四）院长、庭长按照审判监督管理权限要求进行类案检索的；

（五）承办法官、合议庭认为有必要的；

（六）其他需要进行类案检索的。

第十条 检索类案时，可以依托中国裁判文书网、法信等平台，按下列顺序进行：

（一）最高人民法院、最高人民检察院发布的指导性案例；

（二）《最高人民法院公报》刊登的案例、裁判文书；

（三）最高人民法院各业务庭公开发布的案例、裁判文书；

（四）各高级人民法院公布的参考案例；

（五）本院和上级法院生效裁判；

（六）中国审判案例要览案例、人民法院案例选案例；

（七）其他案例。

已经检索到指导性案例的，可以不再进行后续顺位的检索。

第十一条 检索到类案的，承办法官、合议庭应当将待决案件与检索结果在基本事实、争议焦点、法律适用等方面的相似性进行识别和比对，并对类案的真实性负责。

第十二条 经检索类案，对待决案件按照以下程序办理：

（一）拟作出的裁判结果与检索到的类案裁判尺度一致，且案件不属于监督案件的，承办法官、合议庭作出说明后即可按规定制作、签署裁判文书，承办法官、合议庭也可以对意见分歧较大的案件提请专业（主审）法官会议讨论；

（二）拟作出的裁判结果与检索到的类案裁判尺度一致，但案件属于监督案件的，承办法官、合议庭作出说明后按规定将案件报请院、庭长监督；

（三）拟作出的裁判结果与检索到的类案裁判尺度存在重大差异的，应当将案件报请院、庭长监督，由院、庭长提交专业（主审）法官会议讨论；

（四）在审理新类型案件中，拟作出的裁判结果将形成新的裁判尺度的，应当将案件报请院、庭长监督，由院、庭长提交专业（主审）法官会议讨论。

第十三条 案件经专业（主审）法官会议讨论后，承办法官、合议庭独立决定是否采纳专业（主审）法官会议讨论形成的意见，并对案件最终处理结果负责。

第十四条 案件经专业（主审）法官会议讨论后，院、庭长可以按照审判监督管理权限要求承办法官、合议庭根据专业（主审）法官会议讨论的意见对案件进行复议。经复议未采纳专业（主审）法官会议形成的多数意见的，院、庭长应当按照规定将案件提交审判委员会讨论决定。

第十五条 待决案件所涉裁判尺度统一疑难问题经本院审判委员会研究后，可以按相关规定向上级法院逐级报送个案法律适用请示。

第十六条 关联案件查询、类案检索情况，承办法官应当在合议庭评议、专业（主审）法官会议、审判委员会讨论或审理报告中予以说明，并随案归档备查。

第十七条 院、庭长应当通过查看案件评查结果、分析改判发回案件、听取辖区法院意见、处理各类信访投诉等方式，及时发现并处理裁判尺度统一问题。

第十八条 省高级人民法院各审判庭设业务指导团队，负责全省法院相关审判业务条线裁判尺度统一工作。具体职责包括：

（一）监督指导全省法院裁判尺度统一工作；

（二）收集、汇总全省法院裁判尺度统一的重大问题；

（三）就某个或某类问题制定全省法院裁判尺度统一的具体标准；

（四）组织全省法院相关条线裁判尺度统一的交流沟通；

（五）裁判尺度统一问题的其他工作。

全省各中基层法院应根据实际情况设立专门团队或专门人员，负责辖区内裁判尺度统一工作。

第十九条 各法院业务部门之间、上级法院与下级法院之间应建立信息沟通与业务协调机制，及时发现、共同研究案件审理中裁判尺度不统一问题。下级法院对于发现的裁判尺度不统一问题经研究无法达成一致意见的，应按相关规定逐级报送上级法院，由上级法院按相关规定对裁判尺度统一问题进行指导。

裁判尺度统一问题所形成的意见，应经所在法院专业（主审）法官会议或审判委员会研究。

第二十条 下级法院专业（主审）法官会议、审判委员会讨论裁判尺度统一问题形成倾向性意见，拟在辖区内发布的，应在发布前层报省高级人民法院研究室备案审查，省高级人民法院应在15日内备案审查完毕。对拟发布的裁判尺度统一问题,省高级人民法院可以转发全省其他法院供学习交流。

第二十一条 承办法官、合议庭因故意或者重大过失,未发现个案裁判尺度不统一的问题,导致裁判错误并造成严重后果的,依法依纪追究审判责任。

负有监督管理职责的人员因故意或者重大过失,未发现个案裁判尺度不统一的问题,导致裁判错误并造成严重后果的,依法依纪追究监督管理责任。

第二十二条 本实施意见适用于全省各级人民法院,由湖南省高级人民法院审判委员会负责解释。

本实施意见与法律、司法解释不一致的,以法律、司法解释为准。

本实施意见自下发之日起试行。

湖南省高级人民法院
印发《关于类案检索的实施意见》的通知

2021年12月4日　　　　　湘高法发〔2021〕33号

全省各级人民法院、机关各部门：

现将《关于类案检索的实施意见》印发给你们。执行过程中如有问题，请及时报告我院研究室。

湖南省高级人民法院关于类案检索的实施意见

为加快推进司法制约监督体系改革，根据《最高人民法院关于统一法律适用加强类案检索的指导意见（试行）》《最高人民法院统一法律适用工作实施办法》及相关法律、司法解释、规范性文件的规定，结合湖南实际，制定本实施意见。

一、检索启动

1. 类案，是指与待决案件在基本事实、争议焦点、法律适用问题等方面具有相似性，且已经人民法院裁判生效的案件。

2. 当事人及其诉讼代理人（辩护人）、检察机关在诉讼过程中，可以检索案件并把检索情况作为诉辩意见向法院提出。

3. 案件属于院庭长审判监督管理范围的，院庭长可以根据审判监督管理权限要求合议庭检索类案，院庭长也可以自行检索类案，提示承办人、合议庭注意。

4. 承办人、合议庭在案件办理过程中，具有下列情形之一的，应当检索类案：

（1）拟提交专业法官会议或者审判委员会讨论的案件；

（2）缺乏明确裁判规则或者尚未形成统一裁判规则的案件；

（3）院庭长根据审判监督管理权限要求进行类案检索的案件；

（4）重大、疑难、复杂、敏感的；

（5）与最高人民法院类案裁判可能发生冲突的；

（6）当事人及其诉讼代理人（辩护人）、检察机关提交指导性案例或者最高人民法院生效案例支持其诉辩意见的案件；

（7）有关单位或个人反映法官有违法审判行为的；

（8）检察机关抗诉的；

（9）涉及群体性纠纷或者引发社会广泛关注，可能影响社会稳定的。

事实清楚，权利义务关系明确，争议不大的案件，可以不予检索。

二、检索事项

5. 类案检索的范围一般包括：

（1）最高人民法院发布的指导性案例；

（2）最高人民法院发布的典型案例及裁判生效的案件；

（3）省高级人民法院发布的参考性案例及裁判生效的案件；

（4）上一级人民法院及本院裁判生效的案件。

6. 已经检索到指导性案例的，可以不再进行后续顺位的检索。

鼓励当事人及其诉讼代理人（辩护人）、检察机关根据办案需要检索案件。

7. 类案检索的要素包括基本事实、争议焦点、法律适用三方面，检索人应当围绕待决案件的一个或者几个要素检索类案。

三、检索方法

8. 人民法院一般依托中国裁判文书网、法信等审判案例数据库检索类案。

当事人及其诉讼代理人（辩护人）、检察机关还可以依托其他商业数据库积极检索类案。

9. 类案检索可以采用关键词、法条关联案件、案例关联等检索方法。

10. 当事人及其诉讼代理人（辩护人）、检察机关提交检索的案件作为诉辩意见的，可以形成案件检索报告。案件检索报告作为诉辩意见的一部分。

11. 当事人及其诉讼代理人（辩护人）、检察机关提交检索的案件作为诉辩意见的，应当对检索的案件来源、案件真实性以及是否发生法律效力作出书面说明。

当事人及其诉讼代理人（辩护人）、检察机关作出说明后，承办人、合议庭应当依托中国裁判文书网、法信等审判案例数据库对诉辩双方提交的案件来源、案件真实性以及是否发生法律效力进行核实。

12. 承办人、合议庭检索类案应当全面。类案检索情况应当制作类案检索报告。类案检索报告可以是单独的检索报告，也可以作为审理报告、合议庭评议笔录的一项内容。承办人、合议庭可以根据案件情况采用备注式检索报告、表格式检索报告或者分析式检索报告。

13. 人民法院应当根据类案检索报告的不同载体，分别作为案卷正、副卷归档。

14. 拟提交专业法官会议或者审判委员会讨论的案件，一般采用分析式检索报告。分析式检索报告应标明类案案号、类案来源，摘取类案在基本事实认定、争议焦点归纳、法律适用等一方面或几方面的裁判要旨，并对与待决案件识别比对情况进行简要分析说明。

院庭长监督案件、缺乏明确裁判规则或者尚未形成统一裁判规则的案件，一般采用表格式检索报告。表格式检索报告一般标明类案案号、类案来源，摘取的类案裁判要旨。

其他需要检索的案件，可以采用备注式检索报告。备注式检索报告一般标明类案案号、类案来源等基本信息。

四、结果应用

15. 当事人及其诉讼代理人（辩护人）、检察机关提交检索案件作为诉辩理由的，承办人、合议庭可以自行识别、比对；也可以视案件办理需要，组织诉辩双方交换检索到的案件，要求诉辩双方在指定期限内就提交的案件与待决案件的识别、比对、参考、参照适用以书面形式发表辩论意见；也可以组织诉辩双方交换检索到的案件后，在庭前会议、开庭审理、询问、听证时要求诉辩双方发表辩论意见。

16. 承办人、合议庭在案件办理过程中依职权检索到案件的，可以自行识别、比对；也可以视案件办理需要，在庭前会议、开庭审理、询问、听证时，要求诉辩双方就该案与待决案件的识别、比对、参考、参照适用发表辩论意见或者在指定期限内以书面形式发表辩论意见。

17. 承办人、合议庭应当依照法律规定，对诉辩双方就类案的识别、比对和参照适用发表的辩论意见进行审查。

18. 承办人向合议庭、院庭长、专业法官会议、审判委员会汇报案件时，应当全面汇报检索结果和识别、比对、参考、参照适用情况，不得选择性、倾向性地只汇报支持其主张的类案。

19. 合议庭应当将类案识别、比对、参考、参照适用等情况纳入案件评议内容。

20. 对案件负有审判监督职责的院庭长应当对承办人、合议庭检索的类案是否全面，类案与待决案件的识别、比对、参考、参照适用等方面进行监督。

21. 对检索到的案件，经识别、比对为类案，按照下列情形办理：

（1）类案为最高人民法院发布的指导性案例的，应当参照适用，但该指导性案例与新的法律、司法解释相冲突或者被新的指导性案例所取代而失去指导价值的除外；

（2）类案为非指导性案例的，可以依照法律、司法解释的规定，决定是否参考；

（3）类案为非指导性案例，但多个非指导性类案之间不一致的，可以斟酌类案案情、法院层级、裁判要点、裁判时间等因素，依照法律、司法解释的规定，决定是否参考以及参考的类案。

22. 承办人、合议庭、院庭长、专业法官会议参加人员、审委会委员对类案的识别、比对、参考、参照适用应当依照现行法律规定，遵循法官职业道德，运用逻辑推理和日常生活经验，对类案要素进行全面梳理对比，分析得出处理意见，确保案件办理政治效果、法律效果和社会效果相统一。

23. 当事人及其诉讼代理人（辩护人）、检察机关提交指导性案例作为诉辩意见的，承办人、合议庭应当在裁判文书说理部分回应是否参照并说明理由；提交其他类案作为诉辩意见的，人民法院可以通过释明等方式予以回应。

五、监督追责

24. 院庭长在监督案件过程中，发现承办人、合议庭在类案的检索、识别、比对、参考、参照适用等方面明显存在问题，可以依照程序采取召集专业法官会议、建议或者决定将案件提交审判委员会讨论等举措，确保裁判尺度统一。

25. 专业法官会议参加人员、审判委员会委员在讨论案件过程中，发现应当检索类案但未检索的，或者未能全面检索类案的，应当要求承办人、合议庭对相关问题补充完善后再提交会议讨论。承办人、合议庭已全面检索类案的，专业法官会议参加人员、审判委员会委员应当对类案的识别、比对、参考、参照适用等方面进行审查把关。

26. 因应当检索类案未检索，或者类案检索、应用错误，造成不合格案件或者错案的，依照程序追究相应的审判责任。

六、配套保障

27. 全省各级人民法院应继续推进信息化建设及应用力度，逐步优化类案与关联案件检索系统功能，进一步提升数据及信息分析能力，为类案与关联案件检索工作提供有力技术支撑。省高级人民法院应将类案检索纳入法官培训重要内容，邀请类案检索技术人员授课，帮助法官和审判辅助人员熟练掌握类案检索技能。

28. 省高级人民法院、各中级人民法院应当定期归纳整理类案检索情况，通过一定形式在本院或者辖区内法院公开，供办案人员参考。省高级人民法院、各中级人民法院审判管理办公室（研究室）应当围绕审判需要，针对辖区内案件办理中普遍性的法律问题，加强类案库建设，或者出台类案裁判指引，为辖区法院工作提供业务指导。

29. 全省各级人民法院院庭长或受院庭长委托的资深法官应当通过主持或参加专业法官会议，及时指导法官就依法对类案进行识别、比对、参考、参照适用进行分析，促进全体法官提高统一法律适用标准的能力。

30. 上级法院业务庭或审判团队应与本辖区法院对口业务庭或者审判团队就已形成的统一法律适用成果，积极选派业务骨干进行专门授课、交流，及时指导下级法院法官就依法对类案进行识别、比对、参考、参照适用进行分析，促进下级法院法官提高统一法律适用标准的能力。

31. 本实施意见适用于全省各级人民法院，由湖南省高级人民法院审判委员会负责解释。

本实施意见与法律、司法解释不一致的，以法律、司法解释为准。

32. 本实施意见自下发之日起施行。

湖南省高级人民法院　湖南省司法厅　湖南省律师协会印发《关于协同推进类案强制检索机制共同维护司法公正的意见（试行）》的通知

2021 年 1 月 15 日　　　　　　　　　湘高法发〔2021〕1 号

全省各级人民法院，各市州、县市区司法局，各市州律师协会：

现将《关于协同推进类案强制检索机制共同维护司法公正的意见（试行）》印发给你们，请结合本地实际，认真贯彻执行。

关于协同推进类案强制检索机制共同维护司法公正的意见（试行）

律师是社会主义法治工作者和法律共同体成员，在全面建设社会主义法治国家中具有重要作用。为保障律师依法执业，协同推进类案强制检索机制，依法规范司法裁量权，统一裁判尺度，充分发挥律师维护当事人合法权益、促进司法公正的重要作用，根据《最高人民法院关于统一法律适用加强类案检索的指导意见（试行）》《最高人民法院关于依法切实保障律师诉讼权利的规定》等规定，制定本意见。

第一条　律师在担任诉讼代理人、辩护人参与诉讼过程中，为支持其主张，可以向人民法院提交检索的类案。

第二条　类案检索的要素包括基本事实、争议焦点、法律适用三方面，律师可以围绕待决案件的一个或者几个要素检索类案。

第三条　类案检索可以采用关键词、法条关联案件、案例关联等检索方法。

第四条　律师向人民法院提交检索的案例作为诉辩意见的，可以形成案例检索报告。案例检索报告作为诉辩意见的一部分。

第五条 律师向人民法院提交案例作为诉辩意见的类案的，应当就下列事项作出书面说明：

（一）检索时间、检索方法、检索来源；

（二）案号、生效裁判法院；

（三）发生法律效力裁判文书的制作时间；

（四）是否指导性案例，指导性案例发布的时间、批次及其编号；

（五）提出作为类案参照或参考适用的裁判要旨及适用的法律；

（六）与待决案件或其某一争议焦点的相类性及其理由；

（七）其他需要说明的情况。

前述规定的书面说明，律师可以根据检索案例的情况制作《类案检索情况登记表》。

第六条 下列案例，律师可以作为类案向人民法院提交：

（一）最高人民法院发布的指导性案例；

（二）最高人民法院发布的典型案例及裁判生效的案件；

（三）省高级人民法院发布的参考性案例及裁判生效的案件；

（四）上一级人民法院及本院裁判生效的案件。

前款作为类案的案例，除第一项人民法院应当参照作出裁判外，第二项至第四项可以作为裁判的参考。

律师向人民法院提交的作为类案的裁判应当已经发生法律效力。

第七条 人民法院应当在诉讼须知、执行须知材料、诉讼服务中心、法院门户网站、公众号告知当事人及其诉讼代理人、辩护人可以进行类案检索，并把类案检索情况作为诉辩意见向人民法院提出。

人民法院在登记立案或者受理案件时，或者在通知立案（受理案件）、庭前会议、开庭审理、询问时，应当告知当事人及其诉讼代理人、辩护人可以进行类案检索，并把类案检索情况作为诉辩意见向人民法院提出。

第八条 律师提交作为诉辩意见的类案的，独任法官、合议庭可以自行识别、比对；可以视案件办理需要，组织诉辩双方交换检索到的案例，要求诉辩双方在指定期限内就提交的案例与待决案件的识别、比对、参考或参照适用以书面形式发表辩论意见；也可以组织诉辩双方交换检索到的案例后，在庭前会议、开庭审理、询问、听证时要求诉辩双方发表辩论意见。

第九条 独任法官、合议庭在案件审理过程中依职权检索到类案的，可以自行识别、比对；可以视案件办理需要，在庭前会议、开庭审理、询问、听证时，要求诉辩双方就该案例与待决案件的识别、比对、参考或参照适用发表辩论意见或者在指定期限内以书面形式发表辩论意见。

第十条 诉辩双方在庭前会议、开庭审理、询问、听证时就类案辩论的情况应当记入笔录。

第十一条 独任法官、合议庭应当依照法律、司法解释规定，对诉辩双方就类案的识别、比对、参考或参照适用的辩论意见进行审查。

第十二条 合议庭评议案件时，应当就类案的识别、比对、参考或参照适用的辩论意见进行评议，提出是否采信的意见及其理由，并记入合议笔录。

第十三条 对诉辩双方提交或人民法院检索的案例，经识别、比对为待决案件的类案的，独任法官、合议庭应当按照下列情形处理：

（一）类案为本意见第六条第一款第一项最高人民法院发布的指导性案例的，应当参照适用，但该指导性案例与新的法律法规、司法解释相冲突或者被新的指导性案例所废止的除外；

（二）类案为本意见第六条第一款第二至四项规定的案例的，可以依照法律和司法解释的规定，参考类案作出裁判；

（三）类案为本意见第六条第一款第二至四项规定的案例，但多个类案之间不一致的，可以斟酌类案案情、法院层级、裁判要点、裁判时间等因素，依照法律、司法解释的规定，决定是否参考以及参考的类案作出裁判。

第十四条 诉辩双方提交指导性案例作为诉辩意见的，人民法院应当在裁判文书说理部分回应是否参照并说明理由；提交其他类案作为诉辩意见的，人民法院可以通过释明等方式予以回应。

第十五条 律师作为诉辩意见提交的类案，人民法院应当归入案卷卷宗的正卷。

人民法院依职权检索的案例，应当根据类案检索报告的不同载体，分别归入案卷卷宗的正卷、副卷。

第十六条 省高级人民法院、省司法厅、省律师协会应当定期编纂参照、参考类案作出裁判的典型案例，并向社会发布。

参照、参考类案作出裁判的典型案例，省高级人民法院、省司法厅、省律师协会可以在门户网站、公众号公布。

第十七条 律师应当依照法律规定和本意见第六条第一款规定的类案帮助当事人对诉讼结果进行理性预判，形成合理的诉讼预期，并按照诚实信用原则，提出合理的诉讼主张，或者引导当事人通过调解或诉讼外和解方式解决纠纷。

人民法院的裁判与本意见第六条第一款规定的类案裁判不同，但在合理范围内，且不违背法律法规、司法解释规定的，律师应当依照法律规定和类案，引导当事人息诉息访，化解信访案件。

第十八条 人民法院工作人员、律师应当在司法、执业过程中，运用本意见第六条第一款规定的类案开展法治宣传，引导公民遵法、守法，依法维护合法权益，培育和弘扬社会主义核心价值观和社会主义法治文化。

第十九条 律师可以依托中国裁判文书网、其他各类裁判案例数据库或公开出版的报刊、杂志、书籍进行检索。

人民法院应当依托网上法院、移动微法院、诉讼服务中心等平台，向律师和社会公众发送《类案检索情况登记表》，并加强释明指引、宣传推介，为律师进行类案检索提供便利。

第二十条 当事人及其法定代理人、基层法律工作者和其他依照法律规定获得授权的委托代理人在诉讼过程中向人民法院提交类案的，依照本意见的规定办理。

第二十一条 本意见与法律、司法解释不一致的，以法律、司法解释为准。

第二十二条 本意见自印发之日起试行。

河南省高级人民法院
关于进一步规范和完善类案检索工作的通知

2020 年 12 月 11 日　　　　　豫高法〔2020〕285 号

全省各中级人民法院、基层人民法院，本院各部门，各直属单位：

为进一步统一法律适用，提升司法公信力，最高人民法院今年先后印发了《关于统一法律适用加强类案检索的指导意见（试行）》《关于完善统一法律适用标准工作机制的意见》，省法院已经印发了相关落实意见。此前，河南省高级人民法院已于 2018 年 10 月印发了《关于进一步加强案例指导统一裁判标准的意见（试行）》。上述规范性文件对类案检索的条件、范围及适用方法等进行了明确规定。为进一步规范和完善全省法院类案检索工作，解决实践中存在的"不愿检索""不会检索"，检索主体不明、责任不明，检索时"各取所需"，强制检索制度落实不好，智能推送功能支持不到位等突出问题，现就有关要求通知如下。

一、提高认识，进一步完善类案检索工作机制

完善类案检索机制是深化司法责任制综合配套改革的重要内容，是实施案例指导制度、统一法律适用标准的重要抓手。全省各级法院要充分认识类案检索工作的重要意义，结合工作实际，从明晰类案检索情形、规范类案检索程序、区分繁简制作类案检索报告等方面，进一步规范、完善类案检索工作机制。各业务条线、业务部门、审判团队应当及时组织审判人员提高案例检索能力和类比法律推理能力，充分利用现有的中国裁判文书网及"法信"平台、"元典智库"平台和"法研智库"平台等类案检索平台，深化案例研究学习，加强待决案件与检索结果相似度识别和比对，强化案例在审判实践中的规范应用，有效避免"同案不同判""类案不同判"，进一步统一法律适用，促进审判质量提升。

二、依托智能技术支撑，不断完善类案检索平台

全省各级法院要结合各自法院层级，及时更新、完善可供检索的类案内容，并可以按优先层级确定类案检索平台，给予法官指引。

省法院信息处负责全省法院类案智能推送案例库的技术支持和日常维护，及时引进、应用最高人民法院有关部门建立的全国法院类案智能推送案例库。要尽快落实审判流程管理系统与"法信智推2.0系统"深度对接，实现类案精准推送、法条依据和权威观点智能匹配、检索报告快捷生成，并贯穿法官办案全过程。

各级法院立案庭在立案分案时，应当在审判流程管理系统中自动检索关联案件并推送给法官，防止恶意诉讼、规避执行。

省法院研究室负责将发布的参考性案例，《公民与法（审判版）》《河南案例参考》刊发的案例及时发送至省法院信息处。省法院各业务条线、各部门负责将其发布的典型案例及时发送至省法院信息处。省法院信息处统一将上述案例及时上传至省法院内网"元典智库"平台。

三、严格落实类案强制检索制度，规范检索结果运用

以下案件应当进行类案检索：

（一）拟提交专业法官会议或者审判委员会讨论决定的案件；

（二）缺乏明确裁判规则或者尚未形成统一裁判规则的案件；

（三）院庭长根据审判监督管理权限要求进行类案检索的案件；

（四）社会广泛关注，影响重大，需要兼顾法律效果和社会效果、政治效果，可能对社会行为具有规范和导向作用的案件；

（五）需要适用新颁布、修改的法律、法规、立法解释和司法解释作出裁判的新类型案件；

（六）需要适应新形势和新政策的要求，体现新的司法理念、运用新的司法方法作出裁判的案件；

（七）合议庭、专业法官会议对裁判的基本思路分歧较大的案件；

（八）适用普通程序审理的案件，公诉人、案件当事人及其辩护人、诉讼代理人在庭审辩论终结前提出应当参照某一具体案例作出裁判的案件；

（九）法官在办理系列案件时，本院其他法官已作出生效裁判的案件；

（十）法官审理案件与最高人民法院发布的指导性案例、公报案例、典型案例以及省法院发布的参考性案例属于相类似的案件。

对于以上应当检索的案件，承办法官应当在合议庭评议及审理报告中对类案检索情况予以说明，并随案流转归档备查。提交专业法官会议、审判委员会讨论的案件，应当制作专门的类案检索报告。

类案检索一般由承办法官负责。根据工作需要，承办法官可以指导法官助理进行类案检索，法官助理对检索结果的真实性、完整性负责，法官承担审核责任。

类案检索应当坚持客观、公正、全面的原则，合议庭、专业法官会议对案件有多种不同处理意见的，不能片面地只选择其中一种处理意见进行检索，应当针对每一种处理意见进行全面检索，杜绝各取所需。

四、明确类案检索顺序及适用规则，提高类案检索质量和效率

法官在检索类似案例时，一般按照以下层级和顺序进行：

（一）最高人民法院发布的指导性案例；

（二）最高人民法院发布的公报案例；

（三）最高人民法院发布（含各业务部门确定并以最高人民法院名义发布）的各类典型案例及裁判生效的案件；

（四）省法院发布的参考性案例；

（五）最高人民法院各业务部门编印的条线审判指导书刊刊发的案例，最高人民法院司法案例研究院发布的案例，《人民法院报》刊登的案例，中国应用法学研究所编辑的《人民法院案例选》刊发的案例，国家法官学院与中国人民大学法学院共同编辑的《中国审判案例要览》刊发的案例，国家法官学院案例开发研究中心编辑的《中国法院年度案例》刊发的案例，《人民司法·案例》刊发的案例，《法律适用·司法案例》刊发的案例；

（六）省法院发布（含各业务部门或条线确定并以省法院名义发布）的典型案例；

（七）上一级人民法院及本院裁判生效的案件；

（八）省法院编辑的《公民与法（审判版）》《河南案例参考》刊发的案例；

除指导性案例以外，优先检索近三年裁判生效的案例或者案件；已经在前一顺位中检索到类案并达到检索目的的，可以不再进行检索。

检索到的类案为指导性案例的，法官应当参照作出裁判，但与新的法律、行政法规、司法解释相冲突或者为新的指导性案例所取代的除外；检索到其他类案的，可以作为裁判的参考；检索到的类案存在法律适用标准不统一的，可以综合考虑法院层级、裁判时间、是否经审判委员会讨论决定等因素，依照法律适用分歧解决机制予以解决。

五、熟练掌握类案检索方法，强化运用类案检索能力

准确提取案件要素，有针对性地检索、筛选类案，确定类案检索结果、形成检索报告，是法官及法官助理的必备技能。全省各级法院要从统一法律适用、方便法官办案的角度，从如何确定类案标准、如何进行类案检索、检索结果如何确定、适用等方面加强培训，切实提高法官、法官助理运用类案检索的能力。

进行类案检索时，应当重点注意以下问题：

（一）认真分析待决案件，确定待决案件的基本事实、争议焦点和拟适用的法律，确定检索的范围。

（二）优先使用法院内网中的类案检索平台，如中国裁判文书网、"法信"平台、"元典智库"平台、"法研智库"平台等检索平台，并根据案件具体情况和不同检索平台的特点，融会贯通，多平台结合使用。因工作需要，可以通过外网登录官方网站、官方微信公众号检索案例。

（三）结合待决案件具体情况选用合适的案例检索方法，如关键词检索、法条关联案件检索、案由关联检索、裁判要旨关联检索、定位检索、反向检索等方法。

案件争议焦点较多的，可以围绕合议庭合议、专业法官会议讨论时提出的主要争议焦点，本着尽可能广泛但不过于繁琐的原则确定检索方法及范围。

（四）在检索结果中选择与待决案件相似性最强、关联度最大的案件，按照检索层级和顺序，最终确定最具权威性的类案，将案件事实、争议点要素化，并进行要素对比，形成检索结果。

（五）规范制作检索报告，一般由本案概述、检索概览、检索结论三部分组成，并附检索到的裁判文书或案例原文。检索到的裁判文书或案例原文过多的，可以摘要裁判要旨、裁判观点、裁判结论等关键内容。结合案件具体情况，可以采用文字、图表或表格形式制作检索报告。

六、建立类案检索回应机制，确保类案裁判规范化

全省各级法院要加强与司法行政机关、律师协会的沟通协调，鼓励引导律师根据办案需要提供类案生效裁判或者类案检索报告。对律师提交的类案检索报告,法官应当认真审核判断,并通过适当方式予以回应。

公诉机关、案件当事人及其辩护人、诉讼代理人等提交指导性案例作为控(诉)辩理由的,法官应当在裁判文书说理中回应是否参照并说明理由;提交其他类案作为控(诉)辩理由的,法官可以通过释明等方式适当予以回应。

七、强化监督管理,落实责任追究

全省各级法院要强化落实院庭长审判监督管理权责清单,将督促指导法官、合议庭落实类案检索制度作为重要监督管理职责,并与院庭长履行"四类案件"审判监督管理权有机衔接。

对于应当进行类案检索而没有检索,或者未按照规定制作检索报告的,院庭长应当对承办法官提出批评。没有按照规定进行类案检索并制作检索报告的,一般不得提交专业法官会议或者审判委员会研究。

对于应当进行类案检索的案件而没有检索的,公诉机关、案件当事人及其辩护人、诉讼代理人可以向案件所在法院的督察局反映。督察局接到反映后,应当及时告知承办法官所在庭室并要求承办法官作出说明。被投诉较多并调查属实的,应当在法官绩效考核时适当扣减分值。

法官因下列情形怠于检索相关案例而出现错案的,按照有关规定追究错误或不当裁判责任:

(一)适用普通程序审理案件中,公诉人、案件当事人及其辩护人、诉讼代理人在庭审辩论终结前,向法官明确提出应当参照某具体案例,法官不予检索,径行作出裁判的;

(二)依照规定应当检索而不检索相关案例,导致案件裁判结论与指导性案例、公报案例、典型案例、参考性案例及上级法院作出的裁判明显违背的;

(三)明知裁判结论与上级法院或本院已生效的关联案件明显不一致,仍径行作出裁判的。

江西省高级人民法院
关于印发统一裁判尺度加强类案及关联案件检索的实施意见（试行）的通知

2020 年 12 月 1 日　　　　　　赣高法〔2020〕136 号

全省各级法院，本院各部门：

《江西省高级人民法院关于统一裁判尺度加强类案及关联案件检索的实施意见（试行）》经 2020 年 11 月 26 日本院审判委员会第 16 次会议讨论通过，现印发给你们，请遵照执行。执行过程中如遇到问题，请及时与审判管理办公室联系。

江西省高级人民法院关于统一裁判尺度加强类案及关联案件检索的实施意见（试行）

为进一步规范法官自由裁量权，促进裁判尺度统一，提升案件质效和司法公信力，根据《最高人民法院关于统一法律适用加强类案检索的指导意见（试行）》等相关规定，结合全省审判工作实际，制定本意见。

一、【定义】本意见所称类案，是指与待决案件在基本事实、争议焦点、法律适用问题等方面具有相似性且已经生效的案件。

本意见所称关联案件，是指与待决案件在当事人身份、证据或事实认定、处理结果等方面具有一定关联性的其他审理中或已审结的案件。

二、【类案强制检索适用范围】办理具有下列情形之一的案件，应当进行类案检索：

（一）拟提交专业法官会议或者审判委员会讨论的，但依法应当提交审判委员会讨论决定的除外；

（二）缺乏明确裁判规则或者尚未形成统一裁判规则的；

（三）根据《江西省高级人民法院关于进一步加强"四类案件"事中监督管理的实施细则（试行）》确定的"与本院或者上级法院的类案裁判可能发生冲突的案件"；

（四）因适用法律错误被上级法院指令再审或发回重审的；

（五）院庭长根据审判监督管理权限要求进行类案检索的；

（六）公诉机关、案件当事人及其辩护人、诉讼代理人已提交最高人民法院发布的相关案例或经本省法院裁判生效的案例作为控（诉）辩理由的。

根据案件实际情况认为有必要的，承办法官可以自行进行类案检索。

三、【检索平台】承办法官依托中国裁判文书网、法信、数字法院业务应用系统、法官e助理、审判案例数据库等平台进行类案检索，并对检索的真实性、准确性负责。

四、【检索范围及效力】类案检索范围包括：

（一）最高人民法院发布的指导性案例、典型案例及生效案件裁判文书；

（二）江西省高级人民法院发布的参考性案例、典型案例及生效案件裁判文书；

（三）上一级人民法院及本院生效案件裁判文书。

（四）其他省（区、市）高级人民法院发布的参考性案例、典型案例及生效案件裁判文书。

类案检索按照以上顺序依次进行，已经在前一顺位中检索到类案的，可以不再进行检索。

类案检索应遵循时间及效力优先原则，除指导性案例外，优先检索近三年的案例或者案件。

五、【检索方式】类案检索可以采用关键词检索、法条关联案件检索、案例关联检索等方法。

六、【检索说明或报告】按照本意见第二条规定应当进行类案检索的，承办法官应当在合议庭评议、专业法官会议、审判委员会讨论的汇报提纲或审理报告中对类案检索情况予以说明，或者制作类案检索报告（参考样式详见附件），并入卷备查。

类案检索说明或报告应当客观、全面、准确，包括检索主体、时间、平台、方法、结果、类案裁判要点以及待决案件争议焦点等要素对比分析、是否参照适用及理由、其他需要说明的问题等内容。

七、【报告审查】拟提交专业法官会议或审判委员会讨论的案件，承办法官应制作而未制作类案检索说明或报告、制作的类案检索说明或报告不符合有关要求的，由会议秘书退回承办法官补充完善。

八、【结果运用】检索到的类案为指导性案例的，应当参照作出裁判，但与新的法律、行政法规、司法解释相冲突或者为新的指导性案例所取代的除外。检索到其他类案的，可以参考作出裁判。

九、【法官回应】公诉机关、案件当事人及其辩护人、诉讼代理人等提交指导性案例作为控（诉）辩理由的，承办法官或合议庭应当在裁判文书说理中回应是否参照并说明理由；提交其他类案作为控（诉）辩理由的，承办法官或合议庭可以通过释明等方式予以回应。

十、【关联案件强制检索】数字法院业务应用系统、法官e助理等办案平台针对同一当事人案件提供自动关联功能。承办法官审理个案时均应当使用该功能模块查看关联案件信息并开展检索，检索范围原则上限于江西三级法院所受理案件。承办法官应将关联案件检索情况在合议庭评议、专业法官会议、审判委员会讨论的汇报提纲或审理报告中予以说明，并入卷备查。

十一、【审理中关联案件的协调处理】关联案件尚在审理中，待决案件需要与其统一裁判尺度的，或者需要以其裁判结果为依据的，待决案件的承办法官应及时与关联案件的承办法官进行协调。存在协调困难的，待决案件承办法官应报告院庭长，由院庭长依职权协调。需要跨院协调的案件，可以向共同的上级法院请求协调处理，确保关联案件裁判尺度统一。

十二、【已审结关联案件的处理】关联案件已审结，待决案件拟作出的裁判结果与关联案件不一致的，应当提交专业法官会议或审判委员会讨论决定。

发现已审结关联案件确有错误的，依法通过审判监督程序处理。

十三、【省高院审判业务部门统一裁判尺度职责】省高院各审判业务部门按照对下指导的业务分工负责全省法院相关审判业务条线裁判尺度统一工作。具体职责包括：

（一）监督指导全省法院裁判尺度统一工作；

（二）收集、汇总全省法院裁判尺度统一的重大问题；

（三）就某个或某类问题制定全省法院裁判尺度统一的具体标准；

（四）组织全省法院相关业务条线裁判尺度统一的交流沟通；

（五）及时更新维护全省法院审判案例数据库内容；

（六）裁判尺度统一问题的其他工作。

十四、【类案及关联案件争议解决机制】各级法院在类案及关联案件检索过程中，发现存在以下情形的，应当启动类案及关联案件争议解决机制：

（一）本院同类生效裁判之间存在法律适用不一致或裁判尺度存在明显差异，或者待决案件拟作出的裁判结果与本院生效裁判确定的法律适用原则或裁判标准存在分歧，应当提交本院专业法官会议或审判委员会研究解决；

（二）中级法院辖区内案件存在本条第（一）项情形，应当报请中级法院对口指导业务部门研究解决；

（三）不同中级法院辖区之间案件存在本条第（一）项情形，或者待决案件拟作出的裁判结果与省高院生效裁判确定的法律适用原则或裁判标准存在分歧，应当逐级报请省高院对口指导业务部门统一研究解决。

省高院、中级法院审判业务部门可以通过召开专业法官会议、统一裁判尺度专家论证等方式研究解决，无法解决的，应按程序提请审判委员会决定。

上报的材料应当包括法律适用或裁判尺度不统一的具体问题、相关案件裁判文书、检索报告、专业法官会议或审判委员会研究记录、法律适用意见建议等。

十五、【备案与发布】下级法院经专业法官会议、审判委员会讨论形成的类案裁判规则，拟在本院或辖区法院发布的，应在发布前层报省高院对口指导业务部门审查，省高院原则上应在15日内审查完毕。

下级法院发布类案裁判规则后，应在15日内层报省高院研究室备案。

十六、【数据库建设】省高院应加强全省法院审判案例数据库建设，将《江西法院案例选》、"发改再"案件监管平台重点评查案例、省高院各审判业务部门发布的典型案例以及类案裁判指导意见等纳入统一数据库，实现类案及关联案件精准智能推送，持续提升服务法官办案的技术能力和信息化水平。

十七、【公开与共享】各级法院应定期归纳整理类案及关联案件检索情况，并通过工作情况通报、专题分析报告等形式在本院或者本辖区法院予以公开，供法官办案参考。

十八、【责任追究】承办法官因故意或重大过失，未按规定进行类案及关联案件检索，导致裁判错误并造成严重后果的，依法依纪追究审判责任。

十九、本意见由省高院审判委员会负责解释，自下发之日起试行。

宁夏回族自治区高级人民法院
关于印发《宁夏回族自治区高级人民法院关于建立类案检索制度统一法律适用的暂行规定》的通知

2020 年 12 月 10 日　　　　　　宁高法〔2020〕130 号

全区各级人民法院，高院各部门：

现将《宁夏回族自治区高级人民法院关于建立类案检索制度统一法律适用的暂行规定》予以印发，请结合工作实际，认真贯彻执行。

宁夏回族自治区高级人民法院关于建立类案检索制度统一法律适用的暂行规定

第一条 为进一步完善全区各级人民法院审判委员会、专业法官会议工作机制，强化对重点案件审判过程的监督指导，充分发挥类案检索的指引作用，促进类案同判和统一法律适用，提高案件质量和司法公信力，根据《最高人民法院关于进一步全面落实司法责任制的实施意见》《最高人民法院关于统一法律适用加强类案检索的指导意见（试行）》《宁夏回族自治区高级人民法院关于深化司法体制综合配套改革的实施意见》的相关规定，结合全区法院审判执行工作实际，制定本规定。

第二条 本规定所称类案，是指与待决案件在基本事实、争议焦点、法律适用问题等方面具有相似性，且已经人民法院裁判生效的案件。

第三条 类案检索是法官在办案过程中对类案进行收集、整理，并对不同裁判观点等进行识别、归纳和参考的过程，旨在拓宽法官裁判思路，规范裁量权行使，促进统一法律适用。

第四条 法官办理案件具有下列情形之一的，应当进行类案检索：

（一）拟提交专业法官会议或者审判委员会讨论的；

（二）缺乏明确裁判规则或者尚未形成统一裁判规则的；

（三）院长、庭长根据审判监督管理权限要求进行类案检索的；

（四）重大、疑难、复杂、新类型案件以及本院首例案件的。

第五条　法官办理案件具有下列情形之一的，建议进行类案检索：

（一）审理过程中公诉机关、案件当事人及其辩护人、诉讼代理人提交同类案例及裁判生效案件作为控（诉）辩理由的；

（二）可能对本院辖区统一法律适用具有指导意义的；

（三）可能对本院调研课题、精品案例、学术研讨、司法建议、审判白皮书等特色亮点工作有促进作用的。

第六条　检索时承办法官可以优先选择"法信智推""法智罗盘"等数据平台收集类案裁判文书及案例文本。

若前述数据库中类案数量较少或者不具有参考价值，可以依托中国裁判文书网、北大法宝、中国司法案例等数据库扩大检索范围。

第七条　类案检索范围一般包括：

（一）最高人民法院已发布的指导性案例；

（二）最高人民法院近五年内发布的典型案例及裁判生效的案件；

（三）宁夏回族自治区高级人民法院近三年内发布的参考性案例及裁判生效的案件；

（四）上一级人民法院及本院裁判生效的案件。

已经在前一顺位中检索到类案的，可以不再进行检索。

第八条　类案检索可以采用自动匹配、智能推送、关键词检索、法条关联检索、案例关联检索等方法。承办法官应当将待决案件与检索结果进行相似性识别和对比，确定是否属于类案，并对检索结果的真实性、准确性负责。

第九条　应当进行类案检索的案件承办法官应当在合议庭评议、专业法官会议讨论、审判委员会讨论的审理报告中对类案检索情况予以说明或者制作专门的类案检索报告，并随案归档备查。

第十条　类案检索说明或者报告应当客观、全面、准确，一般包括以下内容：

（一）检索主体；

（二）检索时间；

（三）检索平台；

（四）检索方法；

（五）检索结果，包括类案中多数观点、少数观点及裁判理由；

（六）待决案件争议焦点；

（七）对是否参照或者参考类案作出裁判进行分析说明。

必要时，可以将代表类案裁判意见的裁判文书或者案例文本作为检索报告的附件，供案件评议或者讨论时参考。

第十一条 承办法官检索到的类案为指导性案例的，应当参照作出裁判，但与新的法律、行政法规、司法解释相冲突或者为新的指导性案例所取代的除外。检索到其他类案的，可以作为作出裁判的参考。

第十二条 合议庭评议时，拟作出的裁判结果与检索所得类案的多数裁判观点一致的，应在合议庭评议中作出说明后按照合议庭评议结果作出裁判。

第十三条 合议庭评议后，拟作出的裁判结果存在以下情形之一的，应当提交专业法官会议讨论，必要时按程序提交审判委员会讨论：

（一）因经济社会情况发生重大变化、司法政策发生变化等情形致使类案的多数裁判观点无法适用，采纳少数裁判观点或者形成新的裁判标准的；

（二）针对本院首例或者新类型案件形成新的裁判标准的；

（三）与本院或者本庭已生效类案裁判结果发生冲突的；

（四）类案的裁判观点存在重大差异，合议庭存在较大争议的。

第十四条 公诉机关、案件当事人及其辩护人、诉讼代理人在庭审辩论终结前提交指导性案例作为控（诉）辩理由的，承办法官应当进行类案检索，应在裁判文书说理中回应是否参照该案例并说明理由；提交其他类案作为控（诉）辩理由的，承办法官可以通过释明等方式予以回应。

第十五条 全区各级人民法院案例编写部门应当定期对类案检索情况进行归纳、整理，适时研究出台辖区审判指导意见，充分发挥类案检索对审判实务的参考价值以及对辖区法院的指导功能。

第十六条 全区各级人民法院应当积极推进类案检索工作，信息技术部门负责类案检索平台的技术支持和日常维护，加强类案检索应用培训，增强法官、审判辅助人员的检索技能，提高类案检索的效率和精准化水平。

第十七条 本规定适用于全区各级人民法院。

第十八条 本规定由宁夏回族自治区高级人民法院审判委员会负责解释。自公布之日起施行，施行过程中，如与最高人民法院规范性文件、指导意见不一致的，以最高人民法院规定为准。

辽宁省高级人民法院
关于印发《辽宁省高级人民法院关于规范类案检索的若干规定》的通知

2020 年 7 月 24 日　　　　　　辽高法〔2020〕89 号

各中级、基层法院，大连海事法院：

《辽宁省高级人民法院关于规范类案检索的若干规定》已于 2020 年 7 月 13 日由辽宁省高级人民法院审判委员会 2020 年第 2 次全体会议通过，现予以印发。请认真学习，贯彻落实。

辽宁省高级人民法院关于规范类案检索的若干规定

为统一法律适用，规范法官自由裁量权，促进司法公正，提升司法公信力，根据法律、司法解释和最高法院的有关规定，结合辽宁法院工作实际，制定本规定。

第一条　本规定所称的类案是指与正在审理的待决案件在基本案情和法律适用等方面具有相似性，且已裁判生效的案件。

第二条　类案检索是指通过检索平台，采取关键词检索法等方式，从符合检索条件的案件中检索确定与待决案件相似的类案。

类案检索原则上以信息化平台检索为主，以人工检索为补充。

第三条　待决案件属于下列情形之一的，应当进行类案检索：

（一）合议庭对法律适用问题意见分歧较大的案件；

（二）法律适用规则不明确的新类型案件；

（三）拟作出的裁判与本院或者上级法院的类案裁判可能发生冲突的案件；

（四）因适用法律错误被上级法院指令再审或者发回重审的案件；

（五）裁判尺度缺少统一裁判标准或标准不明确的案件；

（六）已生效同类案件因裁判结果不同社会反响较大的案件；

（七）院庭长根据审判监督管理权限要求类案检索的案件；

（八）其他需要进行类案检索的案件。

第四条 承办法官在办理案件过程中，可以自己或者委托法官助理进行类案检索。

承办法官对检索结果负责，对类案来源、效力和真实性进行审核。

第五条 中国裁判文书网、智慧法院办案平台、档案系统、法信、案例数据库等网站、平台或系统可以作为检索平台。

第六条 以下案件可以作为检索的类案。

（一）最高人民法院发布的指导性案例；

（二）最高人民法院公报发布的除指导性案例以外的典型案例；

（三）最高人民法院、高级人民法院发布的参考性案例及典型案例；

（四）上级法院和本院裁判生效的案件；

（五）其他法院裁判生效的案件。

第七条 类案检索应当逐层分类检索。

类案检索应当按照第六条规定的顺序逐层分类检索；已在第一、二、三项检索到相关案例的，可不再检索第四、五项规定的案件；正在审理的案件可能与上级法院或本院生效裁判冲突的，应当进行第五项检索。

第八条 类案检索可以采用关键词检索法，从基本案情、事实争议焦点中提炼关键词或者将拟适用法律条文、法律适用问题等作为关键词进行检索。

第九条 承办法官或法官助理应当按照以下顺序对检索到的案件进行筛查，确定是否属于待决案件的类案。

（一）是否是生效案件。

（二）案件的法律适用、裁判原则等是否现行有效。

（三）案件的法律适用、裁判原则等虽然不是现行有效，但按照相关法律规定，是否可以在待决案件适用。

（四）对符合上述条件的案件，应当以基本案情、法律适用问题等为要素，将待决案件与检索到的相关案件进行类似性识别和比对推理，确定是否属于类案。

第十条 承办法官或者法官助理应当结合基本案情、事实争议焦点、法律适用等，从检索到的类案中梳理提炼与待决案件有关的裁判要点。

第十一条 对拟提交审判委员会或者专业法官会议讨论的案件，符合第三条规定情形之一的，应当参照《类案检索报告（样板）》制作类案检索报告。

类案检索报告应当包括待决案件争议焦点、检索主体、检索时间、检索平台、检索方法、检索结果、类案裁判要点、运用情况及理由说明等内容。

拟提交审判委员会讨论的案件，未提交检索报告或者检索报告不符合要求的，审判委员会办公室应当退回承办部门补充完善。

类案检索报告应当在实体卷宗及办案平台的电子卷中随案保留，归入副卷。

第十二条 对最高人民法院发布的指导性案例，合议庭或者独任法官应当参照适用。

对本意见第六条第二、三项规定的案例合议庭或者独任法官可以参考适用。

对上级人民法院、本院及其他法院裁判生效的案件，合议庭或者独任法官应当斟酌其具体案情和裁判要点，决定是否参考适用。

第十三条 对待决案件拟作出的裁判结果偏离或者改变类案裁判规则的，合议庭或者独任法官应当进行充分的论证说理。

其中类案属于本规定第六条第一、二、三、四项的，应提交审判委员会讨论；类案属于第六条第五项的，应提交专业法官会议讨论。

第十四条 公诉机关、案件当事人及其辩护人、诉讼代理人等诉讼参与人可以随同诉状或者答辩状一并提交类案检索报告。报告样式可以要求诉讼参与人参照《类案检索报告（样板）》提供。

第十五条 对于诉讼参与人提交的类案检索报告，承办法官或者法官助理应当进行审查。

待决案件属于本意见第三条规定的应当进行类案检索的案件的，合议庭或者独任法官应当对其法律适用主张在裁判文书的裁判理由部分予以回应。诉讼参与人提交的案件经审查符合本规定情形的可以作为本案类案使用。

对于其他待决案件，诉讼参与人提交类案检索报告的，合议庭或者独任法官可以在裁判文书的裁判理由部分予以回应。

第十六条 在案件质量评查中,应当对类案检索情况进行评查,对于应当进行类案检索而没有进行类案检索,导致裁判错误的,应当按照《辽宁省高级人民法院关于案件质量评查的办法(试行)》的规定进行质量认定并追责。

第十七条 审判管理部门应当定期对本辖区、本院的类案检索情况进行归纳整理,并在一定范围内通报。

第十八条 本规定自印发之日起施行,本规定与最高人民法院规定不一致的,按照最高人民法院的规定执行。

天津市高级人民法院
关于印发《天津法院关于开展关联案件和类案检索工作的指导意见（试行）》的通知

2020 年 5 月 18 日　　　　　　津高法〔2020〕129 号

第一、第二、第三中级人民法院，海事法院，各区人民法院，铁路运输法院，本院各审判业务部门：

为积极推进司法责任制改革，健全完善法律统一适用机制，规范自由裁量权行使，根据中共中央办公厅《关于深化司法责任制综合配套改革的意见》、最高人民法院《关于进一步全面落实司法责任制的实施意见》，市高院结合我市法院工作实际，研究制定了《天津法院关于开展关联案件和类案检索工作的指导意见（试行）》。该指导意见已经天津市高级人民法院审判委员会 2020 年第 7 次会议讨论通过，现印发给你们，望遵照执行。执行过程中如遇到问题，请及时向高院研究室反馈。

天津法院关于开展关联案件和类案检索工作的指导意见（试行）

第一条 为进一步促进法律统一适用，规范自由裁量权行使，根据中共中央办公厅《关于深化司法责任制综合配套改革的意见》、最高人民法院《关于进一步全面落实司法责任制的实施意见》，结合我市法院工作实际，制定本意见。

第二条 本意见所涉关联案件是指部分或全部当事人相同的案件。

本意见所涉类案是指与待决案件在基本案情和法律适用等方面具有相似性且已裁判生效的案件。

第三条 所有在办案件应当进行关联案件强制检索。

第四条 法院审理案件属于下列情形之一的，应当进行类案检索：

（一）合议庭对法律适用问题意见分歧较大的案件；

（二）法律适用规则不明的新类型案件；

（三）拟作出的裁判与本院或者上级法院的类案裁判可能发生冲突的案件；

（四）因适用法律错误被上级法院指令再审或者发回重审的案件；

（五）院庭长根据审判监督管理权限要求类案检索的案件。

第五条 承办法官在办理案件过程中，可以自己或者指派法官助理进行类案检索。

第六条 承办法官或者法官助理可通过天津法院网上办案平台、中国裁判文书网、法信等进行关联案件和类案检索。

第七条 关联案件检索范围为全市法院已审结或正在审理的关联案件。

第八条 类案检索范围包括：

（一）最高法院发布的指导性案例；

（二）《最高人民法院公报》上三年以内刊登的案例；

（三）天津高院发布的参考性案例；

（四）上级法院和本院三年以内裁判生效的案件；

（五）必要时可检索最高法院主办的《人民法院案例选》等案例类刊物刊载的案例、最高法院各审判业务条线主办的审判指导刊物刊载的案例或其他地区法院三年以内裁判生效的案件。

类案检索应当按照本条第一款规定的顺序逐层分类检索，如果在先次序检索发现类案，可不再进行后续检索。

第九条 关联案件检索可通过点击网上办案平台"关联案件"进行一键式检索。类案检索可以采用关键词检索法，从基本案情、事实争议焦点中提炼关键词或者将拟适用法律条文、法律适用问题等作为关键词进行检索。

第十条 类案检索过程中应当以基本案情、法律适用问题等为要素，将待决案件与检索到的相关案件进行类似性识别和比对推理，确定是否属于类案。

第十一条 承办法官或者法官助理应当结合基本案情、事实争议焦点、法律适用等，从检索到的类案中梳理提炼裁判要点。

第十二条 承办法官应当指导法官助理或书记员将检索关联案件情况截

图,并通过"天津市法院案件信息管理系统"上传至案件电子卷宗副卷中的"类案及关联案件检索信息"栏目。

第十三条 承办法官应当将检索关联案件及类案的情况在合议庭评议、专业(主审)法官会议讨论、审判委员会讨论时予以说明。

第十四条 对拟提交审判委员会或者专业(主审)法官会议讨论的案件,应当制作检索报告。

拟提交审判委员会讨论的案件,检索报告应当包括待决案件争议焦点、检索主体、检索时间、检索平台、检索方法、检索结果、关联案件与类案的裁判要点、运用情况及理由说明等内容。未提交检索报告或者检索报告不符合要求的,审判委员会工作部门应当要求承办法官补充完善。

拟提交专业(主审)法官会议讨论的案件,检索报告可以采用填充式、表格式等简略形式。

检索报告可以作为审理报告的一部分,也可以单独制作,归入副卷。

第十五条 经类案和关联案件检索,应根据具体情况按照下列规定办理:

(一)有关联案件或高度类似案件在本院其他法官处审理,尚未结案的,应当就案件处理进行沟通,确保裁判尺度统一;经沟通后,无法达成一致意见的,由部门负责人提请分管院领导,召开专业(主审)法官会议研究;专业(主审)法官会议无法达成一致意见或多数意见,或者合议庭经复议后不同意专业(主审)法官会议的一致意见或多数意见的,由分管院长报请院长审批后,提请审判委员会研究。

(二)有关联案件或高度类似案件在其他法院法官处审理,尚未结案的,应当报请部门负责人同意后与相关法院就案件处理进行沟通,确保裁判尺度统一;经沟通后,无法达成一致意见的,由部门负责人提请分管院领导,将有关情况报送共同的上级法院相关审判业务庭室研究处理。

(三)拟作出的裁判结果与最高法院指导性案例、本市参考性案例、本院或对本院有监督指导权的上级法院同类生效案件裁判尺度一致的,在合议庭评议中作出说明后,按合议庭评议结论制作、签署裁判文书。

(四)拟作出的裁判结果与最高法院指导性案例、本市参考性案例、原由本院审判委员会作出决定的案件裁判尺度存在显著差异的,应当提交专业(主审)法官会议讨论并梳理相关法律适用问题后,提请审判委员会讨论。

(五)拟作出的裁判结果与本院或上级法院同类生效案件、关联生效案件裁判尺度存在显著差异的，应当提交专业（主审）法官会议讨论；合议庭或者独任法官根据专业（主审）法官会议讨论的意见对案件进行复议后与专业（主审）法官会议形成的多数意见不一致的，应当提请审判委员会讨论。

（六）在办理新类型案件中，拟作出的裁判结果将形成新的裁判规则的，应当提交专业（主审）法官会议讨论，由院庭长决定是否提交审判委员会讨论。

（七）发现本院同类生效案件裁判尺度存在重大差异的，应当报请部门负责人同意后通报审判管理部门，由审判管理部门配合相关审判业务庭室对法律适用问题进行梳理后提请审判委员会讨论。

第十六条 公诉机关、案件当事人及其辩护人、诉讼代理人可以提交关联案件或类案的生效裁判支持自己的主张。对提交的上述生效裁判，承办法官应当记录在案。

公诉机关、案件当事人及其辩护人、诉讼代理人引述最高法院发布的指导性案例作为控（诉）辩理由的，承办法官应当在裁判理由中回应是否参照了上述指导性案例，并说明理由。

第十七条 审判管理部门应当将合议庭或者独任法官关联案件、类案检索及结果运用情况，纳入案件质量评查及审判责任认定的具体项目。

第十八条 本规定由天津市高级人民法院负责解释，自2020年6月1日起施行。

附件：检索报告建议模板

附件

关于XX案的关联案件检索情况报告
（建议模板）

一、关联案件检索情况

（概括写明自网上办案平台检索到的关联案件情况，是否本院在审或审结，是否涉及其他法院在审或审结。）

二、对本案影响情况

（概括写明检索到的关联案件是否与本案属于相似案件，与本案有何不同，是否会对本案审理产生影响。）

<h1 style="text-align:center">关于 XX 案的类案检索情况报告</h1>

一、案件的争议焦点

（概括写明待检索案件的争议焦点，列明存在适用争议的具体法律的名称和条文内容。）

二、类案检索情况

（一）检索主体、时间、平台及范围

（详细写明类案检索主体、时间、使用的平台和检索范围，平台如有不同栏目的应注明栏目，如法信有类案检索和跨库检索等不同栏目。）

（二）检索的具体方法

（列明检索的关键词、地域、审级、裁判时间等检索条件。）

（三）检索到的类案基本情况

（写明类案的检索结果，如未查询到类案的，可以注明无检索结果。）

1. 指导性案例类案检索情况；

2.《最高人民法院公报》上三年以内刊登的案例类案检索情况；

3. 参考性案例类案检索情况；

4. 上级人民法院和本院三年以内裁判生效的案件检索情况；

5. 其他类似案例的检索情况；

6. 其他需要说明的情况。

（指导性案例及参考性案例的类案检索情况需列明相关案例的裁判要点和类似案情；《最高人民法院公报》刊登案例的类案检索情况需列明相关案例的刊登时间、裁判要旨和简要案情；上级人民法院和本院三年以内裁判生效的案件的检索情况需列明相关类案的简要案情和争议问题的裁判方向。根据《天津法院关于开展关联案件和类案检索工作的指导意见（试行）》第八条的规定，在进行类案检索时，法官应按照该条第一款第（一）项至第（五）项的顺序依次检索，如果在先次序检索发现类案，可不再进行后续检索。如果类案较多，可列明案件数量，抽取一定数量有代表性的案件，分别说明案件情况，建议使用表格列明，案情复杂的分段列明。）

三、对本案裁判结果的参照价值或影响因素

（着重比较检索出的关联案件、类案与本案的异同点，以及对本案裁判的参考性，在处理意见部分可就此提出案件的处理意见；如检索出的案件裁判方向差异较大，应分别列明，在陈述处理意见时，应说明理由，并在报告附件中附上不同裁判方向的典型案件。）

（一）类案参照价值分析

（二）本案处理意见

上海市高级人民法院
关于进一步加强三级法院调研联动促进法律适用统一的意见

（沪高法民〔2020〕10号）

为进一步加强民事（环资、执裁）审判调研指导工作，强化三级法院调研联动，促进法律适用统一，确保司法公正，维护司法权威，我庭在总结以往审判经验的基础上，结合上海法院民事（环资、执裁）审判工作的实际，特制定本意见。

一、充分认识法律适用统一的重要意义

1.法律的统一适用是确保法律有效实施的必然要求，是实现法律功能价值的应有之义，是司法公正的重要体现，也是构建上海法治化营商环境建设的基础。全市法院民事（环资、执裁）审判部门（以下简称民事审判部门）人员应当充分认识到法律适用统一的重要意义，不断增强规范法律适用的意识，坚持以事实为根据、以法律为准绳的原则，坚持实体公正与程序公正并重的原则，正确理解法律规定，准确把握法律的精神及其价值取向，在保障依法独立行使审判权的前提下，统一类案的审判思路，最大限度地实现性质、类型基本相同的案件，裁判结果基本一致，努力做到让人民群众在每个司法案件中都感受到公平正义。

2.全市法院民事审判部门要立足各自职能定位，加强调研联动，促进全市法院民事审判适法统一。基层法院民事审判部门要完善问题发现机制，及时总结上报适法不一的情况，要严格执行规范性意见，督促不同独任法官、合议庭、审判团队之间的适法统一。中院民事审判部门要抓好自身适法统一，充分发挥在辖区调研指导中的积极作用，通过审级监督、质量讲评等形式，指导辖区民事审判的适法统一情况，及时发现上报跨辖区的适法不一。高院要加强适法不一情况的收集研判，通过例会、专题调研、案例指导等形式和平台，统一类案的审判理念、价值取向及法律适用；要加强案件评查、申诉审查等工作，督促全市民事审判部门的法律适用统一。

二、完善发现机制，及时全面掌握法律适用争议

3. 构建多层次发现问题的主体责任。全市法院民事审判部门法官应进一步增强发现法律适用问题的意识，在独任及合议庭审理中发现可能存在法律适用不统一情况，应当及时上报庭专业法官会议讨论确定。院长、庭长、团队负责人、审判长应加强对法律适用统一的管理，在开展审判管理、案件评查等工作中发现存在法律适用不统一的情况，应当及时层报高院民庭。

4. 优化信息报送机制，畅通三级法院的信息渠道。对经庭讨论认定存在法律适用不统一情况，需要上级法院进行统一的，区分下列情况处理：涉及同一辖区法院的，直接报中院民事审判部门，并报高院民庭备案；涉及跨辖区法院或涉及不同审判条线的，应层报高院民庭。信息报送材料应包括法律适用不统一的问题、经类案检索机制发现的分歧意见及相关案件的法律文书、证据材料等。

5. 主动调研发现问题机制。高、中院应借助上诉、申诉审查、再审案件审理、改发案件异议反馈、定期到调研座谈、案件质量评查等，及时发现辖区法院法律适用不统一的情况。高院民庭要完善法院内部联动发现机制，加强与申诉审查、审判监督等部门的民事审判情况沟通；要拓展法院外部发现渠道，听取同级政法部门、政府部门、律师协会、劳动仲裁委员会等有关机构的意见和建议，及时发现法律适用不统一的情况，并及时研究分析。

三、健全解决机制，快速妥善消除法律适用分歧

6. 落实专业法官会议工作机制。全市法院民事审判部门要充分发挥专业法官会议的会商、监督功能，统一不同合议庭和独任审理的裁判标准。要进一步细化并严格落实提交专业法官会议讨论的案件范围和标准，做到"应上尽上"。对于重大敏感、疑难复杂和新类型案件，以及判决可能形成新裁判标准或者改变上级法院、本院裁判标准的案件，必须提交专业法官会议讨论。

7. 业务交流快速应答机制。对于下级法院民事审判部门上报法律适用不统一的问题，上级法院民事审判部门应及时组织研判，已有明确处理意见的，应即时予以答复；尚没有明确处理意见的，或涉及改变已有裁判标准的，应及时研究确定，并及时反馈。高院民庭要充分发挥《每月全市法院民事（环

资、执裁）审判动态》中法律适用信箱栏目的作用，及时以问答等形式回应基层呼声。

8. 构建分级分类例会研判分析机制。中院民事审判部门要以质量讲评等例会形式，着力推进辖区法律适用不统一问题的解决。高院民庭要及时梳理汇总涉及中院乃至全市的法律适用不统一情况，组织分类例会开展专题研讨，凝聚共识，明确适法标准。对于重大问题，应邀请法院所聘的专家咨询员、法学院校专家召开专家咨询论证会，听取专业性意见，充分发挥"外脑"智库作用，增强法律适用的社会效果。

四、创新指导机制，前瞻性预防法律适用不当

9. 强化类案整体审判思路的指导。类案审判理念和审判思路的同质化是适法统一的基础，要整合三级法院民事审判部门的调研力量，协力攻关。要持续性开展调研充实完善各类案件的审判要件指南、类案裁判标准等审判业务文件，及时总结类案的审判经验，把握类案的审判规律，加大审判指导力度。要完善调研成果转化机制，将经过深入调查、科学论证的调研成果转化为规范性文件，使调研成果效益最大化。高院民庭将择优在《调研与参考》平台发布，作为全市民事审判的指导文件，供民事审判部门共享调研成果。

10. 完善常态专业调研指导机制。高院民庭要聚焦审判实践、梳理法律问题，分专业加强对下级法院的调研指导。房地产、传统民事、婚姻家事、劳动争议、环资、执裁等专项审判领域每年至少开展1次专题研讨，分析研判审判实践中出现的新问题、新情况，及时以《会议纪要》等形式，明晰审判思路、处理原则、疑难问题适法标准等，以指导审判实践。

11. 强化典型案件指导机制。案例是法律适用的具体化，要实施精品案例战略，充分发挥典型案件对法律适用统一的引领、示范和指导作用。全市民事审判部门要着力打造具有上海特色的民事审判精品案件，高院民庭将择优推荐，力争使之成为最高法院指导性案例、公报案例，上海法院参考性案例等，并以此来指导审判实践，树立上海法院民事审判的良好形象。

五、建立保障机制，协力联动推进法律适用统一

12. 建立民事审判调研人才库。吸纳三级法院热心调研、善于调研的人才，组建民事审判的调研联络员队伍。通过专项调研、课题研究、专业研讨、业务培训等多种形式，在实务中锻炼培养人才。建立调研奖励机制，对于调研工作较为突出的人员，及时给予表扬、评优等奖励，并纳入民事审判调研人才库,激励三级法院民事法官踊跃参与调研工作。

13. 强化审判专业技能培训。要通过多渠道、多样化的培训,尤其是会议纪要、指导意见等业务文件的解读,做好民事审判经验的传承,提升民事法官的专业素养,培养民事法官遵循司法规律、领悟法律价值取向的思维方式,掌握科学的法律适用方法,避免因业务水平、专业背景、适法能力不同而对同一法律规定认知不一、理解各异。

14. 加强业务文件信息化管理。规范和完善民事审判业务文件的制定、发布、适用和清理程序,实现民事审判业务文件管理的制度化运行。要借助信息化手段,完善民事审判业务文件的分类整理、智能检索,为民事法官在办案时规范法律适用提供技术保障。

15. 建立长效的法律适用评查制度。结合上年度制定的民事审判指导业务文件,每年确定相应的评查专题,开展法律适用质效情况分析,及时总结经验、发现实施过程中的新情况新问题,督促全市法院民事审判部门严格贯彻执行。

江苏省高级人民法院
关于建立类案强制检索报告制度的规定（试行）

　　为统一法律适用，规范法官自由裁量权，促进司法公正，提升司法公信力，根据《最高人民法院司法责任制实施意见（试行）》《最高人民法院关于落实司法责任制完善审判监督管理机制的意见（试行）》和最高人民法院《人民法院第五个五年改革纲要（2019—2023）》等文件规定，结合全省法院工作实际，就建立类案强制检索报告制度，制定本规定。

　　1. 类案检索，是指法官通过在线检索、查阅相关资料等方式发现与待决案件在案件基本事实和法律适用方面相类似的案例，为待决案件裁判提供参考。

　　2. 正在审理的案件有下列情形之一的，应当进行类案检索：
　　（1）法律规则适用不明的案件；
　　（2）新类型案件；
　　（3）合议庭对于法律适用问题存在重大分歧的案件；
　　（4）拟作出的裁判与本院或者上级法院的类案裁判可能发生冲突的案件；
　　（5）案件当事人及其辩护人、诉讼代理人或者公诉机关提交类案生效裁判支持其主张的案件；
　　（6）院庭长依照审判监督管理权限，要求进行类案检索的案件。

　　3. 案件承办法官可以指派法官助理或者自行进行类案检索，承办法官对检索结果的分析应用负责。

　　4. 类案检索可以依照下列顺序进行：
　　（1）最高人民法院发布的指导性案例；
　　（2）《最高人民法院公报》刊登的案例、裁判文书；
　　（3）最高人民法院及其相关业务部门发布的典型案例、作出的生效裁判；

（4）《江苏省高级人民法院公报》刊登的参阅案例、长三角四地高级人民法院联合发布的典型案例；

（5）上级法院及本院作出的其他生效裁判。

按照前款规定进行类案检索，已在前一顺位检索到类案的，可以不再进行后续顺位的检索。

5. 对于检索出的类案，区别下列情形处理：

（1）最高人民法院发布的指导性案例，应当参照适用；

（2）按照第4条规定顺位检索到的其他案例和生效裁判，可以参照适用。

6. 类案检索情况应当形成报告。报告可以是表格式，可以作为审理报告的一项内容，也可以是单独的检索报告。

经过类案检索的案件，承办法官向合议庭、专业法官会议、审判委员会汇报时，应当全面汇报检索结果和分析应用情况。

类案检索报告，应当作为案卷内容归档。

7. 合议庭、独任法官拟作出的裁判结果与经检索发现的类案裁判一致的，可以径行作出裁判，但依照有关规定应当提交专业法官会议、审判委员会讨论的除外。

8. 经类案检索的案件有下列情形之一的，应当按照程序提交审判委员会讨论决定：

（1）同一位阶的类案存在法律适用分歧；

（2）拟作出的裁判结果将改变本院或者上级法院同类生效案件裁判规则；

（3）未检索出类案，拟作出的裁判结果将形成新的裁判规则。

9. 未按照第2条规定进行类案检索的案件，不得提交专业法官会议、审判委员会讨论。

10. 院庭长在参加专业法官会议、审判委员会讨论案件过程中，发现应当进行类案检索但未检索的，可以要求承办法官进行检索并报告检索情况。

11. 全省各级法院应当将类案强制检索报告制度落实情况纳入案件质量评查和法官审判绩效考核。

12. 审判长、合议庭其他成员认为有必要的，也可以自行进行类案检索。

在本规定第2条、第4条规定的应当进行类案检索的情形和范围以外，鼓励法官根据办案需要扩大检索范围。

13. 省法院加强类案检索技术的研发，探索建立统一的检索案例库，开发便捷的检索工具。
    14. 本规定由省法院审判委员会负责解释。
    15. 本规定自印发之日起执行。

附录：参考文件

南京市中级人民法院
关于引导律师进行类案检索的操作指引（试行）

（2020年9月22日）

为统一法律适用，保障律师依法履职，充分发挥律师维护当事人合法权益、促进司法公正的积极作用，根据《最高人民法院关于统一法律适用加强类案检索的指导意见（试行）》《最高人民法院关于依法切实保障律师诉讼权利的规定》和《江苏省高级人民法院关于建立类案强制检索报告制度的规定（试行）》等文件规定，结合全市法院工作实际，就明确法官指导律师进行类案检索相关事宜，制定本指引。

1. 本指引所称类案，是指与待决案件在基本事实、争议焦点、法律适用等方面具有相似性，且已经人民法院裁判生效的案件。

2. 待决案件有下列情形之一的，建议律师进行类案检索：

（1）法律规则适用不明的案件；

（2）新类型案件；

（3）律师的诉辩理由与本院或者上级法院的类案裁判可能发生冲突的案件；

（4）其他当事人及其辩护人、诉讼代理人或者公诉机关已提交类案检索情况用以支持其主张的案件；

（5）其他需要进行类案检索的案件。

3. 律师可以依托中国裁判文书网、审判案例数据库等平台，采用关键词检索、法条关联案件检索、案例关联检索等方法进行类案检索，并对检索的真实性、准确性负责。

4. 律师进行类案检索可以依照下列顺序进行：

（1）最高人民法院发布的指导性案例；

（2）《最高人民法院公报》刊登的案例、裁判文书；

（3）最高人民法院及其相关业务部门发布的典型案例、作出的生效裁判；

（4）《江苏省高级人民法院公报》刊登的参阅案例、长三角四地高级人民法院联合发布的典型案例；

（5）上级法院及本院作出的其他生效裁判。

鼓励律师根据办案需要扩大检索范围，但已在前一顺位检索到类案的，可以不再进行后续检索。

5. 律师进行类案检索的情况可以形成报告。报告可以是表格式，可以作为代理词、辩护词的一项内容，也可以是单独的检索报告。

6. 律师提供类案生效裁判或者类案检索报告的，承办法官应当进行类案检索。律师提交指导性案例作为诉辩理由的，承办法官应当在裁判文书说理中回应是否参照并说明理由；律师提交其他类案作为诉辩理由的，承办法官可以通过释明等方式予以回应。

7. 全市法院要依托网上诉讼服务中心、集中送达中心等平台，向案件辩护律师、代理律师发送《律师进行类案检索情况登记表》，并加强释明指引、宣传推介，为律师进行类案检索提供便利。

8. 本指引自发布之日起执行。

威海市中级人民法院办公室
印发《类案检索工作指引》的通知

2021 年 11 月 9 日　　　　　　威中法办〔2021〕55 号

本院各部门：

《威海市中级人民法院类案检索工作指引》已于 2021 年 11 月 6 日经本院审判委员会 2021 年第 34 次会议讨论通过，现予印发，请遵照执行。

威海市中级人民法院类案检索工作指引

为统一法律适用，提升司法公信力，根据《最高人民法院关于统一法律适用加强类案检索的指导意见（试行）》，结合我院审判工作实际，制定本指引。

第一条　类案是指与待决案件在基本事实、争议焦点、法律适用问题等方面具有相似性，且已经人民法院裁判生效的案件。

第二条　承办法官办理案件具有下列情形之一的，原则上应当进行类案检索：

（一）拟提交专业法官会议或者审判委员会讨论的案件；

（二）缺乏明确裁判规则或者尚未形成统一裁判规则的案件；

（三）院庭长根据审判监督管理权限要求进行类案检索的案件；

（四）合议庭成员分歧较大的案件；

（五）拟改判、发回重审、指令再审的案件；

（六）其他需要进行类案检索的案件。

第三条　类案检索的范围一般包括：

（一）最高人民法院发布的指导性案例；

（二）最高人民法院发布的典型案例及裁判生效的案件；

（三）山东省高级人民法院发布的参考性案例及裁判生效的案件；

（四）山东省高级人民法院及本院裁判生效的案件。

第四条 除指导性案例以外，优先检索近三年的案例或者案件；已经在前一顺位中检索到类案的，可以不再进行检索。

第五条 类案检索要素包括案件基本事实、争议焦点、法律适用三方面，检索应围绕待决案件的一个或者几个要素检索类案。

第六条 承办法官可以依托中国裁判文书网、法信等审判案例数据库进行类案检索，并对检索的真实性、准确性负责。

第七条 对于应当进行类案检索的案件，承办法官应当在合议庭评议、专业法官会议讨论、审判委员会会议讨论时对类案检索情况予以说明。

第八条 类案检索情况应当制作类案检索报告。类案检索报告可以是单独的检索报告，也可以作为审理报告、汇报提纲等的一项内容。

类案检索报告应随案归档。

第九条 类案检索说明或者报告应当客观、全面、准确，包括检索主体、时间、平台、方法、结果、类案裁判要点以及待决案件争议焦点等内容，并对是否参照或者参考类案等结果运用情况予以分析说明。

第十条 承办法官应当将待决案件与检索结果进行相似性识别和比对，确定是否属于类案。

第十一条 对检索到的案件，经识别、比对为类案，按照下列情形办理：

（一）类案为最高人民法院发布的指导性案例，应当参照适用，但该指导性案例与新的法律、行政法规、司法解释相冲突或者被新的指导性案例所取代的除外；

（二）类案为非指导性案例，可以依照法律、司法解释的规定，决定是否参考适用；

（三）类案为非指导性案例，但多个非指导性案例之间不一致的，可以斟酌类案案情、法院层级、裁判要点、裁判时间等因素，依照法律、司法解释的规定，决定是否参考以及参考的类案。

第十二条 公诉机关、案件当事人及其辩护人、诉讼代理人等提交指导性案例作为诉辩理由的，应当在裁判文书说理中回应是否参照并说明理由；提交其他类案作为诉辩理由的，可以通过释明等方式予以回应。

第十三条 本指引自下发之日起施行。